2022年度教育部哲学社
"坚持统筹推进国内法治与涉外法治研究"（项目批准号：2022JZDZ005）成果

 法律专业学位教育案例研习系列教材

商　法

案例研习教程

主编　张　靓　简基松

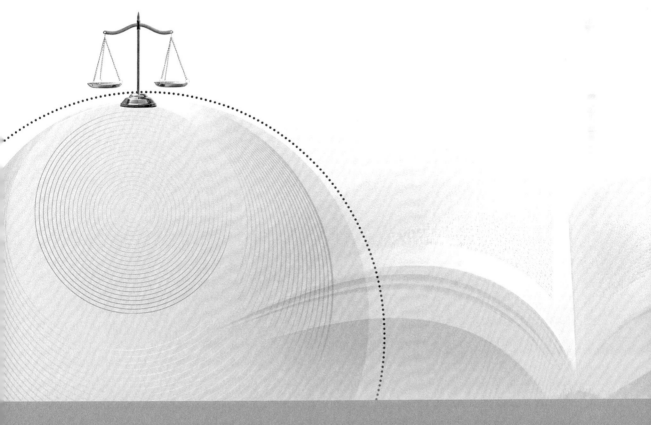

武汉大学出版社

图书在版编目(CIP)数据

商法案例研习教程/张靓,简基松主编. —武汉:武汉大学出版社,2023.12
法律专业学位教育案例研习系列教材
ISBN 978-7-307-24203-6

Ⅰ.商… Ⅱ.①张… ②简… Ⅲ.商法—案例—中国—研究生—教材 Ⅳ.D923.995

中国国家版本馆 CIP 数据核字(2023)第 244573 号

责任编辑:胡　荣　　　责任校对:李孟潇　　　整体设计:韩闻锦

出版发行:**武汉大学出版社**　(430072　武昌　珞珈山)
　　　　(电子邮箱:cbs22@ whu.edu.cn 网址:www.wdp.com.cn)
印刷:武汉邮科印务有限公司
开本:787×1092　1/16　印张:12　字数:262 千字　插页:1
版次:2023 年 12 月第 1 版　　2023 年 12 月第 1 次印刷
ISBN 978-7-307-24203-6　　定价:48.00 元

前　　言

商法学是一门实践性极强的学科，商法中有很多规定的渊源就直接来自商业惯例。对于研习商法的学生来说，如果没有一定的社会实践经验，要理解其中的商业逻辑和习惯是一件比较困难的事情。在理论学习的基础上，结合相关司法案例进行研读，有助于更加深入地理解和掌握法律规定背后的内在联系以及司法实践的运行状态。

2023年2月，中共中央办公厅、国务院办公厅印发《关于加强新时代法学教育和法学理论研究的意见》（以下简称《意见》）。《意见》明确要求，新时代法学教育要坚持以习近平法治思想为根本遵循，更新完善法学专业课程体系，一体推进法学专业理论教学课程和实践教学课程建设。要强化法学实践教学，深化协同育人，推动法学院校与法治工作部门在人才培养方案制定、课程建设、教材建设、学生实习实训等环节深度衔接。

根据《意见》的要求，应中南财经政法大学法律硕士教育中心之邀，我们组织湖北楚尚律师事务所一批具有扎实理论功底和丰富实践经验的律师编写了本部教材。教材从最高人民法院指导案例、《最高人民法院公报》案例以及历年十大商事案例、十大海事案例中精选了一批具有代表性和典型意义的案例，将案件事实结合法律规定加以分析、总结，力图对商法学研习者的学习起到一定帮助作用，从而更好地融入全面依法治国的实践中。

本书编写分工如下：

张　靓：第一章、第三章；

夏远亮：第二章、第六章；

郑　玥：第四章；

彭　洪：第五章。

目　录

第一章 公司法

第一节 投资人与原股东签订的"对赌协议"内容不违反法律禁止性规定，合法有效

——苏州工业园区海富投资有限公司与甘肃世恒有色资源再利用有限公司增资纠纷案①

一、本节知识点/知识体系概述

该案被法律界称为"对赌协议"第一案。对赌协议（Valuation Adjustment Mechanism，VAM）是指收购方（投资方）与出让方（融资方）在达成并购（或者融资）协议时，基于目标公司未来发展情况的不确定性，作出的倾向于保障收购方（包括投资方）利益的约定。通常表现为当目标公司的经营情况、财务状况或特定目标（如 IPO）未达到约定时，目标公司的实际控制人、大股东需要按一定价格（投资本金+固定收益）回购收购方（投资方）所持有的目标公司股权。

在本案之前，"对赌协议"或"对赌条款"已经在投资领域得到普遍适用，但司法实务界对此类条款的性质和效力缺乏统一认识。最高人民法院在该案中第一次对对赌协议的性质和效力作出认定，为同类案例的司法审判明确了方向，并在后续过程中逐步修正、完善认定规则，实现了投资领域和司法实务的良性互动。

二、案件基本事实

2007 年 11 月 1 日前，甘肃众星锌业有限公司（以下简称众星公司）、苏州工业园区海富投资有限公司（以下简称海富公司）、香港迪亚有限公司（以下简称迪亚公司）与陆某共同签订一份《甘肃众星锌业有限公司增资协议书》（以下简称《增资协议书》），约定：众星公司注册资本为 384 万美元，迪亚公司占投资的 100%。各方同意海富公司以现金 2000 万元人民币对众星公司进行增资，占众星公司增资后注册资本的 3.85%，迪亚公司占96.15%。依据协议内容，迪亚公司与海富公司签订合营企业合同及修订公司章程，并于合营企业合同及修订后的章程批准之日起 10 日内一次性将认缴的增资款汇入众星公司指

---

① 案例来源：最高人民法院（2012）民提字第 11 号民事判决书。

定的账户。合营企业合同及修订后的章程在报经政府主管部门批准后生效。海富公司在履行出资义务时，陆某承诺于2007年12月31日之前将四川省峨边县五渡牛岗铅锌矿过户至众星公司名下。募集的资金主要用于以下项目：（1）收购甘肃省境内的一个年产能大于1.5万吨的锌炼厂；（2）开发四川省峨边县牛岗矿山；（3）投入500万元用于循环冶炼技术研究。《增资协议书》第七条特别约定第一项约定：本协议签订后，众星公司应尽快成立"公司改制上市工作小组"，着手筹备安排公司改制上市的前期准备工作，工作小组成员由股东代表和主要经营管理人员组成。协议各方应在条件具备时将公司改组成规范的股份有限公司，并争取在境内证券交易所发行上市。第二项业绩目标约定：众星公司2008年净利润不低于人民币3000万元。如果众星公司2008年实际净利润未完成3000万元，海富公司有权要求众星公司予以补偿，如果众星公司未能履行补偿义务，海富公司有权要求迪亚公司履行补偿义务。补偿金额=（1−2008年实际净利润/3000万元）×本次投资金额。第四项股权回购约定：如果至2010年10月20日，由于众星公司的原因造成无法完成上市，则海富公司有权在任一时刻要求迪亚公司回购届时海富公司持有之众星公司的全部股权，迪亚公司应自收到海富公司书面通知之日起180日内按以下约定回购金额向海富公司一次性支付全部价款。若自2008年1月1日起，众星公司的净资产年化收益率超过10%，则迪亚公司回购金额为海富公司所持众星公司股份对应的所有者权益账面价值；若自2008年1月1日起，众星公司的净资产年化收益率低于10%，则迪亚公司回购金额为（海富公司的原始投资金额−补偿金额）×（1+10%×投资天数/360）。此外，还规定了信息披露约定、违约责任等，还约定该协议自各方授权代表签字并加盖公章，于协议文首注明之签署日期生效。协议未作规定或约定不详之事宜，应参照经修改后的众星公司章程及股东间的投资合同(若有)办理。

2007年11月1日，海富公司、迪亚公司签订《中外合资经营甘肃众星锌业有限公司合同》（以下简称《合资经营合同》），有关约定为：众星公司增资扩股将注册资本增加至399.38万美元，海富公司决定受让部分股权，将众星公司由外资企业变更为中外合资经营企业，在合资公司的设立部分约定，合资各方以其各自认缴的合资公司注册资本出资额或者提供的合资条件为限对合资公司承担责任。海富公司出资15.38万美元，占注册资本的3.85%；迪亚公司出资384万美元，占注册资本的96.15%。海富公司应于本合同生效后10日内一次性向合资公司缴付人民币2000万元，超过其认缴的合资公司注册资本的部分，计入合资公司资本公积金。在第六十八条、第六十九条关于合资公司利润分配部分约定合资公司依法缴纳所得税和提取各项基金后的利润，按合资方各持股比例进行分配。合资公司上一个会计年度亏损未弥补前不得分配利润。一个会计年度未分配的利润，可并入本会计年度利润分配。还约定了合资公司合资期限、解散和清算事宜。同时特别约定：合资公司完成变更后，应尽快成立"公司改制上市工作小组"，着手筹备安排公司改制上市的前期准备工作，工作小组成员由股东代表和主要经营管理人员组成。合资公司应在条件具备时改组成立为股份有限公司，并争取在境内证券交易所发行上市。如果至2010年10月20

日，由于合资公司自身的原因造成无法完成上市，则海富公司有权在任一时刻要求迪亚公司回购届时海富公司持有的合资公司的全部股权。合同于审批机关批准之日起生效。《中外合资经营甘肃众星锌业有限公司章程》(以下简称《公司章程》)第六十二条、第六十三条内容与《合资经营合同》第六十八条、第六十九条内容相同。之后，海富公司依约于2007年11月2日向众星公司银行账户缴存人民币2000万元，其中新增注册资本114.7717万元，资本公积金1885.2283万元。2008年2月29日，甘肃省商务厅甘商外资字(2008)79号文件《关于甘肃众星锌业有限公司增资及股权变更的批复》同意增资及股权变更，并批准"投资双方于2007年11月1日签订的增资协议、合资企业合营合同和章程从即日起生效"。随后，众星公司依据该批复办理了相应的工商变更登记。2009年6月，众星公司依据该批复办理了相应的工商变更登记。2009年6月，众星公司经甘肃省商务厅批准，到工商部门办理了名称及经营范围变更登记手续，将其名称变更为甘肃世恒有色资源再利用有限公司(以下简称世恒公司)。另据工商年检报告登记记载，众星公司2008年度生产经营利润总额26858.13元，净利润26858.13元。

三、裁判过程和结果

2009年12月30日，海富公司诉至兰州市中级人民法院，请求判令世恒公司、迪亚公司和陆某向其支付协议补偿款1998.2095万元并承担本案诉讼费及其他费用。

兰州市中级人民法院于2010年12月31日作出(2010)兰法民三初字第71号民事判决，驳回海富公司的全部诉讼请求。海富公司不服，向甘肃省高级人民法院提起上诉。

甘肃省高级人民法院(2011)甘民二终字第96号民事判决书撤销兰州市中级人民法院一审判决，改判世恒公司、迪亚公司返还海富公司投资款及利息。

世恒公司、迪亚公司不服，向最高人民法院申请再审。最高人民法院以(2011)民申字第1522号民事裁定书决定提审本案，2012年11月7日，最高人民法院作出(2012)民提字第11号终审判决。

四、案件争议焦点

根据双方的诉辩意见，本案的争议焦点为：(1)各方签订的《增资协议书》中第七条第二项关于补偿义务的内容是否具有法律效力；(2)如果有效，世恒公司、迪亚公司、陆某应否承担补偿责任。

五、裁判主要理由

兰州市中级人民法院认为：《增资协议书》系双方真实意思表示，但第七条第二项内容即世恒公司2008年实际净利润若未完成3000万元，海富公司有权要求世恒公司补偿的约定，不符合《中华人民共和国中外合资经营企业法》第八条关于企业利润根据合营各方注册资本的比例进行分配的规定，同时，该条规定与《公司章程》的有关条款不一致，也损害了公司利益及公司债权人的利益，不符合《中华人民共和国公司法》第二十条第一款的规定。因此，根据《中华人民共和国合同法》第五十二条第五项的规定，该条由世恒公司对海富公司承担补偿责任的约定违反了法律、行政法规的强制性规定，该约定无效，故海富公司依据该条款要求世恒公司承担补偿责任的诉请，依法不能支持。由于海富公司要求世恒公司承担补偿责任的约定无效，因此，海富公司要求世恒公司承担补偿责任就失去了前提依据。同时，《增资协议书》第七条第二项内容与《合资经营合同》中相关约定内容不一致，依据《中华人民共和国中外合资经营企业法实施条例》第十条第二款的规定，应以《合资经营合同》内容为准，故海富公司要求迪亚公司承担补偿责任的依据不足，依法不予支持。陆某虽是世恒公司的法定代表人，但其在世恒公司的行为代表的是公司行为利益，并且《增资协议书》第七条第二项内容中，并没有关于由陆某个人承担补偿义务的约定，故海富公司要求陆某个人承担补偿责任的诉请无合同及法律依据，依法应予驳回。至于陆某未按照承诺在2007年12月31日之前将四川省峨边县五渡牛岗铅锌矿过户至世恒公司名下，涉及对世恒公司及其股东的违约问题，不能成为本案陆某承担补偿责任的理由。海富公司的诉请依法不能支持，世恒公司、迪亚公司、陆某不承担补偿责任的抗辩理由成立。该院判决，驳回海富公司的全部诉讼请求。

甘肃省高级人民法院认为：当事人争议的焦点为《增资协议书》第七条第二项是否具有法律效力。本案中，海富公司与世恒公司、迪亚公司、陆某四方签订的协议书虽名为《增资协议书》，但纵观该协议书全部内容，海富公司支付2000万元的目的并非仅享有世恒公司3.85%的股权（计15.38万美元，折合人民币114.771万元），期望世恒公司经股份制改造并成功上市后，获取增值的股权价值才是其缔结协议书并出资的核心目的。基于上述投资目的，海富公司等四方当事人在《增资协议书》第七条第二项就业绩目标进行了约定，即"世恒公司2008年净利润不低于3000万元，海富公司有权要求世恒公司予以补偿，如果世恒公司未能履行补偿义务，海富公司有权要求迪亚公司履行补偿义务。补偿金额＝（1－2008年实际净利润/3000万元）×本次投资金额"。四方当事人就世恒公司2008年净利润不低于3000万元人民币的约定，仅是对目标企业盈利能力提出要求，并未涉及具体分配事宜；且约定利润如实现，世恒公司及其股东均能依据《中华人民共和国公司法》《合资经营合同》《公司章程》等相关规定获得各自相应的收益，也有助于债权人利益的实现，故并不违反法律规定。而四方当事人就世恒公司2008年实际净利润未完成3000万元，海富公司有权要求世恒公司及迪亚公司以一定方式予以补偿的约定，则违反了投资领域风险共担的原则，使得海富公司作为投资者不论世恒公司经营业绩如何，均能取得约定收益而不承担任何风险。参照《最高人民法院〈关于审理联营合同纠纷案件若干问题的解答〉》第四条第二项关于"企业法人、事业法人作为联营一方向联营体投资，但不参加共同经营，也不承担联营的风险责任，不论盈亏均按期收回本息，或者按期收取固定利润的，是明为联营，实为借贷，违反了有关金融法规，应当确认合同无效"之规定，《增资协议书》第七条第二项部分该约定内容，因违反《中华人民共和国合同法》第五十二条第五项之规定应认定无效。海富公司除已计入世恒公司注册资本的 114.771 万元外，其余 1885.2283 万元资金则名为投资、实为借贷。虽然世恒公司与迪亚公司的补偿承诺亦归于无效，但海富公司基于对其承诺的合理依赖而缔约，故世恒公司、迪亚公司对无效的法律后果应负主要过错责任。根据《中华人民共和国合同法》第五十八条之规定，世恒公司与迪亚公司应共同返还海富公司 1885.2283 万元及占用期间的利息，因海富公司对于无效的法律后果亦有一定过错，如按同期银行贷款利率支付利息不能体现其应承担的过错责任，故世恒公司与迪亚公司应按同期银行定期存款利率计付利息。

因陆某个人并未就《增资协议书》第七条第二项所涉补偿问题向海富公司作出过承诺，且其是否于 2007 年 12 月 31 日之前将四川省峨边县五渡牛岗铅锌矿过户至世恒公司名下与本案不属同一法律关系，故海富公司要求陆某承担补偿责任的诉请无事实及法律依据，依法不予支持。

关于世恒公司、迪亚公司、陆某在答辩中称《增资协议书》已被之后由海富公司与迪亚公司签订的《合资经营合同》取代，《增资协议书》第七条第二项对各方已不具有法律约束力的主张。因《增资协议书》与《合资经营合同》缔约主体不同，各自约定的权利义务也不一致，且 2008 年 2 月 29 日，在甘肃省商务厅甘商外资字(2008)79 号《关于甘肃众星锌业有限公司增资及股权变更的批复》第二条中明确载明"投资双方 2001 年 11 月 1 日签订的增资协议、合资企业合营合同和章程从即日起生效"。故其抗辩主张不予支持。该院认为一审判决认定部分事实不清，导致部分适用法律不当，应予纠正。该院判决：(一)撤销兰州市中级人民法院(2010)兰法民三初字第 71 号民事判决；(二)世恒公司、迪亚公司于判决生效后 30 日内共同返还海富公司 1885.2283 万元及利息(自 2007 年 11 月 3 日起至付清之日止按照中国人民银行同期银行定期存款利率计算)。

最高人民法院认为：2009 年 12 月，海富公司向一审法院提起诉讼时的诉讼请求是请求判令世恒公司、迪亚公司、陆某向其支付协议补偿款 1998.2095 万元并承担本案诉讼费用及其他费用，没有请求返还投资款。因此二审判决判令世恒公司、迪亚公司共同返还投资款及利息超出了海富公司的诉讼请求，是错误的。

海富公司作为企业法人，向世恒公司投资后与迪亚公司合资经营，故世恒公司为合资企业。世恒公司、海富公司、迪亚公司、陆某在《增资协议书》中约定，如果世恒公司实际净利润低于 3000 万元，则海富公司有权从世恒公司处获得补偿，并约定了计算公式。这一约定使得海富公司只要投资就可以取得相对固定的收益，该收益脱离了世恒公司的经营业绩，损害了公司利益和公司债权人利益，一审法院、二审法院根据《中华人民共和国公司法》第二十条和《中华人民共和国中外合资经营企业法》第八条的规定认定《增资协议书》中的这部分条款无效是正确的。但二审法院认定海富公司 1885.2283 万元的投资名为联营实为借贷，并判决世恒公司和迪亚公司向海富公司返还该笔投资款，没有法律依据，法院予以纠正。

《增资协议书》中并无由陆某对海富公司进行补偿的约定，海富公司请求陆某进行补偿,没有合同依据。此外,海富公司称陆某涉嫌犯罪,没有证据证明,对该主张亦不予支持。

但是,在《增资协议书》中,迪亚公司对于海富公司的补偿承诺并不损害公司及公司债权人的利益,不违反法律法规的禁止性规定,是当事人的真实意思表示,是有效的。迪亚公司对海富公司承诺了众星公司 2008 年的净利润目标并约定了补偿金额的计算方法。在众星公司 2008 年的利润未达到约定目标的情况下,迪亚公司应当依约应海富公司的请求对其进行补偿。迪亚公司对海富公司请求的补偿金额及计算方法没有提出异议,法院予以确认。根据海富公司的诉讼请求及本案《增资协议书》中部分条款无效的事实,判决:(一)撤销甘肃省高级人民法院(2011)甘民二终字第 96 号民事判决;(二)本判决生效后 30 日内,迪亚公司向海富公司支付协议补偿款 1998.2095 万元。如未按本判决指定的期间履行给付义务,则按《中华人民共和国民事诉讼法》第二百二十九条的规定,加倍支付延迟履行期间的债务利息;(三)驳回海富公司的其他诉讼请求。

六、案件启示和意义

在本案中,海富公司为保障自己的投资利益,在投资进入众星公司(目标公司)时,便与目标公司及其股东迪亚公司、实际控制人陆某签订《增资协议书》,约定了目标公司需要达到的业绩目标和上市时间,如无法完成,则相应主体需要承担补偿义务和回购责任,并在后续的《合资经营合同》中对操作细节进行了进一步明确规定。在这一安排下,如目标公司经营状况理想,达到约定目标,海富公司作为股东可以享受到公司盈利分红和股权升值带来的预期利益;如经营状况不及预期,海富公司则可以要求经济补偿乃至回购,从目标公司脱身,拂袖而去。

从表面来看,此种方式的确显得"不厚道",有违公司股东"共同经营、共担风险"的原则,这也是甘肃省高级人民法院否定该约定效力的原因。但从更深层次的原因来说,此类约定在投资领域长时间普遍存在,有其客观需求和合理意义。资本的逐利性决定了只有在具备获利保障的情况下,投资方才会愿意把资金投入市场中;融资方在获得资金支持后,才能够更好地开发产品、开拓市场,使公司经营良性发展。只要"对赌协议"的约定是各方在充分衡量后的理性选择,就不应否定其效力。若只是简单通过行政命令或司法规则否定市场探索,则会影响市场主体的积极性,导致投资市场进入"地下"无序发展模式,遏制经济发展活力。

司法政策对"对赌协议"的态度从一开始的不认可到有限度的认可,再到出台司法解释予以规范,在逐步合理引导的同时,投资领域也作出积极响应和调整,共同促进"对赌协议"的内容逐渐规范完善,实现司法权力与市场经济的双向奔赴。

七、课后思考

通过对"海富案"以及最高人民法院后续一系列关于"对赌协议"案件判决思路的变化

情况的分析，结合《全国法院民商事审判工作会议纪要》（以下简称《九民会议纪要》）中关于对赌协议的审判规则，思考这一变化过程所体现的价值变化考量。

第二节 股东认缴出资未届期，却允许公司公示其已经实缴出资，则应以公示的出资日作为判断股东对债务人承担赔偿责任的应缴出资日

——广东兴艺数字印刷股份有限公司诉张某标等股东瑕疵出资纠纷案①

一、本节知识点/知识体系概述

本案为最高人民法院评选的2022年十大商事案例之一。自2014年《公司法》修订后，公司的注册资本缴纳即由实缴制改为认缴制。公司注册登记时，股东无须实际缴纳注册资本金，只需在章程中对缴纳时间作出约定即可。认缴制的实行激发了创业的热情，但也因为不负责任的认缴带来了很多隐患。本案所涉公司股东则并未实缴却登记为实缴，殊不知基于商事登记公示效力和信赖利益保护原则，该不实登记为自己带来了正常股东无须承担的责任和义务。

二、案件基本事实

2017年9月3日，中山市八源电器科技有限公司（以下简称八源公司）向广东兴艺数字印刷股份有限公司（以下简称兴艺公司）出具《还款承诺书》1份，载明：依据双方签订的购销合同规定按照月结60天结算，到2016年12月为止，我方还有12月的货款未按照合同支付，已严重超期，本着长期合作的经营思想，因我司目前资金周转困难，我司特提出申请：将我方欠贵方的197849.47元，申请延期支付，郑重承诺如下：（1）2017年9月30日前，支付5万元，如未按时归还，每天按逾期金额的5‰支付违约金；（2）2017年10月30日前，支付5万元，如未按时归还，每天按逾期金额的5‰支付违约金；（3）2017年11月30日前，支付5万元，如未按时归还，每天按逾期金额的5‰支付违约金；（4）2017年12月30日前，支付47849.47元，如未按时归还，每天按逾期金额的5‰支付违约金。八源公司在该承诺书上加盖公章确认。但八源公司出具上述还款承诺书后，并未按约履行付款义务。

另查明，八源公司是于2014年9月26日登记成立的有限责任公司（自然人投资或控股），登记状态为在营（开业）企业，法定代表人为颜某纬，住所地为广东省中山市小榄镇，经营范围为研发、生产：家用电器（除电水壶、煮蛋器、多士炉、咖啡机、切肉机外）

---

① 广东省高级人民法院（2020）粤民申3743号民事裁定书。

及其配件、电机、风扇、搅拌机、加热器、灯具及其配件；电子电器技术开发及设计；货物及技术进出口。根据国家企业信用信息公示系统记载的八源公司 2014 年度报告等信息显示，公司注册资本为 50 万元，股东分别为张某标、颜某纬、黄某林，其中张某标认缴出资额为 31 万元，认缴出资时间为 2014 年 9 月 22 日，实缴出资额为 31 万元，实缴出资时间为 2014 年 9 月 22 日；黄某林认缴出资额为 9 万元，认缴出资时间为 2014 年 9 月 22 日，实缴出资额为 9 万元，实缴出资时间为 2014 年 9 月 22 日；颜某纬认缴出资额为 10 万元，认缴出资时间为 2014 年 9 月 22 日，实缴出资额为 10 万元，实缴出资时间为 2014 年 9 月 22 日。

2015 年 9 月 15 日，八源公司召开股东会，并形成股东会决议，决定变更公司的注册资本和经营范围，其中公司注册资本由人民币 50 万元变更为 100 万元，并同意就上述决议事项重新制定公司章程。八源公司对上述事项依法进行了工商变更登记。根据国家企业信用信息公示系统记载的八源公司 2016 年度报告显示，张某标认缴出资额为 62 万元，认缴出资时间为 2015 年 5 月 18 日，实缴出资额为 62 万元，实缴出资时间为 2015 年 5 月 18 日；黄某林认缴出资额为 18 万元，认缴出资时间为 2015 年 5 月 18 日，实缴出资额为 18 万元，实缴出资时间为 2015 年 5 月 18 日；颜某纬认缴出资额为 20 万元，认缴出资时间为 2015 年 5 月 18 日，实缴出资额为 20 万元，实缴出资时间为 2015 年 5 月 18 日。

2017 年 12 月 20 日，张某标分别与颜某纬、黄某林、任某强签订股权转让合同。同日，八源公司召开股东会，并形成股东会决议，同意张某标将其占公司注册资本 38% 的股权共 38 万元，以 38 万元转让给任某强；将其占公司注册资本 10% 的股权共 10 万元，以 10 万元转让给颜某纬；将其占公司注册资本 14% 的股权共 14 万元，以 14 万元转让给黄某林，转让之后股东的出资额、出资时间和出资方式分别为：任某强，认缴出资 38 万元，在 2025 年 12 月 31 日前缴足，其中，以货币出资 38 万元；颜某纬，认缴出资 30 万元，在 2025 年 12 月 31 日前缴足，其中，以货币出资 30 万元；黄某林，认缴出资 32 万元，在 2025 年 12 月 31 日前缴足，其中，以货币出资 32 万元。股东会决议还同意就上述决议事项重新制定公司章程等。八源公司对上述事项依法进行了工商变更登记。

再查明，中山市艾克动力电机科技有限公司（以下简称艾克公司）是于 2011 年 6 月 20 日登记成立的有限责任公司（自然人投资或控股），法定代表人为颜某纬，住所地为中山市小榄镇盛丰工业大道××号第一幢第三层 308 号，经营范围为研发、生产、制造电机、家用电器（除电水壶、煮蛋器、多士炉、咖啡机、切肉机外）、风扇、搅拌机、加热器，股东为任某强、黄某林、颜某纬。

广东龙的集团有限公司（以下简称龙的公司）是于 2002 年 6 月 12 日登记成立的有限责任公司（自然人投资或控股），法定代表人为张某标，住所地为中山市××号，经营范围为国内贸易（法律法规禁止的不得经营）和货物及技术进出口，股东为张某标和何某钻。

案外人中山市龙的工业实业有限公司是于 2003 年 5 月 29 日登记成立的其他有限责任公司，法定代表人为张某标，住所地为中山市小榄镇工业区工业大道××号，股东为龙的公司、张某标、何某钻。该公司分别向工商部门出具证明，称其免费提供经营场地给八源公司、艾克公司和龙的公司使用。

二审中，兴艺公司提交了一系列证据，用以证明八源公司已经停止经营，被工商部门列入经营异常名录；黄某林、任某强、八源公司没有任何财产清偿债务，被法院列入失信被执行人名单。二审法院认为兴艺公司提交的证据真实性可以确定，与本案有关联，依法予以采纳。

广东省高级人民法院在再审中另查明，在国家企业信用信息公示系统公示的八源公司2014年度及2015年度报告均记载，公司注册资本50万元，各股东认缴的出资均已于2014年9月22日全部实缴。但八源公司银行账户流水显示：该公司基本账户2014年10月收到50万元后，短短几日内就以现金支取完毕，八源公司及各股东均未能解释现金支取原因及用途。

2017年12月20日，张某标将其股权分别转让与颜某纬、黄某林、任某强，同日办理股权变更登记，四人在向工商行政管理机关填报的《自然人股东股权变更信息记录表》（非公示信息）中均确认，八源公司实收资本0元。

自2018年1月以来，以八源公司为被执行人的终结本次执行案件有多件，于2020年6月24日被吊销营业执照。

三、裁判过程和结果

兴艺公司向八源公司催付欠款无果，遂向广东省江门市蓬江区人民法院起诉，请求判令：(1)八源公司向兴艺公司支付货款197849.47元及利息（以197849.47元为本金，按照月息2%的标准，从2017年2月8日计算至清偿完毕之日止）；(2)张某标、颜某纬、黄某林、艾克公司、龙的公司、任某强对八源公司的债务承担连带清偿责任；(3)张某标、颜某纬、黄某林在未出资本息范围内对八源公司的债务承担补充赔偿责任，并且颜某纬、黄某林、任某强对张某标的该债务承担连带清偿责任；(4)本案诉讼费用由张某标、颜某纬、黄某林、艾克公司、龙的公司、任某强、八源公司承担。

蓬江区人民法院以(2018)粤0703民初1176号民事判决书判决八源公司向兴艺公司偿还货款并支付逾期付款利息，但驳回了兴艺公司的其他诉讼请求。

兴艺公司不服一审判决，向江门市中级人民法院提起上诉。江门市中级人民法院以(2019)粤07民终2711号民事判决书判决驳回上诉，维持原判。

兴艺公司不服，向广东省高级人民法院申请再审。广东省高级人民法院以(2020)粤民申3743号民事裁定书裁定对该案进行提审。经广东省高级人民法院提审，改判支持了兴艺公司要求八源公司股东对债务承担补充赔偿责任的诉讼请求。

四、案件争议焦点

根据双方的诉辩意见，本案的争议焦点为：相关股东是否应对八源公司的债务承担连带或补充清偿责任。

五、裁判主要理由

蓬江区人民法院认为：兴艺公司与八源公司之间的买卖合同关系合法有效，一审法院予以确认。在兴艺公司交付货物后，八源公司负有支付货款的义务。八源公司尚欠兴艺公司货款197849.47元，有八源公司向兴艺公司出具的《还款承诺书》为凭，事实清楚，证据充分，且八源公司亦未提出异议，一审法院予以确认。八源公司依法应承担清偿责任。八源公司未按约支付货款，是引起本案纠纷的主要原因，还应承担相应的违约责任。因双方之间约定了逾期支付货款按逾期金额的5‰支付违约金，现兴艺公司主张按照月利率2%的标准计算逾期利息，其主张合理合法，一审法院予以支持，但逾期付款利息应从2017年10月1日开始计算。

关于八源公司的股东是否因不足额出资而应对八源公司的本案债务承担连带或补充清偿责任的问题。从本案查明的事实来看，八源公司设立之初的发起人为张某标、颜某纬和黄某林，注册资本为50万元，根据国家企业信用信息公示系统记载的八源公司2014年度报告显示，该公司的上述股东已实际缴足注册资本50万元，并办理了相应的工商登记手续。其后，八源公司上述三股东决定增加该公司的注册资本至100万元，同样根据国家企业信用信息公示系统记载的八源公司2016年度报告显示，该公司的上述股东已实际缴足注册资本100万元，并办理了相应的工商登记变更手续。其后，张某标将其持有的八源公司62%的股份转让给任某强、颜某纬和黄某林，张某标将其持有的八源公司股权对外转让时，已履行足额出资义务，该部分出资的资金可以保证八源公司的经营及偿还债务，新股东不存在继续履行向公司出资的义务。而且根据国家企业信用信息公示系统显示八源公司的股东实行认缴出资，且约定的出资期间尚未届满，其出资义务尚处于履行期内，在股东约定的出资期限未届满的情况下，不宜认定股东未足额出资。另外，债权人要求股东提前履行出资义务，应具备相应的法定条件，现八源公司并未进入破产、解散等法律明确规定需要全面履行出资义务的情形，兴艺公司也未提供证据证明八源公司无法偿还涉案债务，符合要求股东提前履行其出资义务的相应条件。因此，兴艺公司要求张某标、颜某纬、黄某林因在未足额出资本息范围内对八源公司的涉案债务承担补充清偿责任，一审法院依法不予支持。同上所述，兴艺公司要求颜某纬、黄某林、任某强对张某标转让股份前未足额出资而对八源公司的债务承担连带清偿责任，一审法院亦不予支持。

关于艾克公司、龙的公司和八源公司是否存在公司混同的问题。兴艺公司主张艾克公司、龙的公司和八源公司存在公司混同，两公司应对八源公司的涉案债务承担连带清偿责任。对此，一审法院认为，公司混同是指两家公司的法定代表人或实际控制人为同一人或者具有亲属关系，两家公司的办公场所、人员、业务、财务等同一或者高度混同。经审查，三家公司虽同处于一个工业区内，但各自有独立的办公场所；虽然八源公司和艾克公司的法定代表人和股东相同，但八源公司和艾克公司及龙的公司的经营范围各不相同，兴艺公司现有证据也未能证明三家公司在业务、财务等其他方面存在混同，依法应承担举证不能的法律后果。故兴艺公司的上述主张，依据不足，一审法院不予支持。

综上所述，一审法院依照《中华人民共和国合同法》第六十条第一款、第一百零七条、第一百五十九条，《最高人民法院关于适用〈中华人民共和国民事诉讼法〉的解释》第九十条，《中华人民共和国民事诉讼法》第六十四条第一款、第一百四十四条之规定，判决：(一)八源公司应在判决发生法律效力之日起 10 日内向兴艺公司偿还货款 197849.47 元及逾期付款利息(以 197849.47 元为基数，从 2017 年 10 月 1 日起计至清偿之日止，按月利率 2% 的标准计算)；(二)驳回兴艺公司的其他诉讼请求。如果未按判决指定的期间履行给付金钱义务，应当依照《中华人民共和国民事诉讼法》第二百五十三条之规定，加倍支付迟延履行期间的债务利息。一审案件受理费 4257 元，保全费 1770 元，合计 6027 元(已由兴艺公司预交)，由八源公司负担。

江门市中级人民法院认为：本案系买卖合同纠纷。根据《最高人民法院关于适用〈中华人民共和国民事诉讼法〉的解释》第三百二十三条关于"第二审人民法院应当围绕当事人的上诉请求进行审理。当事人没有提出请求的，不予审理，但一审判决违反法律禁止性规定，或者损害国家利益、社会公共利益、他人合法权益的除外"的规定，本院二审仅针对兴艺公司的上诉请求进行审查，当事人没有提出请求的，本院不予审查。结合各方当事人的诉辩主张，本院具体分析如下：

第一，关于张某标、颜某纬、黄某林、任某强应否对八源公司的债务承担连带或补充清偿责任的问题。

兴艺公司上诉主张张某标、颜某纬、黄某林未提供出资证明书等支付凭证证明其已足额向八源公司履行了出资义务，应对八源公司的涉案债务承担责任。本院认为，出资证明书并非认定股东是否足额履行出资义务的必要条件，应结合公司章程记载、股东名册、工商登记、股权证书、年度报告和相应支付凭证等综合予以认定。结合八源公司的章程记载，根据国家企业信用信息公示系统上八源公司 2014 年和 2016 年的年度报告显示股东已实际缴足注册资本及办理了工商登记，且兴艺公司并未提供证据推翻八源公司年度报告记载的内容，一审法院认定八源公司发起人张某标、颜某纬、黄某林已足额出资并无不当。其后，张某标将其持有的八源公司 62% 的股份经公司股东决议转让给任某强、颜某纬、黄某林，并办理了工商变更登记，张某标将其持有的八源公司的股权转让时，已履行了足额出资义务，新股东不存在继续履行向八源公司出资的义务。且本案中，八源公司的章程约定股东出资认缴的期限为 2025 年 12 月 31 日前缴足。根据《最高人民法院关于适用〈中华人民共和国公司法〉若干问题的规定(三)》第十三条第二款规定："公司债权人请求未履行或者未全面履行出资义务的股东在未出资本息范围内对公司债务不能清偿的部分承担补充赔偿责任的，人民法院应予支持……"从该条款的文义来看，股东承担补充赔偿责任的前提之一是未履行或者未全面履行出资义务，而判断股东是否履行出资义务是依据其认缴承诺而言的，若股东未违背认缴承诺，就不存在未履行或者未全面履行出资义务的情形，债权人无权要求股东承担补充赔偿责任。本案因八源公司章程所约定的出资期限尚未届满，不宜认定股东未履行或者未全面履行出资义务，因此《最高人民法院关于适用〈中华人民共和国公司法〉若干问题的规定（三）》第十三条第二款的规定并不适用本案。综上所述，兴艺公司要求张某标、颜某纬、黄某林因在未足额出资本息范围内对八源公司的涉案债务承担补充清偿责任，理据不足，本院不予支持。同上所述，兴艺公司要求颜某纬、黄某林、任某强对张某标转让股份前未足额出资而对八源公司的债务承担连带清偿责任理据不足，本院不予支持。

关于兴艺公司认为八源公司的财产不足以清偿涉案债务，其股东应承担相应的清偿责任，并提交八源公司的中国执行信息公开网打印件予以证明。根据中国执行信息公开网记载八源公司的内容，八源公司可能存在资不抵债，或者明显缺乏清偿能力，或者有丧失清偿能力的可能。此时按照《中华人民共和国企业破产法》第二条，公司已经符合破产条件，所以更应当保障全体债权人的利益。单个的债权追及诉讼不尽符合《中华人民共和国企业破产法》第三十一条和第三十二条的精神，因此，债权人应当申请债务人破产，进入破产程序后再按照《中华人民共和国企业破产法》第三十五条使股东出资义务加速到期，最终在真正意义上保护全体债权人利益。综上所述，基于目前的法律规定及司法政策，个别债权只能通过诉讼，在取得对公司胜诉的司法文书后申请强制执行，在无法得到清偿的情况下，凭借终结裁定向法院申请债务公司破产，再依法要求未出资的股东履行出资义务。本案兴艺公司直接要求股东对八源公司债务承担责任，缺乏法律基础，本院不予支持。

第二，关于八源公司、艾克公司和龙的公司是否存在公司混同的问题。

经审查，三家公司虽同处于一个工业区内，但各自有独立的办公场所；虽然八源公司和艾克公司的法定代表人和股东相同，但八源公司和艾克公司及龙的公司的经营范围各不相同，兴艺公司现有证据也未能证明三家公司在业务、财务等其他方面存在混同，兴艺公司依法应承担举证不能的不利后果。故兴艺公司主张八源公司、艾克公司和龙的公司混同，理据不足，本院不予支持。

至于兴艺公司主张八源公司股东滥用股东权利，股东应对八源公司的涉案债务承担连带责任的问题，本院认为，股东依约定足额出资后，即享受有限责任的待遇，不再对公司的债务承担责任。公司在经营活动中，与债权人独立地发生债权、债务关系，承担由此产生的民事责任。根据《中华人民共和国公司法》第二十条第三款关于"公司股东滥用公司法人独立地位和股东有限责任，逃避债务，严重损害公司债权人利益的，应当对公司债务承担连带责任"的规定，从文义上理解，该条款规定股东对公司债务承担连带责任构成要件有，股东有主观逃避债务的恶意及实施具体行为，并有严重损害债权人利益的后果。承前分析，兴艺公司的举证不足以证明八源公司、艾克公司和龙的公司混同，亦不足以证明张某标、黄某林、颜某纬、任某强为逃避债务采取擅自挪用公司的财产、财产混同等非法手段，使公司在实际上已失去了独立地位，即兴艺公司的举证不足以证明八源公司的独立地位被股东滥用或股东滥用了有限责任，其应承担举证不能的不利后果，故，兴艺公司的该主张，理据不足，本院不予支持。

综上所述，兴艺公司的上诉请求不能成立，应予驳回；一审判决认定事实清楚，适用法律正确，应予维持。依照《中华人民共和国民事诉讼法》第一百七十条第一款第一项规定，判决：驳回上诉，维持原判。二审案件受理费 4257 元，由上诉人广东兴艺数字印刷股份有限公司负担。

广东省高级人民法院认为：公示年报信息是企业的法定义务，各股东对于八源公司在国家企业信用信息公示系统对外公示的实缴出资信息应当知晓而未依法提出异议，应当认定为其明知且认可年报信息。债权人对于公示信息形成的合理信赖依法应当予以保护，虽然八源公司股东新章程中约定的出资期限未届满，但兴艺公司主张应按八源公司在国家企业信用信息公示系统公示的实缴出资时间作为出资期限，依据充分。因此，张某标、颜某纬、黄某林各自应在未出资本息范围内对八源公司欠兴艺公司的债务承担补充赔偿责任，各股东未缴出资的利息起算点，应按八源公司对外公示的股东实缴出资时间确定。颜某纬、黄某林、任某强明知张某标未出资而受让其债权，应在各自受让股权占张某标出让股权的比例范围内对张某标的补充赔偿责任承担连带责任。

再审判决遂对股东的责任方面进行了改判：判令张某标、黄某林、颜某纬分别在未出资本息范围内对八源公司的债务向兴艺公司承担补充赔偿责任，其中 50% 的利息自 2014年 9 月 22 日起算，另 50% 的利息自 2015 年 5 月 18 日起算。对于张某标的补充赔偿责任，任某强、颜某纬、黄某林分别在对应份额内承担连带责任。如张某标、黄某林、颜某纬、任某强已因未履行出资义务而对八源公司的其他债务承担了补充赔偿责任，应当予以扣减。

六、案件启示和意义

本案原告兴艺公司起诉要求八源公司的股东承担连带责任和补充赔偿责任，是基于《公司法》及其相关司法解释的规定，认为股东滥用公司法人独立地位恶意逃避债务以及未全面履行出资义务。但在一、二审过程中，两级法院均认为八源公司股东的原始出资均已出资到位，新增的出资尚未到认缴出资期限，即没有证据证明股东有滥用公司法人独立地位和股东有限责任逃避债务、严重损害公司债权人利益的行为，也没有证据证明八源公司的情形符合股东出资加速到期的条件，据此认定股东无须为八源公司的债务承担连带责任和补充赔偿责任。

广东省高级人民法院在本案再审程序中，查明了八源公司的原始股东在初始注册资本到位后被迅速转走，且无法说明理由和用途。在公司增资过程中，新、老股东皆认可公司的实收资本为 0。基于这一查明的事实，结合国家企业信用信息公示系统中公示的出资信息，推定股东对实缴出资时间是认可且应当履行的。因此，各股东应自公示出资之日起对八源公司的债务承担补充赔偿责任。

一、二审法院判决结果和再审结果之所以存在如此大的区别，一方面是一、二审法院并未将八源公司股东的实际出资情况真正查明；另一方面是在第三人信赖利益和股东出资期限利益的冲突之间，一、二审法院选择了保护股东的出资期限利益。而广东省高级人民法院从保护善意第三人信赖利益的角度出发，支持了兴艺公司要求股东承担补充赔偿责任的诉讼请求。但因确实没有充分的证据证明股东有滥用公司法人独立地位逃避债务的行为，所以没有支持其要求股东承担连带清偿责任的诉讼请求。

七、课后思考

在《公司法》将注册资本实缴制改为认缴制近十年后，理论界和实务界又纷纷呼吁改为实缴制。请分析两种缴纳方式的利弊以及你认为当下应如何选择？

第三节　名为股权转让，但实际为保证借贷关系实现的，应当认定为股权让与担保

——昆明哦客商贸有限公司、熊某民与李某友等股东资格确认纠纷案①

一、本节知识点/知识体系概述

本案为《中华人民共和国最高人民法院公报（2022 年卷）》收录的案例。让与担保是债务人或者第三人为担保债务的履行，将担保物的所有权登记至债权人名下，在债务人不履行到期债务时，债权人可就担保物享有优先受偿权的一种担保方式。在《担保法》及先行的《物权法》中，均未对让与担保作出明确规定。根据物权法定原则，让与担保的担保物权效力本得不到法律认可，但在实际商业活动中，让与担保这一形式却普遍存在。在以往司法实践中，法院对让与担保这一形式下的担保效力往往不予认可，但这和当事人的真实意思是相悖的，也容易让不诚信者从中获益，有违诚信和公平原则。最高人民法院在《九民会议纪要》中，首次对让与担保合同的效力及其适用条件进行了规定。《最高人民法院关于适用〈中华人民共和国民法典〉有关担保制度的解释》中，对让与担保的相关规则进一步予以明确。

本案即为让与担保的认定以及股东资格确认的双重法律关系交叉认定和适用规则的运用。

二、案件基本事实

景德镇市鸿荣房地产开发有限公司（以下简称鸿荣公司）由昆明哦客商贸有限公司（以下简称哦客公司）和熊某民共同出资设立，注册资本 1000 万元人民币。哦客公司出资认缴

---

① 案例来源：江西省高级人民法院（2020）赣民终 294 号民事判决书。

额人民币 510 万元，占股比 51%；熊某民出资认缴额人民币 490 万元，占股比 49%。2014 年 12 月 2 日，熊某民与余某平签订了一份《股权转让协议》，协议约定：熊某民将其持有的鸿荣公司 49% 的股权转让给余某平，转让价为 490 万元。同日，哦客公司与徐某签订了一份《股权转让协议》，协议约定：哦客公司将其持有的鸿荣公司 51% 的股权转让给徐某，转让价为 510 万元。2014 年 12 月 23 日，办理了鸿荣公司股东变更登记，法定代表人变更为徐某。同时鸿荣公司将公章移交给了徐某、余某平。2011 年 11 月 3 日至 2015 年 8 月 14 日，李某友、徐某、余某平、冯某萍、李某珍、闵某香、张某等向昌江综合农贸批发市场、刘某梅、尧某华、鸿荣公司、抚州市临川房屋建筑工程公司等汇款，金额合计 7329.4 万元。

二审另查明，本案纠纷涉及资金 7329.4 万元，均制作了借条，33 张借条分别注明了工程款、还货款、交付保证金、鸿荣公司日常开支、测绘费、规费、广告费、装修费等。

鸿荣公司股权变更后，熊某民仍继续负责该公司日常经营管理直至 2015 年 8 月。2014 年 12 月 22 日至 2019 年 4 月 14 日，当事人围绕本案诉争的款项往来、股权过户、鸿荣公司经营以及纠纷解决进行过多次沟通，熊某民提供了 22 份录音，徐某、李某友对录音的真实性予以认可。

三、裁判过程和结果

熊某民、哦客公司向江西省景德镇市中级人民法院起诉请求：（1）请求确认熊某民对鸿荣公司享有 49% 的股权，判令余某平向熊某民返还鸿荣公司 49% 的股权并办理相关工商变更登记；（2）请求确认哦客公司对鸿荣公司享有 51% 的股权，判令徐某向哦客公司返还鸿荣公司 51% 股权并办理相关工商变更登记；（3）案件诉讼费由余某平、徐某、李某友负担。江西省景德镇市中级人民法院以（2019）赣 02 民初 85 号民事判决书判决驳回熊某民、哦客公司的诉讼请求。

熊某民、哦客公司不服一审判决，向江西省高级人民法院提起上诉。江西省高级人民法院以（2020）赣民终 294 号民事判决书判决：撤销景德镇市中级人民法院一审判决；确认了熊某民、哦客公司享有的股权。

四、案件争议焦点

根据双方的诉辩意见，本案的争议焦点为：应如何认定案涉《股权转让协议》的性质？熊某民、哦客公司关于确认其股权并办理工商变更登记的请求是否成立？

五、裁判主要理由

江西省景德镇市中级人民法院认为：熊某民、哦客公司与徐某、余某平签订的《股权转让协议》是当事人的真实意思表示，不违反法律、行政法规的强制性规定，属有效合同，双方办理了股权变更登记，股权转让行为发生法律效力。股权让与担保是指债务人或者第三人为担保债务的履行，将其股权转移至债权人名下并完成变更登记，在债务人不履行到期债务时，债权人可就股权享有优先受偿权的一种担保方式。本案中，熊某民、哦客公司主张其将股权转让给徐某、余某平属于股权让与担保性质，请求确认熊某民对鸿荣公司享有49%的股权，判令余某平向熊某民返还股权，并办理相关工商变更登记；请求确认哦客公司对鸿荣公司享有51%的股权，判令徐某向哦客公司返还股权，并办理相关工商变更登记。担保主体及内容必须有明确具体的约定，否则不构成担保的意思表示。诉讼中李某友、徐某、余某平否认双方存在借款关系，熊某民、哦客公司又未提供有效证据，证明双方有股权让与担保的意思表示，熊某民提供的录音证据，仅能证明双方进行磋商，但并未明确双方的权利义务关系，不能作为定案依据。双方签订《股权转让协议》并办理了股权变更登记，徐某、余某平也支付了合同对价，现熊某民、哦客公司请求确认双方为让与担保法律关系，要求返还股权，证据不足，法院不予支持。徐某、余某平、李某友主张其支付了7329.4万元，其中1000万元是徐某、余某平支付的股权转让款，另有2287.2万元是对熊某民前期投资款的补偿，160万元是返聘熊某民的报酬，其余款项是李某友、徐某、余某平支付"创想天地"工程项目的投资款。双方均认可以上款项7329.4万元，已经投入"创想天地"工程。熊某民、哦客公司主张其对"创想天地"工程项目投入近1亿元，7329.4万元系其向李某友等人的借款。徐某、余某平、李某友主张除已经支付的7329.4万元，后续工程还投入了大量资金，有凭据可查。各方均主张对"创想天地"项目进行了资金投入，是否形成其他法律关系，因超出本案审理范围，当事人可另行主张权利。一审法院认为，熊某民、哦客公司的诉讼请求不能成立。依据《中华人民共和国合同法》第八条、第四十四条、第六十条，《中华人民共和国民事诉讼法》第一百三十四条、第一百四十二条之规定，判决：驳回熊某民、哦客公司的诉讼请求。

江西省高级人民法院认为：（一）关于案涉《股权转让协议》性质的问题。

上诉人主张，本案《股权转让协议》实为让与担保合同。被上诉人则主张，正如《股权转让协议》所载内容所示，为股权转让合同。本院认为，股权让与担保是债务人或第三人（即让与担保人）为担保债务人的债务，将公司股权让与债权人或第三人（即让与担保权人），债务清偿后，股权应转回让与担保人，债务未适当履行时，让与担保权人可以就该股权优先受偿的一种担保形式。从形式上说，股权让与担保和股权转让都具有股权变更的外观，具有一定的相似性。但股权让与担保目的是为债务提供担保，并非转让股权，让与担保权人受让的股权并不是完整的权利，实际权利内容不得超出担保之目的，其只是名义上的股东。虽然本案徐某、余某平受让了股份并办理了工商变更登记，具有享有股权的外观，但结合当事人之间的债权债务关系和真实意思表示，案涉《股权转让协议》在性质上应认定为股权让与担保，理由如下：

第一，股权转让各方存在债权债务关系。本案纠纷涉及资金7329.4万元，均制作了借条。被上诉人称，有借条不等于借贷关系，其实质内容是股权转让款、投资补偿款

第一章 公 司 法

和委托代付工程费用等，并提出 1000 万元为股权转让款、2287.2 万元为前期投资补偿款、160 万元为熊某民的报酬、3882.2 万元为项目投资款。本院对被上诉人的主张分析如下：

1. 被上诉人所称上述用途无客观证据证明。被上诉人称 7329.4 万元用于不同用途，但其在外观上表现完全一致，即均表现为借条，且借条注明用途均与工程建设有关。借条并未注明股权转让款、前期投资补偿款、报酬以及项目投资款等事项，上诉人与被上诉人沟通的录音文件中也从未提到过上述事项，反而是反复提到借款和还款的问题，被上诉人亦未能提供其他证据证明案涉款项有上述用途。从被上诉人列出的股权转让款、前期投资补偿款以及熊某民报酬明细看，往来记载形式与其他款项完全一致，时间上也相互交杂，缺乏区分的客观标志，被上诉人亦未提供如此区分的客观依据，具有明显的主观性和随意性，不能作为定案的依据。

2. 1000 万元为股权转让款和 2287.2 万元为前期投资补偿款有违常理。在二审庭审中，被上诉人表示，转让前对公司资产并未评估。法庭让被上诉人提供前期投资补偿款对应公司哪些价值，被上诉人未能提供，只提供了一份对应的转款账目。本院认为，对涉及巨额资金的股权转让，不对公司资产评估有违常理。且其所称 2287.2 万元前期投资补偿款未能说明对应公司哪些资产，也未能说明这一数字是如何计算而来，也未能说明股权转让各方对这两部分款项是如何商谈达成一致的，均有违常理。此外，据借条记载，这部分款项均用于公司项目建设。虽然被上诉人称借条为单方意思表示载体，但借条的出示对象为被上诉人，其对借条记载有异议，则不可能接受借条。上诉人转让公司股权所得款项仍用于公司项目建设，也有违常理。

3. 160 万元为熊某民报酬存在诸多矛盾之处。首先，据被上诉人提供的明细，其支付给熊某民的报酬为三笔款项，但其中 2015 年 4 月 28 日的 20 万元转账同时也被记载为前期投资补偿款，与被上诉人自身提供的记载存在矛盾。其次，二审庭审中，被上诉人徐某、余某平对熊某民的报酬表述为"没有具体的约定（按年按月），工程完成工作量后给他 160 万元，分两笔支付的，一笔 100 万元、一笔 60 万元"。该表述与其提供的明细记载为三笔存在矛盾。被上诉人李某友先是表述"约定到房子建好后，我给他 160 万元"，后又表述"我是说总共 16 个月，平均摊到一个月 10 万元，是 160 万元"。李某友表述房子建好后给报酬不仅与其提供明细记载的报酬支付时间（房子建好前）相矛盾，其后来 10 万元一个月的表述也与被上诉人徐某、余某平所称未具体约定按月支付相矛盾。而且自 2014 年 12 月办理股权变更登记到 2015 年 8 月熊某民不再负责鸿荣公司经营管理，时间远远不到 16 个月，这一说法也与客观情况相矛盾。

4. 3882.2 万元为项目投资款亦有违常理。被上诉人变更为鸿荣公司股东后，并未采用请款的方式，而是全部采用借款的方式支付公司运营款项，与常理不相符。而且，其在二审中也表示，2015 年 8 月以后委托案外人汤某章管理期间并未采用借款的方式。被上诉人未能对项目投资款采用借款方式支付项目投资款作出合理说明并提供依据。

综上所述，被上诉人未能提供证据证明 7329.4 万元资金为其主张的用途，且其主张还存在与常理不符、自相矛盾之处，不能成立。而上诉人不仅提供了借条，而且在一审中也有两名证人出庭证明存在借款关系，上述资金应当根据借条记载认定为借款。

第二，股权转让各方具有担保的意思表示，而没有真实转让股权的意思表示。被上诉人称，《股权转让协议》明确记载了转让股权的约定，而让与担保并没有任何记载，因而应当认定为股权转让。本院认为，《股权转让协议》约定较为简单，只约定了股权转让份额及价款，但从股权转让各方的沟通情况和《股权转让协议》实际履行情况看，应当认定股权转让各方具有担保的意思表示。

1. 从股权转让各方的沟通情况看。首先，让与方没有真实出让股权的意思，受让方也没有真实受让股权的意思。2014 年 12 月 25 日，熊某民表示"现在该抵押的也抵押了，该过户的也过户了"，明确表示了担保的意思。2015 年 10 月 4 日，熊某民妻子刘某梅表示"我是找你借钱，我们公司的管理你也没必要请人进来"，明确表示没有转让股权。2019 年 4 月 14 日，刘某梅还表示"原来是质押给你"，也明确表明了担保的意图。李某友、徐某多次表示不要股权。如 2014 年 12 月 22 日，李某友表示"我也不要你的东西"；又如 2014 年 12 月 25 日，李某友表示"反正我又不要你的东西"；再如 2015 年 10 月 4 日，李某友表示"我李某友到现在为止还是这句话，我不要你多一分钱"。李某友还表示"我现在是在帮忙，如果不是我帮忙，你们早瘫痪了""我不是派人来管理，主要是派人来监督账目"，这说明李某友并不是以投资和自己经营的意思受让股权。2015 年 10 月 16 日，徐某也表示"我又不要你的东西"；2015 年 10 月 27 日，徐某还表示"虽然过到我的名下来了，我从来就没有觉得是我的东西"，也表达了不要公司股权的意思。其次，案涉股权约定了返还条件。如 2014 年 12 月 22 日，李某友表示"（还清了钱）那个时候就要变还（股权）"；再如 2015 年 10 月 4 日，李某友表示"如果你现在把 7000 万元还给我，我现在就出去"；2015 年 10 月 9 日，李某友又表示"你现在拿 9000 万元给我，只要一给我钱，我立马就走"。2015 年 10 月 16 日，徐某也表示"借钱给你，把款还了，我就还你东西"。再次，纠纷发生后，股权转让各方还在商谈股权合作和买断股权的问题，但并未最终达成一致。2015 年 10 月 27 日，徐某与刘某梅以前期投入为基础商谈股权合作方案；2019 年 4 月 9日、10 日，李某友与熊某民等人多次商谈合作事宜，如果公司股权已经真实转让，则不存在继续商谈合作的基础。2019 年 4 月 14 日，刘某梅说"你的意思是我把熊某民的鸿荣公司买断 15800 万元，减掉熊某民借李总的 7300 万元，李总应该还欠熊某民 8500 万元来买断鸿荣公司"，李某友表示"对"，说明其并未实际买断鸿荣公司股权。但是，由于种种原因，合作最终没有达成一致，李某友亦并未实际支付 8500 万元转让款，鸿荣公司的股权因而也并未发生实际转让。

被上诉人一审曾称，沟通只有李某友和徐某，他们的表态不能代表余某平。本院认为，《股权转让协议》两名受让人为徐某、余某平，徐某与李某友为同居关系，余某平为李某友前姐夫，且此二人在签订协议前与熊某民均无往来，均因李某友而与案涉纠纷发生关联。案涉款项有大量直接来自李某友或李某友安排人员转款。从案涉纠纷的沟通情况来看，2014年12月22日，对2014年12月12日和19日两笔款项，李某友指示"写徐某的名字"，说明即便是徐某的借款也受李某友安排。2014年12月25日，李某友表示："你要把所有的章给我，我让我儿媳妇来管。你的钱都是我来付，你那要有什么事，要盖什么章，你来跟我说，到时候的话，叫她配合你。"这说明公章由李某友的儿媳妇掌管，并听从其指令。此外，徐某在2015年10月16日还表示"密码由我修改，改成我的密码"，这说明资金账户也由其掌握。而余某平作为协议载明的受让人，在本案纠纷的协商沟通过程中从未出现，也未掌握公司印章、账号等经营管理的工具。李某友、徐某在与熊某民等人沟通过程中从未提起过余某平，而是对案涉纠纷独立作出表态，李某友还多次作出"借我7000万元"或者"还我7000万元"的表态。综合以上情况，案涉纠纷的所有关系均以李某友为中心，案涉资金的实际控制人应为李某友，即便考虑到其与徐某的同居关系，二人关系密切，也是由李某友和徐某实际控制，被上诉人认为该二人不能代表余某平的主张不能成立。

2. 从《股权转让协议》的实际履行情况看。首先，鸿荣公司经营的账目以及工程证照并未实际移交，被上诉人也未提供证据证明约定了要移交。其次，被上诉人承认公司移交后一直到2015年8月之前都是熊某民负责经营管理。虽然被上诉人主张熊某民为其返聘。但其并未与熊某民签订返聘协议，二审庭审时承认并未给熊某民发出过经营指令，其声称给熊某民的报酬也缺乏证据证明，也未提供社保等其他可以证明存在雇佣关系的证据，因此其关于返聘熊某民的主张不能成立。综合以上情况，《股权转让协议》签订并办理工商变更登记后，一直到2015年8月之前，受让方并未实际接手公司经营管理，这也与股权实际转让相矛盾。

综上所述，可以认定，案涉《股权转让协议》各方具有担保的真实意思，但并没有转让股权的真实意思。

此外，被上诉人还主张，以公司股权提供担保的，只有一种法定形式，即股权质押，本案没有合同，也没有登记，不能认为设立了担保。本院认为，让与担保是基于当事人意思表示的一种新型担保，不同于股权质押，其是否具有物权效力，需要根据物权法定原则来判定，但这并不影响当事人合意的效力。因此，被上诉人认为本案不符合股权担保法定形式的主张不能成立。

综合以上分析，本案《股权转让协议》的真实意思并非转让股权，而是为债务提供担保，应当认定为股权让与担保。

(二)关于熊某民、哦客公司确认其股权并办理工商变更登记的请求是否成立的问题。

关于熊某民、哦客公司确认其股权的问题。本院认为，首先，真实权利人应当得到保护。据上文分析，熊某民、哦客公司签订《股权转让协议》，并将股权登记至徐某、余某平名下，真实意思是股权让与担保，而非股权真正转让。虽然工商部门登记的股东为徐某、余某平，但工商登记是一种公示行为，为证权效力，股权是否转让应当以当事人真实意思和事实为基础。因此，徐某、余某平仅系名义股东，而非实际股东，其享有的权利不应超过以股权设定担保这一目的。熊某民、哦客公司的股东权利并未丧失，对其真实享有的权利应予确认。且从本案实际情况来看，熊某民、哦客公司在2015年8月以后不能对公司进行经营管理，已经出现了名义股东通过担保剥夺实际股东经营管理自由的现象，也影响到实际股东以鸿荣公司开发的"创想天地"项目销售款来归还借款。因此，应当确认熊某民、哦客公司为鸿荣公司真实股东。其次，确认熊某民、哦客公司为真实股东不损害被上诉人享有的担保权利。股权让与担保相较于传统的担保方式，其优势在于设定的灵活性和保障的安全性，可以防止对股权的不当处理，并可以在不侵害实际股东经营管理权的前提下，通过约定知情权和监督权等权利最大限度地保护设定担保的股权的价值。从本案来看，股权已经登记在被上诉人名下，上诉人与被上诉人在沟通中也就被上诉人掌握鸿荣公司公章、账户达成一致，被上诉人有充分的途径保护自身的担保权利，确认熊某民、哦客公司为真实股东并不影响其基于让与担保而受到的保障。最后，被上诉人在2015年8月以后的投资亦不影响上诉人的权利。被上诉人称，其在2015年8月以后，以股东身份对"创想天地"项目进行了大量投资，因而应当享有股权。本院认为，股权转让必须以当事人的合意为基础，被上诉人单方以何种意图进行工程的后续建设，与其是否享有股东权利没有关联性。被上诉人并不是鸿荣公司真实股东，其投资亦未得到真实股东的授权、确认，其资金投入有待与上诉人清算确认后另行主张权利。综上所述，本院确认熊某民享有鸿荣公司49%的股权、哦客公司享有鸿荣公司51%的股权。

关于办理工商变更登记的问题。本院认为，股权让与担保是基于当事人合意而设立，其权利义务内容依据当事人意思而确定。虽然余某平、徐某只是名义股东，但上诉人与被上诉人签订《股权转让协议》，并登记股权至余某平、徐某名下，从而设定让与担保，是双方的真实意思表示，且不违反强制性法律规定，该约定对双方具有约束力。同时，从当事人沟通情况看，双方已约定将案涉债务清偿完毕，才能将股权登记变更回上诉人名下。而上诉人并未清偿完毕案涉债务，将股权变更回上诉人名下的条件尚未成就。如此时将股权变更回上诉人名下，则会导致被上诉人的债权失去基于股权让与担保而受到的保障。因此，本院对上诉人办理工商变更登记的请求不予支持。

综上所述，本院认为，本案当事人之间并非因真实的股权转让而发生纠纷，而是股权让与担保中真实权利人要求确认股权，本案案由应为股东资格确认纠纷。在股权让与担保中，熊某民享有鸿荣公司49%的股权、哦客公司享有鸿荣公司51%的股权并未发生实际转让，对其享有的股权应予确认。但是在上诉人清偿完毕7329.4万元借款本息前，不能办理工商变更登记，将股权变更到上诉人名下。因本案被上诉人并未就借款及后续投入的资金提起反诉，上述问题由当事人另行解决。

综上所述,上诉人的上诉请求部分成立,本院予以支持。一审法院认定事实不清,适用法律错误,应予纠正。依照《中华人民共和国合同法》第六十条第一款,《中华人民共和国民事诉讼法》第六十五条第一款、第一百七十条第一款第二项之规定,判决如下:(一)撤销江西省景德镇市中级人民法院(2019)赣02民初85号民事判决;(二)确认熊某民享有景德镇市鸿荣房地产开发有限公司49%的股权,昆明哦客商贸有限公司享有景德镇市鸿荣房地产开发有限公司51%的股权;(三)驳回熊某民、昆明哦客商贸有限公司其他诉讼请求。

六、案件启示和意义

在本案中,关于双方签订《股权转让协议》的真实意思究竟是股权转让还是股权让与担保,一审认为熊某民、哦客公司在没有证据证明属于让与担保的情况下,应以《股权转让协议》所体现的股权转让认定双方之间的法律关系,因此判决驳回了熊某民、哦客公司的诉讼请求。

在原告上诉后,二审法院花了大量篇幅对《股权转让协议》双方背后的真实意思进行探究、论证、分析、判断,尽最大努力还原客观真实,力图使法律事实与客观事实相一致。通过对案涉资金的组成和使用状况、相关录音中的关键词句表述、交易各方之间的身份关系、股东变更登记后的公司管理状况等证据所体现出的细节条分缕析,梳理出一条较为完整的证据链,以优势证据规则,认定双方签订《股权转让协议》的本意是通过让与担保的形式,以公司股权作为借款的担保。

在认定让与担保的前提下,则熊某民、哦客公司并没有转让鸿荣公司股权的真实意思表示,而工商登记仅具有公示效力,不具备设权效力。熊某民、哦客公司仍是鸿荣公司的真实股东,其要求确认股东资格的请求应当得到支持。但在熊某民、哦客公司尚未偿还借款的情况下,应当维持让与担保的效力和作用,因此不能支持他们要求返还股权的诉讼请求,否则让与担保就完全失去了作用和存在的意义。

从本案可以看出,让与担保虽然在实践中使用较普遍,且得到了司法解释的认可,但作为非法律明确规定的担保形式,缺乏法定的登记、公示形式,在外在表现上与所有权转让完全一致而无法区别,往往容易形成纠纷而没有充分证据证明担保目的,最终被认定为所有权转让。本案若非二审法官"明察秋毫",熊某民、哦客公司的股东资格将不保,实践中需要谨慎使用该担保形式。

七、课后思考

在需要采取让与担保的形式为借款提供担保的情况下,如何才能有效确保让与担保的真实意思得到体现和认可?

第四节　公司原股东要求查阅或复制其持股期间的公司特定文件，应证明其持股期间合法权益受到损害
——河南中汇实业集团有限公司诉中原银行股份有限公司股东知情权、公司盈余分配纠纷案①

一、本节知识点/知识体系概述

本案为最高人民法院评选的 2020 年十大商事案例之一。知情权是股东的基本权利之一，是股东行使其他权利的前提和保障。但对于知情权行使时的主体资格和知情权的具体内容等相关细节，实务界一直存在着争议，如起诉时是否要求持续具备股东资格，相关资料除了查阅之外能否复制，供查阅的会计凭证是否包括原始凭证等。相对《公司法》的规定，最高人民法院在相关司法解释中做了部分扩大性解释，但仍有诸多操作中的细节留待司法实践去探索。本案即是因股东知情权行使而导致的纠纷。

二、案件基本事实

2012 年 10 月 10 日，河南中汇实业集团有限公司（以下简称中汇公司）与原周口银行股份有限公司（以下简称周口银行）签订《投资入股协议书》，约定由中汇公司以自有资金 9900 万元认购周口银行 5500 万股的股份，每股认购价格 1.8 元。2012 年 12 月 20 日，中国银行业监督管理委员会河南银监局下发了编号为豫银监复（2012）764 号《河南银监局关于核准河南中汇实业集团有限公司入股周口银行股份有限公司股东资格的批复》，核准了中汇公司在周口银行的股东地位。

2014 年 7 月 22 日，周口银行召开 2014 年第一次临时股东大会，审议通过了《关于同意周口银行股份有限公司清产核资和资产评估报告以及 2013 年度审计报告的议案》《关于同意实施河南省部分城市商业银行改革重组折股方案的议案》《关于同意清产核资评估基准日至新银行开业日期间经营成果处置意见的议案》等，中汇公司持有的周口银行股份，折股为中原银行股份有限公司（以下简称中原银行）股份数 64355740 股。

2014 年 12 月 23 日中原银行成立。2015 年 4 月 30 日，中原银行召开 2014 年度股东大会，审议通过了《关于 2014 年度利润分配方案的议案》，其中约定 2014 年 1—6 月份，原漯河银行、信阳银行、周口银行、驻马店银行在补充一般风险准备后，有可供分配利润 47195561.59 元，该可供分配利润向该四家原城市商业银行股东进行现金分配。2016 年 2 月 14 日，中汇公司收到中原银行支付的分红 534283.59 元。

---

① 案例来源：河南省高级人民法院（2020）豫民终 126 号民事判决书。

2015 年 2 月 10 日，中汇公司将其在中原银行的股份转让给河南省豫南高速投资有限公司，双方约定，中汇公司在中原银行股权的相应收益计算至 2014 年 12 月 31 日，2015 年 1 月 1 日之后的收益归河南省豫南高速投资有限公司所有。2015 年 2 月 13 日，双方在河南省产权交易中心办理了股权转让登记。中原银行 2014 年留存的未分配利润与 2015 年度可供分配利润一起作为 2015 年度股东可分配利润进行了分配。中原银行在上市时公开发布的财务资料中显示的中原银行 2014 年度净利润比其《2014 年度利润分配方案》中显示的净利润高出 1 亿多元。

三、裁判过程和结果

中汇公司向郑州市中级人民法院提起诉讼，其诉讼请求为：（1）依法判令中原银行提供自 2012 年 12 月 20 日起至 2014 年 12 月 31 日止期间的原周口银行股份有限公司（以下简称周口银行）和中原银行相应的章程、股东名册、公司债券存根、股东大会会议记录、董事会会议决议、监事会会议决议、财务会计报告、公司会计账簿、会计凭证、公司合并情况资料、公司分红情况等资料供中汇公司查阅；（2）请求依法判令中原银行向中汇公司补足自 2012 年 12 月 20 日起至 2014 年 12 月 31 日止期间的分红差额及其他相关收益 3000 万元，并按照同期银行贷款利率自起诉之日起计息直至中原银行履行完毕之日止；（3）请求依法判令本案案件受理费、审计费、鉴定费等由中原银行承担。一审庭审中，中汇公司将诉讼请求第一项中的查阅变更为查阅和复制。

郑州市中级人民法院以（2019）豫 01 民初 2062 号民事判决书判决中原银行提供相应的公司章程、股东大会会议记录、董事会会议决议、监事会会议决议、财务会计报告供中汇公司查阅、复制；提供相应的会计账簿供中汇公司查阅；驳回中汇公司的其他诉讼请求。

中原银行不服一审判决，向河南省高级人民法院提起上诉。河南省高级人民法院以（2020）豫民终 126 号民事判决书判决撤销一审判决，驳回中汇公司的诉讼请求。

四、案件争议焦点

根据双方的诉辩意见，本案的争议焦点为：中汇公司是否有权查询、复制其持股期间的中原银行相应的公司章程、股东大会会议记录等特定资料，查阅相应的会计账簿。

五、裁判主要理由

郑州市中级人民法院认为：《最高人民法院关于适用〈中华人民共和国公司法〉若干问题的规定（四）》第七条规定，股东依据《公司法》第三十三条、第七十九条或者公司章程的规定，起诉请求查阅或复制公司特有文件材料的，人民法院应当依法予以受理。公司有证据证明前款规定的原告在起诉时不具有公司股东资格的，人民法院应当驳回起诉，但原告有初步证据证明在持股期间其合法权益受到损害，请求依法查阅或者复制其持股期间的公司特定文件材料的除外。本案中，中汇公司于 2015 年 2 月将其在中原银行的股权转让给河南省豫南高速投资有限公司。虽然在本案起诉时，中汇公司已经不是中原银行的股东，但其提交的中原银行在上市时公开发布的财务资料能够初步证明在其持股期间合法权益受到损害，请求查阅或者复制其持股期间的公司特定文件材料一审法院应予以支持。关于公司的盈余分配问题，待中汇公司查阅完毕公司特定文件材料以确定《2014年度利润分配方案》后可另行主张。综上所述，一审法院依照《中华人民共和国公司法》第三十三条、《最高人民法院关于适用〈中华人民共和国公司法〉若干问题的规定（四）》第十条第一款规定，判决如下：（一）中原银行于判决生效之日起30日内在中原银行住所地提供2012年12月20日起至2014年12月31日止期间的原周口银行和中原银行相应的公司章程、股东大会会议记录、董事会会议决议、监事会会议决议、财务会计报告供原告河南中汇公司集团有限公司查阅、复制；（二）中原银行于判决生效之日起30日内在中原银行住所地提供2012年12月20日起至2014年12月31日止期间的原周口银行和中原银行相应的会计账簿供中汇公司查阅；（三）驳回中汇公司的其他诉讼请求。

河南省高级人民法院认为：关于原审判决中汇公司查询、复制其持股期间的中原银行相应的公司章程、股东大会会议记录等特定资料，查阅相应的会计账簿是否正确问题。

第一，《最高人民法院关于适用〈中华人民共和国公司法〉若干问题的规定（四）》（以下简称《公司法司法解释（四）》）第七条规定"股东依据《公司法》第三十三条、第九十七条或者公司章程的规定，起诉请求查阅或者复制公司特定文件材料的，人民法院应当依法予以受理。公司有证据证明前款规定的原告在起诉时不具有公司股东资格的，人民法院应当驳回起诉，但原告有初步证据证明在持股期间其合法权益受到损害，请求依法查阅或者复制其持股期间的公司特定文件材料的除外"。本条结合诉的利益原则，明确规定了股东就《公司法》第三十三条、第九十七条规定享有的诉权，并规定了公司原股东享有的有限诉权。上述司法解释规定中的"除外"对应的应是前文的"驳回起诉"，即原股东有初步证据证明在持股期间其合法权益受到损害的，法院不应驳回起诉，应依法予以受理，该条规定解决的是原股东在特殊情况下的诉权问题。但"诉权"不等同于"胜诉权"，"初步证据"不等同于"实质证据"，赋予原股东诉权，并非当然地支持原股东的诉讼请求。在受理案件后，应审查原股东的证据是否能够证明在持股期间其合法权益受到损害；根据《公司法解释四》第八条规定，需要审查要求查阅账簿的有限责任公司股东是否有不正当目的；审查原股东是否已经查阅过或掌握其诉请的特定文件资料等情形，以认定原股东的诉讼请求是否应该得到支持。本案中，一审法院认定中汇公司提交的中原银行在上市时公开发布的财务资料能够初步证明在其持股期间合法权益受到损害，在符合案件受理条件的情况下，对中汇公司提交的初步证据及中原银行的抗辩理由未进行实质审理，直接支持中汇公司有关知情权的诉讼请求不当。

第二，关于中汇公司要求行使知情权的诉请是否应该得到支持的问题。（1）中汇公司认为其提交的中原银行上市时公开发布的财务资料中显示的2014年度净利润比中原银行《2014年度利润分配方案》中显示的净利润高了1亿多元，中原银行对2014年下半年的利润没有进行分红，中汇公司持股期间的合法权益受到损害，因此要求查阅或复制中原银行特定文件资料。中原银行辩称《2014年度利润分配方案》依据的是其公司的年度法定审计报告——《2014年度中原银行股份有限公司审计报告及备考财务报表》，该报表与上市时公开发布的财务资料的口径不同、对象不同、时期不同，二者不具有可比性，且《2014年度利润分配方案》经过股东大会决议通过，中汇公司的权益并没有遭受损害。根据中汇公司、中原银行的诉辩意见，对比两份财务报告内容显示，首先，该两份财务报告依据的准则不同。《2014年度中原银行股份有限公司审计报告及备考财务报表》依据的是中国注册会计师审计准则执行的审计工作，准则是财政部等部门发布的国内会计准则。而中原银行上市时公开发布的财务报告是按照国际会计准则编制的。其次，该两份财务报告审计的对象不同。《2014年度中原银行股份有限公司审计报告及备考财务报表》非合并财务报告，审计的对象不包括中原银行的子公司。中原银行上市时公开公布的财务报告是合并财务信息，包括中原银行及其子公司。再次，该两份财务报告编制基础、审计的时期不同，相关资产负债会产生差异。《2014年度中原银行股份有限公司审计报告及备考财务报表》的"备考财务报表的编制方法"显示以"十三家城商行合并重组设立中原银行的架构于2013年1月1日业已存在，并按照此架构持续经营，以2013年1月1日起按照十三家城商行合并重组的中原银行财务报表作为编制范围"的假设基础进行编制，审计的时期是2014年1月1日至2014年12月31日。中原银行上市时公开公布的财务报告是以中原银行于2014年12月23日正式成立为基础编制的，包括2014年1月1日至2014年12月22日和2014年12月23日至2014年12月31日的两段时期的两份报告。最后，该两份财务报告编制的时间不同，编制报告时掌握的信息不同，会产生会计差异。《2014年度中原银行股份有限公司审计报告及备考财务报表》是2015年4月11日编制的，上市财务报告是2017年6月30日制作的。综上所述，因两份报告所依据的会计准则、统计口径、编制基础、编制时间等均不同，两份报告存在差异有合理客观原因。因此，中原银行在上市时公开发布的财务资料与《2014年度利润分配方案》依据的年度法定审计报告《2014年度中原银行股份有限公司审计报告及备考财务报表》不同，并不能够证明中汇公司在其持股期间合法权益受到损害。(2)根据《中华人民共和国公司法》第三十八条的规定，公司的利润分配方案和弥补亏损方案由股东会审议批准。因此公司是否分配利润以及分配多少利润属于公司董事会、股东会决策权范畴，属于公司自治的范围。中原银行《2014年度利润分配方案》经过该公司股东会决议通过，股东会的召集程序、表决方式及决议内容均不违反法律、行政法规或公司章程的规定，股东会决议通过的利润分配方案合法有效。因此，中汇公司主张其股权收益与中原银行的实际盈利水平不符、中原银行在取得巨额净利润的情况下却不向股东分配损害其利益没有法律依据。故中汇公司提交的证据不能证明在其持股期间合法权益受到损害，其要求查阅、复制中原银行相关文件资料的诉讼请求不符合法律规定，本院不予支持。一审法院对中汇公司提交的初步证据及中原银行的抗辩理由未进行实质审理，判决支持中汇公司诉讼请求不当，本院予以纠正。

第三，需要指出一审判决的判项存在的如下问题：对于有限责任公司股东的知情权，

《中华人民共和国公司法》第三十三条规定："股东有权查阅、复制公司章程、股东会会议记录、董事会会议决议、监事会会议决议和财务会计报告。股东可以要求查阅公司会计账簿。股东要求查阅公司会计账簿的，应当向公司提出书面请求，说明目的。公司有合理根据认为股东查阅会计账簿有不正当目的，可能损害公司合法利益的，可以拒绝提供查阅，并应当自股东提出书面请求之日起十五日内书面答复股东并说明理由。公司拒绝提供查阅的，股东可以请求人民法院要求公司提供查阅。"对于股份有限公司股东的知情权，《中华人民共和国公司法》第九十七条规定："股东有权查阅公司章程、股东名册、公司债券存根、股东大会会议记录、董事会会议决议、监事会会议决议、财务会计报告，对公司的经营提出建议或者质询。"对比上述关于有限责任公司和股份有限公司股东知情权的法律规定，法律并未规定股份有限公司的股东有复制公司章程、股东名册、股东大会会议记录等文件资料的权利，亦未规定股份有限公司的股东有查阅公司会计账簿的权利。本案中，周口银行与中原银行均系股份有限公司，故一审判决第一项中汇公司复制公司章程等文件资料、第二项中汇公司查阅相应的会计账簿均不符合法律规定。

综上所述，中原银行的上诉请求成立，本院予以支持。一审判决适用法律错误，应予纠正。根据《中华人民共和国民事诉讼法》第一百七十条第一款第(二)项规定，判决如下：(一)撤销河南省郑州市中级人民法院(2019)豫 01 民初 2062 号民事判决；(二)驳回河南中汇实业集团有限公司的诉讼请求。

六、案件启示和意义

股东知情权纠纷，顾名思义，只有股东才享有对公司经营状况知情的权利，不是股东则没有知情权。在《公司法司法解释(四)》出台前，原股东能否起诉行使其持股期间的知情权，司法界和实务界的做法并不统一，更多的是认为起诉时不再具有股东身份的则无权主张知情权。《公司法解释四》出台后，原则上还是"现股东"才有权利提起股东知情权诉讼，"公司有证据证明前款规定的原告在起诉时不具有公司股东资格的，人民法院应当驳回起诉"，但还是给了"原股东"们一个救济途径，即"有初步证据证明在持股期间其合法权益受到损害，请求依法查阅或者复制其持股期间的公司特定文件材料的除外"。

本案原告中汇公司在起诉时，已将其所持中原银行股份转让给他人，不再是中原银行股东。但其持有证据证明中原银行两份不同时期的财务文件，显示中汇公司持股期间，中原银行净利润数据存在较大差距。一审法院将其作为权益受损的"初步证据"，受理了中汇公司的起诉，并在此基础上支持了中汇公司查阅中原银行相关资料的诉讼请求。

但二审法院认为，有"初步证据"只能证明中汇公司具备诉讼主体资格，并不当然推论出中汇公司有权查阅中原银行的相关文件材料。然后二审法院对两份财务数据中中原银行净利润存在较大差异的原因进行了进一步分析，认为存在差异具有合理原因，并不能证明中汇公司的股东利益受到了损害，中汇公司也没有其他证据予以证明，据此驳回了中汇公司的诉讼请求；同时也指出了一审判决存在的其他问题。

该案件的二审判决辨析了《公司法解释四》规定中"诉权"与"胜诉权"以及"初步证据"与"实质证据"的区别,明确了《公司法解释四》中股东知情权规定的适用规则,因此被评为年度十大商事案例。

七、课后思考

股东作为非财会专业人士,在行使知情权时,如何才能保证有效查阅公司财务会计报告和会计账簿等专业资料?

第五节 公司内部人员通过关联交易损害公司利益,
应当承担赔偿责任

——甘肃中集华骏车辆有限公司诉周某、高某迎、毛某光关联交易损害赔偿纠纷案①

一、本节知识点/知识体系概述

本案为最高人民法院评选的 2019 年十大商事案例之一。在现代公司治理结构中,所有权和经营权分离属于常态。股东持有公司股权,但并不直接干预公司经营管理;公司高管(一般)不持有公司股权,但负责公司的具体经营管理。在两权分离的情况下,有必要对高管的忠诚和勤勉义务加以强调和强化。因为公司高管负责公司的具体经营行为,因此在公司高管损害公司利益的行为中,通过关联交易转移利益归属是较常见的情形。《公司法》针对此种情形以及由此造成的损失赔偿进行了特别规定,本案即关联交易损害公司利益的典型案例。

二、案件基本事实

甘肃中集华骏车辆有限公司(以下简称甘肃中集华骏)成立于 2006 年 6 月 6 日,经营范围包括专用车辆改装、挂车及配件、汽车配件制造;汽车(不含小轿车)、摩托车、农用车、农机及配件、建材、金属材料、五金化工等相关产品物料的销售(国家批准方可经营的,凭许可证或批准文件经营)。2007 年 7 月 30 日,经甘肃中集华骏批准,周某担任该公司营销部经理(正科级),全面主持公司销售和采购供应工作。2009 年 7 月 31 日之后,周某担任该公司分管销售的副总经理,2010 年 7 月,周某从甘肃中集华骏调离至陕西中集华骏销售服务有限公司(以下简称陕西中集华骏)工作。

2008 年 2 月 29 日至 2009 年 7 月 31 日期间,甘肃中集华骏与青海同海达汽车销售服务有限公司(以下简称青海同海达公司)签订了共计 38 份加工承揽合同。青海同海达公司

---

① 案例来源:最高人民法院(2019)民申 2728 号民事裁定书。

拖欠甘肃中集华骏车款未按时支付。2011年9月19日，甘肃中集华骏与青海同海达公司就拖欠车款达成协议，并由白银市中级人民法院作出（2011）白中民确字第1号民事调解书，确定青海同海达公司拖欠甘肃中集华骏车款5967970元。白银市中级人民法院在执行该民事调解书期间，发现青海同海达公司无营业场所、无银行存款、无车辆登记，其时任法定代表人申某下落不明，并于2016年4月9日作出（2012）白中执字第19-4号执行裁定书，裁定终结了对上述民事调解书的执行程序。

2013年2月28日，陕西中集华骏作出车辆销西北（2013）001号《关于对周某同志开除的通知》，针对甘肃中集华骏"同海达事件"，甘肃中集华骏董事会于2013年1月21日作出如下决议：对"甘肃中集"原销售副总，现"西北中心店"总经理助理周某予以开除并追究法律责任。周某向陕西中集华骏的解除（终止）劳动合同申请表中注明解除劳动合同原因为：因工作失误对前工作单位造成经济损失。

2007年9月29日，由高某迎与毛某光作为发起人以货币出资方式，在兰州市工商局设立登记了兰州同海达汽车销售服务有限公司（以下简称兰州同海达公司），注册资本200万元，法定代表人为高某迎。该200万元注册资金，于2007年9月20日由水某转入完成注册，但2007年9月21日又全部转入水某个人账户，公司股东高某迎、毛某光存在抽逃出资的违法行为。2007年11月20日，兰州同海达公司以业务需要为由，迁入西宁市工商行政管理局城北分局。迁入后的公司股东、注册资本与法定代表人均未变更，公司名称变更为青海同海达公司。2008年8月6日，青海同海达公司将其法定代表人变更为高某迎的母亲卫某利。同年8月18日，高某迎将其所持有的全部公司股份转让给其母亲卫某利。至此，青海同海达公司的股东变更为卫某利与毛某光。2009年7月31日，卫某利将其所持有的全部公司股份转让给了申某，毛某光将其所持有的全部公司股份转让给苏某甲；至此，青海同海达公司的股东变更为申某与苏某甲，法定代表人变更为申某。

经审理查明，周某与高某迎于2006年确立恋爱关系，2008年5月7日，在郑州市金水区民政局婚姻登记处登记结婚。

二审中另查明，2017年12月5日一审庭审时，法庭询问周某："涉案的这38份合同是全部在你任供销部经理的时候签订的吗？""这38份合同全是在你的职责范围内签订的？"周某均回答："对"。

三、裁判过程和结果

甘肃中集华骏向甘肃省白银市中级人民法院提起诉讼，请求依法判决周某、高某迎、毛某光共同赔偿甘肃中集华骏经济损失本金4352320元及利息1877038元，共计6229358元。白银市中级人民法院以（2017）甘04民初51号民事判决书判决：周某赔偿甘肃中集华骏车辆有限公司经济损失4229358.00元。

周某不服一审判决，向甘肃省高级人民法院提起上诉。甘肃省高级人民法院以（2018）甘民终590号民事判决书判决驳回周某的上诉。

周某不服二审判决，向最高人民法院申请再审。最高人民法院以（2019）最高法民申2728号民事裁定书裁定驳回周某的再审申请。

四、案件争议焦点

根据双方的诉辩意见，本案的争议焦点为：周某在甘肃中集华骏任职期间，甘肃中集华骏与青海同海达公司于2008年2月29日至2009年7月31日签订的承揽合同是否属于关联交易；关联交易的损失金额如何确定，周某是否应当承担赔偿责任；本案诉讼是否超过诉讼时效期间。

五、裁判主要理由

甘肃省白银市中级人民法院认为：关于2008年2月29日至2009年7月31日期间，甘肃中集华骏与青海同海达公司签订的承揽合同是否属于关联交易的问题。《中华人民共和国公司法》（2013年修正）第二百一十六条第（四）项规定："关联关系，是指公司控股股东、实际控制人、董事、监事、高级管理人员与其直接或者间接控制的企业之间的关系，以及可能导致公司利益转移的其他关系。"经审理查明，2007年7月30日，经甘肃中集华骏批准，周某担任该公司营销部经理（正科级），全面主持公司销售和采购供应工作。2009年7月31日之后，周某担任该公司分管销售的副总经理，直至2010年7月周某从甘肃中集华骏调离至陕西中集华骏工作。甘肃中集华骏、陕西中集华骏均系中集集团的下属公司。周某担任甘肃中集华骏的营销部经理期间，该公司未设立副总经理，各部门经理直接向董事长负责，对周某担任营销部经理是否属于该公司高管的范围，甘肃中集华骏董事会依据《甘肃中集华骏车辆有限公司章程》作出的说明能够证明周某是该公司的高级管理人员。周某自认2005年与高某迎认识，2006年确定恋爱关系，2008年5月7日和高某迎登记结婚，毛某光系其远方舅舅的儿子。2007年9月29日，由高某迎与毛某光作为发起人以货币出资方式，在兰州市工商局设立登记了兰州同海达公司，注册资本200万元，法定代表人为高某迎。该200万元注册资金，2007年9月20日由水某转入完成注册，但2007年9月21日又全部转入水某个人账户，公司股东高某迎、毛某光存在抽逃出资的违法行为。2007年11月20日，兰州同海达公司以业务需要为由，迁入西宁市工商行政管理局城北分局。迁入后的公司股东、注册资本与法定代表人均未变更，公司名称变更为青海同海达公司。2008年8月6日，青海同海达公司将其法定代表人变更为高某迎的母亲卫某利。2008年2月29日至2009年7月31日期间，甘肃中集华骏与青海同海达公司签订了共计38份加工承揽合同。青海同海达公司拖欠甘肃中集华骏车款未按时支付。2011年9月19日，甘肃中集华骏与青海同海达公司就拖欠车款达成协议，并由白银市中级人民法院作出（2011）白中民确字第1号民事调解书，确定青海同海达公司拖欠甘肃中集华骏车款5967970元。白银市中级人民法院在执行该民事调解书期间，发现青海同海达公司无营业场所、无银行存款、无车辆登记，其时任法定代表人申某下落不明，并于2016年4月9

日作出(2012)白中执字第19-4号执行裁定书,裁定终结了对上述民事调解书的执行程序。周某作为甘肃中集华骏的公司高管隐瞒青海同海达公司控股股东、股东系其妻子、岳母和远方表弟的事实,在担任甘肃中集华骏营销部经理和销售副总期间,对青海同海达公司与甘肃中集华骏2008年2月29日至2009年7月31日期间共计38份加工承揽合同的履行、货款回收、交易方的财务状况、交易风险不闻不问;周某在庭审中认可在甘肃中集华骏任职期间,其负责市场研发、产品配件和原材料的采购、车辆销售和货款回收等日常决策工作,其间,公司的整个交易都比较规范,货款回收比较及时,唯独与青海同海达公司的交易给甘肃中集华骏造成了巨大的损失。这实际上造成了青海同海达公司占用甘肃中集华骏巨额车款八年有余,且因该公司最终无力偿还导致执行不能,利益输送之目标明确、路径清晰;其消极、不作为的行为符合《公司法》第二百一十六条第四款的规定,构成关联交易。

《中华人民共和国公司法》(2013年修正)第二十一条规定:"公司的控股股东、实际控制人、董事、监事、高级管理人员不得利用其关联关系损害公司利益。违反前款规定,给公司造成损失的,应当承担赔偿责任";《中华人民共和国公司法》(2013年修正)第一百四十七条第一款规定:"董事、监事、高级管理人员应当遵守法律、行政法规和公司章程,对公司负有忠诚义务和勤勉义务";《中华人民共和国公司法》(2013年修正)第一百四十九条规定:"董事、监事、高级管理人员执行公司职务时违反法律、行政法规或者公司章程的规定,给公司造成损失的,应当承担赔偿责任",周某利用其关联关系进行关联交易,该关联交易完成后,因青海同海达公司无营业场所、无银行存款、无车辆登记,其时任法定代表人申某下落不明等原因,造成青海同海达公司拖欠甘肃中集华骏的车辆款不能及时兑现和人民法院执行不能,故其应承担相应的赔偿责任。

高某迎、毛某光作为关联交易的关系人,系关联公司青海同海达公司的出资人,出资后又抽逃全部出资,亦应在其抽逃出资的范围内(2000000元)承担赔偿责任,但本案系公司关联交易损害责任纠纷,与甘肃中集华骏和青海同海达公司之间的合同纠纷系两个法律关系,高某迎、毛某光不是必要的共同诉讼的当事人,且该纠纷已经(2011)白中民确字第1号民事调解书予以裁决,本案保全的高某迎、毛某光的财产已移交一审法院执行部门处理,甘肃中集华骏可申请恢复执行程序,对其抽逃出资的行为进行追究。对甘肃中集华骏请求高某迎、毛某光承担连带责任,本案不予处理。

因此,周某应当承担的赔偿责任为6229358元-2000000元=4229358元。

关于甘肃中集华骏公司的主张是否超过诉讼时效期间的问题。《中华人民共和国民法通则》第一百三十七条规定:"诉讼时效期间从知道或者应当知道权利被侵害时起计算";《中华人民共和国民法总则》第一百八十八条第一款规定:"向人民法院请求保护民事权利的诉讼时效期间为三年。法律另有规定的,依照其规定。"就本案而言,甘肃中集华骏是在与青海同海达公司的合同纠纷的诉讼过程中才发现周某存在关联交易的行为,该案于2016年4月9日裁定终结执行程序,甘肃中集华骏决定追究周某关联交易损害赔偿责任,并于2017年6月16日起诉,符合法律规定,不存在超过诉讼时效的情形。

综上所述，一审法院依照《中华人民共和国公司法》第二十一条、第一百四十七条第一款、第一百四十九条、第二百一十六条第四款，《中华人民共和国民法通则》第一百三十七条，《中华人民共和国民法总则》第一百八十八条，《中华人民共和国民事诉讼法》第一百五十二条、第一百五十三条规定，判决：(1)周某赔偿甘肃中集华骏经济损失 4229358.00元，于判决生效后 10 日内付清。如果未按判决指定的期间履行给付义务，加倍支付迟延履行期间的债务利息；(2)驳回甘肃中集华骏的其他诉讼请求。案件受理费 55406 元，周某承担 36937 元，甘肃中集华骏承担 18469 元；保全费 5000 元由周某负担。

甘肃省高级人民法院认为：关于周某在甘肃中集华骏任职期间，甘肃中集华骏与青海同海达公司 2008 年 2 月 29 日至 2009 年 7 月 31 日签订的承揽合同是否属于关联交易的问题。《中华人民共和国公司法》第二百一十六条第一款规定："高级管理人员，是指公司的经理、副经理、财务负责人，上市公司董事会秘书和公司章程规定的其他人员。"判断公司相关人员是否为高级管理人员，应从该人员是否担任《中华人民共和国公司法》规定的职务，或者公司的章程是否将担任其他职务的人员规定为公司的高级管理人员进行分析。公司的高级管理人员应是执行公司出资人的决策，拥有执行权或一定程度的决策权，掌握着公司内部管理或外部业务的核心信息，并决定公司的决策及发展方向的特定人群。《甘肃中集华骏车辆有限公司章程》第二十八条规定："公司设总经理一人，副总经理若干人，正副总经理由董事会聘请。"第二十九条规定："总经理直接对董事会负责，执行董事会的各项决定，组织领导公司的日常生产、技术和经营管理工作。副总经理协助总经理工作，当总经理缺席或不能工作时，代理行使总经理的职责。"本案中，周某的身份是作为甘肃中集华骏营销部经理全面负责销售工作，在此期间甘肃中集华骏并没有设立副总经理，周某对选择交易对象以及是否签订合同具有决策权，对以什么方式进行资金回收亦有决定权，周某实际上行使的是公司高级管理人员的职权。其妻子高某迎和亲戚成立青海同海达公司及转让公司股权的行为，与周某任营销部经理及离任具有同步性，事实上就是为了与甘肃中集华骏进行交易，周某亦未如实向公司报告该事项，在与青海同海达公司交易之后周某利用其职权，不及时回收资金，唯独与青海同海达公司的交易给甘肃中集华骏造成了巨大的损失。且周某在青海同海达公司未向甘肃中集华骏支付货款的情况下，利用职权继续与青海同海达公司签订合同和供货，周某的行为客观上给甘肃中集华骏造成了经济损失，应当承担赔偿责任。一审法院认定周某在甘肃中集华骏任职期间，甘肃中集华骏与青海同海达公司在 2008 年 2 月 29 日至 2009 年 7 月 31 日期间签订的承揽合同属于关联交易并无不当，周某的该上诉理由不能成立。至于周某提出一审法院确认《加工承揽合同》的数额为 38 份没有任何事实基础的上诉理由，周某本人在一审庭审中认可涉案的这 38 份合同全部是在其任供销部经理时签订，且全部是在其职责范围内签订，故周某的该上诉理由亦不能成立。

关于甘肃中集华骏的起诉是否超过诉讼时效的问题。本案系甘肃中集华骏请求追究周某关联交易损害赔偿责任提起的诉讼，甘肃中集华骏是在与青海同海达公司的合同纠纷的诉讼过程中才发现周某存在关联交易的行为，该案于 2016 年 4 月 9 日裁定终结执行程序，周某并未提供证据证明甘肃中集华骏在此之前已知晓周某存在关联交易的行为，故周某提出甘肃中集华骏的起诉已超过诉讼时效的上诉理由不能成立，本院不予采信。

综上所述，周某的上诉理由不能成立，应予驳回；一审判决认定事实清楚，适用法律正确，应予维持。依照《中华人民共和国民事诉讼法》第一百七十条第一款第一项规定，判决如下：驳回上诉，维持原判。

最高人民法院认为：关于周某在甘肃中集华骏公司任职期间，甘肃中集华骏公司与青海同海达公司在 2008 年 2 月 29 日至 2009 年 7 月 31 日之间签订的加工承揽合同是否属于关联交易，周某是否应当承担赔偿责任的问题。根据《中华人民共和国公司法》第二百一十六条第一项和第四项的规定，高级管理人员，是指公司的经理、副经理、财务负责人，上市公司董事会秘书和公司章程规定的其他人员。关联关系，是指公司控股股东、实际控制人、董事、监事、高级管理人员与其直接或者间接控制的企业之间的关系，以及可能导致公司利益转移的其他关系。本案中，《甘肃中集华骏车辆有限公司章程》第二十八条规定："公司设总经理一人，副总经理若干人，正、副总经理由董事会聘请。"第二十九条规定："总经理直接对董事会负责，执行董事会的各项决定，组织领导公司的日常生产、技术和经营管理工作。副总经理协助总经理工作，当总经理缺席或不能工作时，代理行使总经理的职责。"2007 年 7 月 30 日，甘肃中集华骏公司聘任周某担任该公司营销部经理，全面主持公司销售和采购供应工作。在此期间，甘肃中集华骏公司并没有设立副总经理，周某实际上行使的是公司高级管理人员的职权。其妻高某迎和亲戚成立青海同海达公司及转让公司股权的行为，与周某任营销部经理及离任具有同步性，周某未如实向公司报告该事项，在与青海同海达公司交易之后，周某利用其职权，不及时回收资金，致使与青海同海达公司的交易给甘肃中集华骏造成损失。周某在青海同海达公司未向甘肃中集华骏支付货款的情况下，利用职权继续与青海同海达公司签订合同和供货，周某的行为客观上给甘肃中集华骏造成了经济损失，应当承担赔偿责任。根据以上法律规定和事实，二审法院认定周某在甘肃中集华骏任职期间，甘肃中集华骏与青海同海达公司在 2008 年 2 月 29 日至 2009 年 7 月 31 日期间签订的承揽合同属于关联交易，周某应当对给甘肃中集华骏公司造成的损失承担赔偿责任，该认定并无不当，本院予以维持。另经审查，一审法院多次组织双方当事人进行证据交换和询问，甘肃中集华骏公司提交的 38 份加工承揽合同及相关财务凭证、公司章程、《甘肃中集华骏车辆有限公司董事会关于公司章程中"高级管理人员"的说明》、一审法院对郭某华等的询问笔录等证据，均进行了质证。周某关于一审、二审判决缺乏事实和法律依据的主张不能成立，本院不予支持。

关于甘肃中集华骏公司的起诉是否超过诉讼时效的问题。本案系甘肃中集华骏请求追究周某关联交易损害赔偿责任提起的诉讼，甘肃中集华骏是在与青海同海达公司合同纠纷的诉讼中才发现周某存在关联交易的行为，该案于 2016 年 4 月 9 日裁定终结执行程序。周某未能提供证据证明甘肃中集华骏公司之前已知晓周某存在关联交易的行为，故一审、二审法院认定甘肃中集华骏公司的起诉未超过诉讼时效，并无不当，本院予以维持。

综上所述，周某的再审申请不符合《中华人民共和国民事诉讼法》第二百条第二项、第六项规定的情形。依照《中华人民共和国民事诉讼法》第二百零四条第一款及《最高人民法院关于适用〈中华人民共和国民事诉讼法〉的解释》第三百九十五条第二款之规定，裁定如下：驳回周某的再审申请。

六、案件启示和意义

单以周某在甘肃中集华骏公司所任职务，似乎并不能得出周某属于公司高管的结论；但从他在甘肃中集华骏公司管理体系中的地位、权限以及公司的职位设置来看，他起到的就是公司高管的作用。而青海同海达公司的设立时间几乎与周某任职同步，公司主要人员与周某均系姻亲关系，两公司的主要业务也发生在周某任职期间，认定关联交易没有疑问。青海同海达公司设立资本金并不充实，公司并无财产保障合同的履行，在之前合同未付款情况下，周某继续决定与青海同海达公司签订合同，将合同利益输送给青海同海达公司，由此造成甘肃中集华骏公司利益受损。

在高管身份、关联交易、造成损失都得到认定的情况下，根据《公司法》的规定，周某当然需要为此承担赔偿责任。在认定损失赔偿金额时，法院在甘肃中集华骏公司主张金额基础上，减掉了青海同海达公司的注册资本金200万元，该部分金额应由青海同海达公司的股东承担相应责任。这也体现了法院平等保护双方当事人合法利益的定位和考量。

由此案可以看出，三级法院在认定公司高管关联交易损害公司利益的标准上，均持穿透现象看本质的观点，并未拘泥于周某是否担任高管职务这一形式要件，切实维护了甘肃中集华骏公司的合法权益。

七、课后思考

高管损害公司利益诉讼是事后救济途径，如果你是股东，请思考如何在事前和事中有效防范高管利用关联交易损害股东利益的行为发生。

第六节 公司法定代表人被免职后，公司应承担办理变更登记手续的责任

——韦某兵与新疆宝塔房地产开发有限公司等请求变更公司登记纠纷案①

一、本节知识点/知识体系概述

本案为《中华人民共和国最高人民法院公报（2022年卷）》收录的案例。根据《民法典》的规定，依照法律或者法人章程的规定，代表法人从事民事活动的负责人为法人的法定代

---

① 案例来源：最高人民法院（2021）民申7049号民事裁定书。

表人。《公司法》规定，公司法定代表人依照公司章程的规定，由董事长、执行董事或者经理担任，并依法登记。在实践中，公司法定代表人不再担任董事长、执行董事或者经理，但出于种种原因，公司怠于办理新法定代表人的变更登记手续，其在市场监管部门的登记中仍为原法定代表人。公司一旦被诉或遭受处罚，进入失信被执行人名单，法定代表人就会受到牵连，被限制高消费，遭受无妄之灾。而在市场监管部门，如果没有公司的相关材料和配合，仅凭登记法定代表人个人是无法办理变更登记手续的，往往就会出现法定代表人好当不好辞的情况。

二、案件基本事实

2013 年 3 月 26 日，新疆宝塔房地产开发有限公司（以下简称宝塔房地产公司）成立，注册资本 2000 万元，新疆宝塔投资控股有限公司（以下简称宝塔投资公司）、新疆嘉鸿投资有限公司（以下简称嘉鸿公司）为其股东，宝塔投资公司认缴出资 1900 万元，嘉鸿公司认缴出资 100 万元。韦某兵担任宝塔房地产公司的董事长及法定代表人。《新疆宝塔房地产开发有限公司章程》第十三条规定，公司股东会是公司的权力机构，有权选举和更换董事。第十九条规定，公司设董事会，成员为 5 人，由宝塔投资公司委派 3 名，由嘉鸿公司委派 2 名；董事任期 3 年，连选可连任；董事会对股东会负责，执行股东会决议，董事长由董事会选举产生。第二十六条规定，董事长为公司法定代表人。

2017 年 7 月 20 日，新疆宝塔投资公司下发《免职通知书》："韦某兵：根据宝塔石化集团宝总发(2017)63 号总裁办文件，本公司现通知你，免去你在新疆宝塔房地产开发有限公司董事长、法定代表人职务，同时免去你在新疆宝塔石化运输公司总经理职务。本公司作为新疆宝塔房地产开发有限公司的控股股东，有权决定该公司董事长、法定代表人任免。本公司已将对你的免职决定通知另一股东新疆嘉鸿投资有限公司，该公司未提出异议。本通知自发出之日生效。"

在韦某兵被免职后，宝塔房地产公司一直未为其办理法定代表人工商变更登记。韦某兵诉至人民法院，诉请宝塔房地产公司及其股东为其办理法定代表人工商变更登记。

三、裁判过程和结果

韦某兵向宁夏银川市中级人民法院起诉请求：（1）依法判令宝塔房地产公司办理公司法定代表人工商变更登记，并由宝塔投资公司、嘉鸿公司予以配合；（2）由宝塔房地产公司、宝塔投资公司、嘉鸿公司承担本案诉讼费用、邮寄送达费等其他相关费用。银川市中级人民法院以(2019)宁 01 民初 3717 号民事判决书判决驳回韦某兵的诉讼请求。

韦某兵不服一审判决，向宁夏回族自治区高级人民法院提起上诉。宁夏回族自治区高级人民法院以(2021)宁民终 82 号民事判决书判决驳回上诉，维持原判。

韦某兵不服，向最高人民法院申请再审。最高人民法院以作出(2021)民申 7049 号民事裁定书裁定对该案进行提审。经最高人民法院提审，改判支持了韦某兵变更法定代表人登记的诉讼请求。

四、案件争议焦点

根据双方的诉辩意见，本案的争议焦点为：宝塔房地产公司应否为韦某兵办理公司法定代表人工商变更登记。

五、裁判主要理由

宁夏回族自治区高级人民法院认为：当事人对自己提出的诉讼请求所依据的事实，应当提供证据加以证明。《中华人民共和国公司法》第十三条规定："公司法定代表人依照公司章程的规定，由董事长、执行董事或者经理担任，并依法登记。公司法定代表人变更，应当办理变更登记。"本案中，韦某兵未提交宝塔房地产公司的公司章程，不能证明该公司对于法定代表人任免的规定，也未提交宝塔房地产公司作出决议或决定将公司法定代表人进行变更登记的有效证据，宝塔投资公司、嘉鸿公司未拒绝办理变更登记，韦某兵的诉求不符合《中华人民共和国公司法》的相关规定。综上认为韦某兵的上诉请求不能成立，应予驳回；一审判决认定事实清楚，适用法律正确，应予维持。依照《中华人民共和国民事诉讼法》(2017年修正)第一百七十条第一款第一项之规定，判决：驳回上诉，维持原判。

最高人民法院认为：宝塔房地产公司应当为韦某兵办理法定公司代表人工商变更登记，理由如下：

(1)宝塔房地产公司已经终止与韦某兵之间的法定代表人委托关系，韦某兵已经不具有代表公司的法律基础。

法定代表人是对外代表公司意志的机关之一，登记的法定代表人依法具有公示效力，但就公司内部而言，公司和法定代表人之间为委托法律关系，法定代表人行使代表人职权的基础为公司权力机关的授权，公司权力机关终止授权则法定代表人对外代表公司从事民事活动的职权终止，公司依法应当及时办理工商变更登记。

本案中，《新疆宝塔房地产开发有限公司章程》第十三条规定，公司股东会是公司的权力机构，有权选举和更换董事。第十九条规定，董事会董事由股东委派，董事会对股东会负责，执行股东会决议，董事长由董事会选举产生。第二十六条规定，董事长为公司法定代表人。2013年3月26日，宝塔房地产公司成立，韦某兵是宝塔房地产公司股东宝塔投资公司委派的董事，依据公司章程经董事会选举为董事长，依据章程担任公司法定代表人，并办理了工商登记。因此，韦某兵系受公司权力机关委托担任公司法定代表人。

2017年7月18日，宝塔石化集团下发《关于干部免职的决定》，免除韦某兵宝塔房地产公司董事长、法定代表人职务。2017年7月20日，宝塔投资公司依据宝塔石化集团上述干部免职决定，向韦某兵发出《免职通知书》，免去韦某兵的公司董事长、法定代表人职务。该《免职通知书》还载明："本公司作为新疆宝塔房地产开发有限公司的控股股东，有权决定该公司董事长、法定代表人任免。本公司已将对你的免职决定通知另一股东新疆嘉鸿投资有限公司，该公司未提出异议。本通知自发出之日生效。"韦某兵被免职后，未在该公司工作，也未从公司领取报酬。本案诉讼中，嘉鸿公司明确其知晓并同意公司决定，因此，可以认定宝塔房地产公司两股东已经就韦某兵免职作出股东会决议并通知了韦某兵，该决议符合《新疆宝塔房地产开发有限公司章程》的规定，不违反法律规定，依法产生法律效力，双方的委托关系终止，韦某兵已经不享有公司法定代表人的职责。《中华人民共和国公司法》第十三条规定："公司法定代表人依照公司章程的规定，由董事长、执行董事或者经理担任，并依法登记。公司法定代表人变更，应当办理变更登记。"因此，宝塔房地产公司应当依法办理法定代表人变更登记。

（2）宝塔房地产公司怠于履行义务，对韦某兵的权益造成了损害，依法应当办理法定代表人变更登记。

原国家工商行政管理局制定的《企业法人法定代表人登记管理规定》（1999年修正）第六条规定："企业法人申请办理法定代表人变更登记，应当向原企业登记机关提交下列文件：（一）对企业原法定代表人的免职文件；（二）对企业新任法定代表人的任职文件；（三）由原法定代表人或者拟任法定代表人签署的变更登记申请书。"第七条规定："有限责任公司或者股份有限公司更换法定代表人需要由股东会、股东大会或者董事会召开会议作出决议……"因此，宝塔房地产公司只需提交申请书以及对原法定代表人的免职文件、新法定代表人的任职文件，以及股东会、股东大会或者董事会召开会议作出决议即可自行办理工商变更登记。本案中，韦某兵被免职后，其个人不具有办理法定代表人变更登记的主体资格，宝塔房地产公司亦不依法向公司注册地工商局提交变更申请以及相关文件，导致韦某兵在被免职后仍然对外登记公示为公司法定代表人，在宝塔房地产公司相关诉讼中被限制高消费等，已经给韦某兵的生活造成实际影响，侵害了其合法权益。除提起本案诉讼外，韦某兵已无其他救济途径，故韦某兵请求宝塔房地产公司办理工商变更登记，依法有据，应予支持。至于本案判决作出后，宝塔房地产公司是否再选任新的法定代表人，属于公司自治范畴，本案不予处理。

综上所述，原一、二审判决以宝塔房地产公司未形成决议等为由驳回韦某兵的诉讼请求有误，本院依法予以纠正。

另外，宝塔投资公司、嘉鸿公司仅是宝塔房地产公司的股东，且其已经就免除韦某兵法定代表人作出决议，依法也非办理变更登记的义务主体，韦某兵请求该两公司办理或协助办理法定代表人工商变更登记，依据不足，不予支持。

综上所述，韦某兵的再审请求部分成立。依照《中华人民共和国公司法》第十三条，《中华人民共和国民事诉讼法》第二百一十四条第一款、第一百七十七条第一款第二项规定，判决如下：（一）撤销宁夏回族自治区高级人民法院（2021）宁民终82号民事判决、宁夏回族自治区银川市中级人民法院（2019）宁01民初3717号民事判决；（二）新疆宝塔房地产开发有限公司于本判决生效之日起30日内为韦某兵办理公司法定代表人变更登记；（三）驳回韦某兵的其他诉讼请求。

六、案件启示和意义

韦某兵被公司免去相应职务后，既未在该公司工作，也未从公司领取报酬，但在工商局(现市场监督管理局)对外登记公示中一直是公司法定代表人,在宝塔房地产公司涉诉后,其个人相应被限制高消费。韦某兵的权利受到了侵害,宝塔房地产公司应当在工商部门办理法定代表人变更登记。这似乎是顺理成章的事情,但一、二审法院均未支持其诉讼请求。

一、二审法院认为,韦某兵未提供宝塔房地产公司有关法定代表人变更的决议等材料,也没有证据证明宝塔房地产公司拒绝办理法定代表人变更手续,因此对韦某兵的诉讼请求不予支持。但仔细思考一下,如果宝塔房地产公司及其股东有变更法定代表人的意愿,那么形成相关决议就不存在障碍,也不会拖延两年之久不予以变更,韦某兵更没必要为此提起诉讼。要求韦某兵提交上述证据,实在是对被侵害人的苛求。以此裁判标准,韦某兵只会陷入维权的死循环,永远无法从中解套。

最高人民法院认为,从实体法律关系上来说,在公司内部,公司和法定代表人之间是委托法律关系。在公司股东宝塔投资公司通知韦某兵免职后,双方的委托关系终止,韦某兵已经不享有公司法定代表人的职责,公司应当办理法定代表人变更登记手续。从法律程序上来说,韦某兵个人无法提供工商行政部门要求的变更材料,诉讼已经是他唯一的法律救济途径。

本案一、二审判决与最高人民法院判决结果迥异,根本原因在于对私权公司自治权和公权司法权的界限认识不同而造成的。诚然,公司法人具有很大的自治权利,行政权、司法权不应贸然干预,但当自治权的行使损害到善意第三人的合法利益时,司法权作为权利维护的最后防线也不应无动于衷。最高人民法院最终提审并改判本案,也算是正本清源,为司法实践中类似案件的处理确定了原则。

七、课后思考

本案中的情形,韦某兵能否通过行政诉讼起诉工商行政管理部门,要求变更法定代表人登记?

第七节 公司本身是否处于盈利状况并非判断公司经营管理是否发生严重困难的必要条件

——林某清诉常熟市凯莱实业有限公司、戴某明公司解散纠纷案[1]

一、本节知识点/知识体系概述

本案为最高人民法院第 8 号指导案例。"公司僵局"是指公司在存续经营过程中,因股东、董事之间就公司重要事项存在意见分歧且长期处于僵持状态,导致股东会、董事会等

[1] 案例来源:江苏省高级人民法院(2010)苏商终字第 0043 号民事判决书。

公司权力、决策机关无法按照法定程序和章程约定作出有效决策，从而使公司陷入停滞甚至瘫痪的状况。面临此种情况，公司内部已无法形成任何有效决议解决问题，只能寻求外部救济途径，主要是通过司法途径进行解决。

但鉴于公司僵局的处理事关公司"生死存亡"，《公司法》及相关司法解释对股东起诉要求解散公司规定了严格的限制条件，包括起诉的前提条件及起诉的主体资格等。本案中，因为两级法院对该限制条件的认识不同而作出了不同的判决。

本案之所以被最高人民法院确定为"指导案例"，也是因为该案二审判决说理明晰，为公司解散纠纷的处理提供了较明确、细致的评判标准和参考范例。

二、案件基本事实

常熟市凯莱实业有限公司(以下简称凯莱公司)成立于2002年1月，注册资本为218万元。林某清与戴某明系该公司股东，各占50%的股份，戴某明任公司法定代表人及执行董事，林某清任公司总经理兼公司监事。凯莱公司章程规定：(第七条)公司的经营范围包括服装、鞋帽、箱包制造、加工、销售；五金、电器、服装辅料、通信产品批发、零售；房屋租赁中介；快餐制售。(第十八条)股东会行使下列职权：(1)决定公司的经营方针和投资计划。(2)选举和更换董事，决定有关董事的报酬事项……(6)审议批准公司的年度财务预算方案、决算方案。(7)审议批准公司的利润分配方案和弥补亏损方案……(第十九条)股东会的决议须经代表二分之一以上表决权的股东通过，但对公司增加或减少注册资本、合并、解散、变更公司形式、修改公司章程作出决议时，必须经代表三分之二以上表决权的股东通过。(第二十条)股东会会议由股东按照出资比例行使表决权。(第二十一条)股东会每年召开四次定期会议，代表四分之一以上表决权的股东可以提议召开临时股东会。(第二十二条)召开股东会会议，应当于会议召开15日以前通知全体股东。(第二十五条)执行董事行使下列职权：(1)负责召集股东会，主持股东大会，并向股东会报告工作；……(5)制订公司的利润分配方案和弥补亏损方案；……(8)决定公司内部常设机构的设置。(9)聘任或者解聘公司经理。根据经理的提名，聘任或者解聘公司副经理、财务负责人，决定其报酬事项。(10)制定公司的基本管理制度……

同年4月，凯莱公司设立鞋都分公司，并租用常熟市轻纺针织品市场的房屋进行招商。2003年7月，凯莱公司设立运动鞋广场，并租用常熟市联运公司的房屋进行招商。上述分支机构的负责人均为林某清。

2004年7月12日，凯莱公司公章、财务专用章、合同专用章，鞋都分公司公章、合同专用章，运动鞋广场公章、合同专用章，由戴某明从林某清手中收回。

2004年10月21日，鞋都分公司发生火灾，几十户经营商户受灾。常熟市人民政府专门成立工作小组进行灾后安置。凯莱公司两股东经协商决定，由戴某明全权处理火灾善后事宜，戴某明可从凯莱公司灾后财产补偿中提取20%作为其费用支出。

2004年12月2日及2005年8月12日，林某清与戴某明达成内部协议，约定：戴某明继续负责公司管理工作，林某清作为公司监事监督和协助戴某明工作；公司日常开支费用凭双方签字认可后每月报支一次，重大节日开支费应经双方协商确定；凯莱公司对受灾户的退款及救济金，双方各承担一半；涉及公司的重大决策、内部管理方式的调整，由双方商议后实施。

2005年10月6日，林某清与戴某明就公司结账、财务等事宜进行磋商。双方一致同意规范公司财务制度，开设专门账户，账号交林某清，密码由戴某明保存，同时聘请张某成、顾某华、沈某、陈某明四人担任公司中间人。次日，林某清与戴某明共同书写凭据一份，写明2004年9月至2005年8月凯莱公司的财务分配已经双方确认，分配款已到各自账户。

自2006年起，林某清与戴某明两人之间的矛盾逐渐显现，具体表现为：(1)2006年3月19日，双方发生争执，林某清在争执中被打伤。(2)2006年5月7日，戴某明通知林某清参加议题包括凯莱女装写字楼加层结束后面临的严峻形势与对策、鞋都分公司"10.21火灾"相关事宜商讨的股东会。该次会议形成会议记录一份，但内容仅涉及陈某芬分配店面事宜。2006年5月9日，林某清提议并通知召开股东会。由于戴某明认为林某清没有召集会议的权利，故会议未能召开。2006年5月16日，戴某明告知林某清同意其关于召开临时股东会的提议，并通知林某清于2006年6月1日参加股东会。在该次股东会上，林某清向公司和戴某明提交了书面意见，要求了解公司的财务经营状况。2006年6月11日，凯莱公司与戴某明通知林某清以监事身份于2006年6月16日至凯莱公司参加会议，林某清回复称，在2006年6月1日的股东会议上，其提议解散公司并已表决通过，故2006年6月16日的会议无任何意义，不予参加。(3)2006年6月6日、8月8日、9月16日、10月10日、10月17日，林某清委托律师向凯莱公司和戴某明发函称，因股东权益受到严重侵害，林某清作为享有公司股东会1/2表决权的股东，已按公司章程规定的程序表决并通过了解散凯莱公司的决议，要求戴某明提供凯莱公司的财务账册等资料，并对凯莱公司进行清算。2006年6月17日、9月7日、10月13日，戴某明回函称，林某清作出的股东会决议没有合法依据，戴某明不同意解散公司，并要求林某清交出公司财务资料。2006年11月15日、11月25日，林某清再次向凯莱公司和戴某明发函，要求凯莱公司和戴某明提供公司财务账册等供其查阅、分配公司收入、解散公司。

此后，林某清再次委托律师向凯莱公司和戴某明发函，要求查阅2005年8月至2006年12月的公司财务资料并对公司收入进行分配。凯莱公司回函称，林某清应向凯莱公司提交书面查阅申请并说明查账目的，公司收入未能分配的原因是火灾造成的损失计提赔偿数额尚未确定以及股东间对成本支出尚未达成共识。林某清委托律师复函称：火灾已发生两年零三个月，损失赔偿数额应当早已明确，且据了解，受损经营户并未向凯莱公司提出损失赔偿的要求；凯莱公司从未向林某清提供过任何财务资料，凯莱公司称林某清质疑成本支出的合理性缺乏依据；林某清再次提出查阅公司财务会计资料。

在诉讼中，江苏常熟服装城管理委员会(以下简称服装城管委会)向原审法院反映，凯莱公司目前经营正常，业绩良好，为了使凯莱公司能够存续，服装城管委会愿意组织林某清和戴某明进行调解；并于 2009 年 12 月 15 日、12 月 16 日两次组织双方进行调解，但均未成功。2009 年 12 月 24 日，林某清向服装城管委会提交了《关于终止调解的函》。据此，服装城管委会调解委员会决定终止对凯莱公司股东纠纷的调解。

三、裁判过程和结果

2006 年 11 月 28 日，林某清向苏州市中级人民法院提起本案诉讼，认为自身的股东权益受到严重损害，凯莱公司的经营管理已发生严重困难，通过其他途径无法解决，故请求判令：(1)解散凯莱公司，并成立清算组依法进行清算，待清算结束后办理凯莱公司的工商注销登记手续；(2)由凯莱公司承担本案诉讼费用。

苏州市中级人民法院(2006)苏中民二初字第 0277 号民事判决驳回林某清的诉讼请求。林某清不服，向江苏省高级人民法院提起上诉。

在二审庭审中，江苏省高级人民法院依据《最高人民法院关于适用〈中华人民共和国公司法〉若干问题的规定(二)》(以下简称《公司法司法解释(二)》)第二条向林某清释明，股东提起解散公司诉讼，同时又申请人民法院对公司进行清算的，人民法院对清算申请不予受理，在人民法院判决解散公司之后，可以依据《公司法》第一百八十三条以及《公司法司法解释(二)》第七条的规定自行组织清算或者另行申请人民法院对公司进行清算。林某清明确表示在本案中放弃关于"按规定程序成立清算组依法进行清算，清算结束后办理工商注销登记"的诉讼请求。

江苏省高级人民法院以(2010)苏商终字第 0043 号民事判决书判决解散凯莱公司。

四、案件争议焦点

根据双方的诉辩意见，本案的争议焦点为：凯莱公司的情形是否符合《公司法》规定的司法解散条件。

五、裁判主要理由

苏州市中级人民法院认为：根据《中华人民共和国公司法》第一百八十三条之规定，公司解散应当具备三个必要条件：一是公司经营管理发生严重困难，二是公司继续存续会使股东利益受到重大损失，三是通过其他途径不能解决公司经营严重困难的情形。本案中，虽然两股东陷入僵局，但凯莱公司的经营状况良好，不存在公司经营管理发生严重困难的情形。如果仅仅因为股东之间存在矛盾而导致公司从业人员失去工作、几百名经营户无法继续经营，既不符合《公司法》第一百八十三条的立法本意，也不利于维护任何一方股东的权益。股东之间的僵局可以通过多种途径来破解。《公司法》在维护股东权利方面制定了明确而具体的规定，若林某清认为其股东权利受损，可依法进行救济。此外，林某清可以要求戴某明或凯莱公司收购林某清股份，通过以合理的价格转让股份，既能打破僵局救济股东权利，又能保持公司的存续。同时，服装城管委会作为管理部门，其出面协调两股东的矛盾，也是林某清救济股东权利的有效途径之一。综上所述，林某清关于解散凯莱公司的请求依据不足，不予支持。遂判决驳回林某清的诉讼请求。

江苏省高级人民法院认为：根据《公司法》第一百八十三条关于"公司经营管理发生严重困难，继续存续会使股东利益受到重大损失，通过其他途径不能解决的，持有公司全部股东表决权百分之十以上的股东，可以请求人民法院解散公司"的规定，凯莱公司已经符合司法解散的条件。理由如下：

第一，凯莱公司的经营管理已发生严重困难。公司的正常经营管理建立在其权力机构（股东会）、执行机构（董事会或执行董事）及监督机构（监事会或监事）有效运行的基础上，判断一个公司的经营管理是否出现严重困难，应从上述组织机构的运行现状入手，加以综合分析。

1. 凯莱公司已持续四年未召开股东会，亦未形成有效的股东会决议，股东会机制已经失灵。《公司法司法解释（二）》第一条第一项规定，"公司持续两年以上无法召开股东会或者股东大会，公司经营管理发生严重困难的"或"股东表决时无法达到法定或者公司章程规定的比例，持续两年以上不能做出有效的股东会或者股东大会决议，公司经营管理发生严重困难的"，单独或者合计持有公司全部股东表决权百分之十以上的股东，以上述事由之一提起解散公司诉讼，并符合《公司法》第一百八十三条规定的，人民法院应予受理。该规定既是人民法院受理解散公司诉讼案件的形式审查依据，同时也是判断公司是否符合解散条件的实体审查依据。根据上述规定，"公司持续两年以上无法召开股东会或者股东大会"以及"股东表决时无法达到法定或者公司章程规定的比例，持续两年以上不能做出有效的股东会或者股东大会决议"这两种具体情形，均属于判断公司是否出现股东僵局的重要参考因素。本案中，凯莱公司仅有戴某明与林某清两名股东，两人各占50%的股份，拥有对等的表决权，同时，凯莱公司章程规定"股东会的决议须经代表二分之一以上表决权的股东通过"，且各方当事人一致认可该"二分之一以上"不包括本数，因此，凯莱公司只有在两位股东意见一致的情况下才能作出有效的股东会决议。凯莱公司的持股比例与议事规则无异于赋予股东一票否决权，只要两位股东的意见存有分歧、互不配合，就无法形成有效表决，进而影响公司的运作。可见，凯莱公司关于股东持股比例、议事方式与表决程序的制度设计本身，使得该公司更易于出现表决僵局，而且僵局一旦形成，难以打破。2004年7月12日，凯莱公司及其分公司的相关印章从林某清处转至戴某明处保管时，两人之间的矛盾即已初显，但尚可通过签订《股东内部协议》《会议纪要》及聘请中间人等途径进行调和，以保证凯莱公司的正常运转。但是，从2006年开始，两人的矛盾激化，从互相发出召开会议的通知，到林某清要求重新选举执行董事甚至要求解散公司，矛盾不断升级，并进一步影响到凯莱公司内部机制的运作。从2006年6月1日之后，凯莱公司再未召开过股东会。凯莱公司持续未召开股东会、无法形成有效股东会决议的时间至今已长达四年，凯莱公司不能也不再通过股东会决议的方式管理公司，形成了股东僵局，股东会机制已经失灵。

2. 凯莱公司执行董事管理公司的行为已不再体现权力机构的意志。根据公司章程，凯莱公司不设董事会，仅设执行董事一名，由股东戴某明担任。由于出现股东僵局，凯莱公司股东会不能形成有效决议，无法行使章程规定的决定公司经营方针与投资计划、审议批准执行董事的报告等相关职权。同时，执行董事戴某明正是互有矛盾的两名股东之一。在此情况下，凯莱公司的执行机构即执行董事戴某明管理公司的行为，已不再依据股东会的决议，无法贯彻权力机构的意志，相反，体现的正是对立股东中一方的个人意志。可见，凯莱公司股东会机制的失灵已进一步影响到执行机构的运作。

3. 凯莱公司的监督机构无法正常行使监督职权。根据公司章程，凯莱公司不设监事会，仅设监事一名，由林某清担任，但是，林某清并不能正常行使监事职权。林某清关于查询财务资料的要求一再遭到拒绝。根据《公司法》第五十四条第（一）项的规定，监事会、不设监事会的公司的监事有行使"检查公司财务"的职权，且对于监事的该项监督职权，《公司法》并未设置限制条件，但执行董事戴某明却以林某清未提交书面查阅申请、未说明查账目的理由不予配合，监事林某清无法有效地对执行董事戴某明的行为进行监督及纠正。可见，由于林某清与戴某明之间的矛盾，凯莱公司的监督机构实际上已无法发挥监督的作用。

4. 公司本身是否处于盈利状况并非判断公司经营管理是否发生严重困难的必要条件。根据《公司法》第一百八十三条以及《公司法司法解释（二）》第一条的相关规定，"公司经营管理发生严重困难"主要是指管理方面存有严重内部障碍，如股东会机制失灵、无法就公司的经营管理进行决策等，不应理解为资金缺乏、亏损严重等经营性困难。本案中，在凯莱公司的内部机制已无法正常运行、无法对公司的经营作出决策的情况下，即使尚未处于亏损状况也不能改变该公司的经营管理已陷入困境的局面。因此，凯莱公司与戴某明以公司仍在盈利为由，认为凯莱公司的经营管理尚未发生严重困难的观点，本院不予采纳。

综上所述，凯莱公司作为一个法律拟制的法人机构，其权力机构、执行机构、监督机构均无法正常运行，凯莱公司的经营管理已发生严重困难。

第二，凯莱公司继续存续会使股东林某清的利益受到重大损失。

作为股东而言，投资设立公司的最终目的是获得收益。股东通过参与公司决策、行使股东权利来争取利益的最大化、保证收益的及时获取。公司的经营管理如果出现严重困难，则有可能影响公司的正常运转以及股东权利实现通道的畅通，进而对股东的利益构成严重损害。本案中，凯莱公司的内部运作机制早已失灵。林某清虽为持有凯莱公司50%股份的股东及监事，但其股东权、监事权长期处于被剥夺的状态。由于凯莱公司长期不召开股东会，林某清并不能通过行使表决权来参与公司决策，亦不能有效地行使监督权。林某清投资设立凯莱公司的目的无法实现，合法权益遭到损害，如果这样的局面继续存续，林某清的合法权益将进一步遭受重大损失。

第三，凯莱公司的僵局通过其他途径长期无法解决。

　　将调解等其他救济途径设置为司法解散公司的前置程序是因为，司法解散将导致公司主体资格的消灭，且具有不可回复性，处理不当可能导致社会资源浪费。但是，立法对此所持的谨慎态度并不等同于前置程序可以久拖不决。对于那些已经陷入严重经营管理困难的公司，在通过其他多种方法仍无法化解纠纷时，只能通过司法解散公司这一股东退出机制来打破僵局。因此，在强调司法解散公司前置程序的同时，《公司法司法解释(二)》第五条明确规定"当事人不能协商一致使公司存续的，人民法院应当及时判决"，否则，过于冗长的前置程序可能使得公司司法解散机制形同虚设。本案中，林某清在提起公司解散诉讼之前，已通过其他途径试图化解与戴某明之间的矛盾，如聘请中间人进行调和、要求查阅财务账册等，双方的沟通还涉及凯莱公司内部制度的修改、重新选举执行董事与监事、收购股权等。进入诉讼程序之后，服装城管委会作为管理部门曾组织双方当事人调解，并提出了对凯莱公司进行审计、修改章程、聘请职业经理人进行管理等建议性方案，对此，双方当事人仍未能达成一致意见。一、二审法院也从慎用司法手段强制解散公司的角度出发，给予双方当事人充分的时间进行调解，并组织当事人探寻化解僵局的办法，但均无成效。据此，本院认为，凯莱公司的股东已穷尽了其他救济途径，仍无法打破公司僵局，符合通过司法程序解散公司的条件。在此情况下，如果再要求林某清继续通过其他途径解决矛盾，不符合《公司法司法解释(二)》第五条的规定，也有违公司司法解散前置程序的立法本意。

　　第四，林某清持有凯莱公司50%的股份，符合《公司法》关于提起公司解散诉讼的股东须持有公司10%以上股份的条件。

　　综上所述，由于凯莱公司股东戴某明、林某清之间存有较大矛盾，且彼此不愿妥协而处于僵持状况，导致公司股东会等内部机制不能按照约定程序作出决策，凯莱公司长期陷入无法正常运转的僵局，现有僵局如继续存续，将进一步损害股东的利益，在此情况下，林某清作为持股50%的股东提出解散凯莱公司，有事实与法律依据，应予支持。原审判决关于凯莱公司司法解散条件尚未成就的认定错误，应予纠正。依照《中华人民共和国公司法》第一百八十三条，《最高人民法院关于适用〈中华人民共和国公司法〉若干问题的规定(二)》第一条、第五条，《中华人民共和国民事诉讼法》第一百五十三条第一款第(二)项之规定，判决如下：(一)撤销江苏省苏州市中级人民法院(2006)苏中民二初字第0277号民事判决；(二)解散凯莱公司。

六、案件启示和意义

　　从本案查明的事实来看，虽然凯莱公司因股东分歧陷入治理僵局，但其经营状况尚佳，从员工就业和创造利润的角度，公司所在的服装城管委会希望公司能存续经营下去，一审法院也是从该角度出发，认为凯莱公司不存在公司经营管理发生严重困难的情形，从而驳回了林某清要求解散公司的诉讼请求。

　　二审法院在进一步查明事实的基础上，从股东会机制失灵、执行董事无法体现股东意志、监事无法行使监督权利三个角度进行全面分析，得出公司经营管理已发生严重困难的结论，并厘清了公司本身是否处于盈利状况并非判断公司经营管理是否发生严重困难的必要条件。然后论述了凯莱公司继续存续会使股东林某清的利益受到重大损失、凯莱公司的僵局通过其他途径长期无法解决，以及林某清的诉讼主体资格，最终得出结论，凯莱公司的司法解散条件已经成就，应当解散。

从纠纷的溯源来看，本案公司僵局形成的根本原因就在于公司的顶层结构和公司章程设计存在严重瑕疵，两个股东各持股50%，而章程规定决议通过需要"代表1/2以上表决权的股东通过"，那么就股东会决策的任何事项一旦股东间有不同意见，就无法达到1/2以上的表决权，也就无法形成有效决议，公司僵局就此形成。也就是说凯莱公司在设立之初，股东就为自己埋下了雷，凯莱公司被解散的命运已经注定。

七、课后思考

林某清起诉时，诉讼请求除了要求解散凯莱公司外，还请求对公司进行清算并注销工商登记，后经法院释明放弃了清算和注销的诉讼请求。《最高人民法院关于适用〈中华人民共和国公司法〉若干问题的规定(二)》第二条为何规定股东提起解散公司诉讼，同时又申请人民法院对公司进行清算的，人民法院对清算申请不予受理？

附：第一章所涉法律规定

《中华人民共和国公司法》
《中华人民共和国合同法》
《中华人民共和国中外合资经营企业法》
《中华人民共和国企业破产法》
《中华人民共和国民法通则》
《最高人民法院关于适用〈中华人民共和国公司法〉若干问题的规定(二)》
《最高人民法院关于适用〈中华人民共和国公司法〉若干问题的规定(三)》
《最高人民法院关于适用〈中华人民共和国公司法〉若干问题的规定(四)》
《最高人民法院关于适用〈中华人民共和国民法典〉有关担保制度的解释》
《最高人民法院关于审理联营合同纠纷案件若干问题的解答》
《中华人民共和国中外合资经营企业法实施条例》
《企业法定代表人登记管理规定》

第二章 证 券 法

现行《证券法》规定了证券法的三条原则，表明了《证券法》这部重要法律的基本立场，这些原则贯穿于证券发行和交易的全过程。

第一，坚持"三公"原则。《证券法》第三条规定，证券的发行、交易活动，必须遵循公开、公平、公正的原则。

第二，坚持平等、自愿、有偿、诚实信用原则。《证券法》第四条规定，证券发行、交易活动的当事人具有平等的法律地位，应当遵守自愿、有偿、诚实信用的原则。

第三，坚持法治原则。《证券法》第五条规定，证券的发行、交易活动，必须遵守法律、行政法规；禁止欺诈、内幕交易和操纵证券市场的行为。

第四，坚持公开原则。一部证券法，洋洋数万言，归根结底就是两个字：公开。相比其他原则，公开原则是证券市场的根基之所在，也是证券市场最独特的原则。证券法上的公平、公正、自愿、有偿、诚实信用都是建立在信息公开基础之上的，证券法治的主要目的就是保障信息公开。通过公开的手段，达到保护投资者的目的，这是证券法的基本原理。

第一节　虚假陈述侵权赔偿如何实现精细化审判
——乐视网证券虚假陈述案①

一、本节知识点/知识体系概述

2022 年 1 月 21 日，最高人民法院发布《关于审理证券市场虚假陈述侵权民事赔偿案件的若干规定》[法释（2022）2 号，以下简称《若干规定》（2022 年）]，自 2022 年 1 月 22 日起施行。同时，最高人民法院 2003 年发布的《关于审理证券市场因虚假陈述引发的民事赔偿案件的若干规定》[法释（2003）2 号，以下简称《若干规定》（2003 年）]同步废止。相较于施行近 20 年的旧规定，《若干规定》（2022 年）进一步回应了社会关切，赋能资本市场高质量发展，在明确证券虚假陈述侵权属性、取消前置程序、回归重大性实质判断、明确主体勤勉尽责标准等方面作了大幅修改。乐视网证券虚假陈述案在裁判中充分适用了《若干规定》（2022 年）若干条款，堪称教科书级别、细则式的判例，为证券市场类似案件审判树立

---

① 案例来源：北京金融法院（2021）京 74 民初 111 号民事判决书。

了标杆。

《若干规定》（2022年）第四条明确规定了虚假陈述的概念，即信息披露义务人违反法律、行政法规、监管部门制定的规章和规范性文件关于信息披露的规定，在披露的信息中存在虚假记载、误导性陈述或者重大遗漏的，人民法院应当认定为虚假陈述。

《若干规定》（2022年）进一步明确了证券虚假陈述案件侵权属性，并扩大其适用范围。相较于《若干规定》（2003年）采用"证券市场因虚假陈述'引发的'民事赔偿案件"之表述，《若干规定》（2022年）第一条第一款直接明确规定此类案件系侵权民事赔偿案件。另外，从《若干规定》（2022年）体系逻辑架构来看，第二章"虚假陈述的认定"及第五章"责任主体"、第三章"重大性及交易因果关系"、第四章"过错认定"、第六章"损失认定"的编排体系，也更加符合侵权行为四要件认定，即违法行为、损害事实、因果关系、主观过错。明确证券虚假陈述民事责任的属性有利于投资人维护自身利益：其一，如若以违约责任定性，投资人则需要证明自身预期性利益损失，这在波动性的资本市场无疑加重了投资人举证负担；其二，基于合同相对性原理，如若只能追究违约责任，则投资人难以向除发行人外的潜在责任方求偿，这必然导致投资人受偿率大大降低；其三，由于证券诉讼涉及人数较多，界定虚假陈述案件的侵权属性，更有助于法院审理，加快投资人实现合法权益。《若干规定》（2022年）取消证券市场以外交易以及协议转让交易的适用禁止规定，并在适用上扩展至区域性股权市场。

调整证券虚假陈述诉讼程序规定，降低投资者起诉门槛，明确取消证券虚假陈述责任纠纷前置程序。《若干规定》（2022年）明确不再以有关机关的行政处罚决定或者人民法院的刑事裁判文书为案件前置程序，只要符合《民事诉讼法》相关规定的案件，人民法院应当受理。取消前置程序使投资者索赔立案难度大大降低，但如何提交符合《若干规定》（2022年）第二条规定的"信息披露义务人实施虚假陈述的相关证据"，以从事实层面证明信息披露义务人虚假陈述行为，将是投资者在没有行政处罚或刑事裁判文书的情况下起诉信息披露义务人所必须考虑的问题。针对前置程序取消后投资者面临的举证、认证问题，最高人民法院与证监会同日联合发布《关于适用〈最高人民法院关于审理证券市场虚假陈述侵权民事赔偿案件的若干规定〉有关问题的通知》[法（2022）23号]，对案件证据调查收集、专业问题意见征求等作出了衔接性规定，更利于案件事实的查明。相信在日后，随着司法实践的展开，相关规则也将进一步细化。

在案件管辖方面，原则上证券虚假陈述案件由发行人住所地有管辖权的法院管辖，但各地高院可视情况调整管辖中院，此调整有利于统一裁判尺度，提高司法效率。另外，《若干规定》（2022年）明确规定，代表人诉讼案件仍以《最高人民法院关于证券纠纷代表人诉讼若干问题的规定》（法释（2020）5号）第二条之规定，由涉诉证券集中交易的证券交易所、国务院批准的其他全国性证券交易场所所在地的中级人民法院或者专门人民法院管辖。此外，高级人民法院可以自主确定辖区内第一审证券虚假陈述案件的管辖中院。

建立预测性信息披露安全港制度，规范发行人披露预测性信息。公司未来的盈利和发展前景是影响投资人判断的重要标准之一，公众在筛选投资标的之前往往会收集大量标的即公司未来发展状况的相关资料，从而进行综合分析。与之相应，公司也乐意对外发布对自身的盈利预期与远景规划，从而吸引潜在的投资人。理清二者关系，则有助于鼓励经营者发布预测性信息，减少相关诉讼纠纷。为此，《若干规定》(2022 年)建立了预测性信息披露安全港制度。安全港规则是一种极其特殊的制度，它在某种程度上事实允许了预测性披露信息与实际结果的差异。但是安全港制度的适用范围被严格限定在预测性披露信息，对于历史性披露信息则绝不允许存在任何虚假陈述。

统一证券虚假陈述三日司法裁判标准，对重大性认定回归实质性判断。统一证券虚假陈述三日(实施日、揭露日、基准日)认定规则。虚假陈述内容"重大性"判断回归实质性要求以证券交易价格及交易量变化为导向，随着前置程序的取消，"重大性"的认定将不再单纯依据证券监管部门的处罚规定，而完全回归于法院独立进行司法审查认定。以证券交易价格及交易量变化为导向的逻辑起点为，价格是由综合市场信息决定，不实披露行为前后的价格变化可充分反映该行为是否具有重大性。可以预见，"重大性"的认定将成为日后证券虚假陈述案件中投资人与信息披露义务人的核心争议焦点。

在因果关系认定上，区分交易因果关系与损失因果关系，并明确区分诱多型虚假陈述和诱空型虚假陈述的不同认定标准。在因果关系认定上，《若干规定》(2022 年)明确区分交易因果关系和损失因果关系，并进一步细化交易因果关系不成立情形。《若干规定》(2022 年)在第十一条和第三十一条明确区分交易因果关系和损失因果关系，交易因果关系侧重投资人基于对信息披露义务人披露信息的信赖而进行投资，损失因果关系则是在此基础上对于责任范围的认定。《若干规定》(2022 年)同时在第十二条进一步细化交易因果关系不成立的情形。如投资人的交易行为是受到虚假陈述实施后发生的上市公司的收购、重大资产重组等其他重大事件影响，或者是投资人的交易行为构成内幕交易、操纵证券市场等证券违法行为的，则不构成交易因果关系。这是对于《若干规定》(2003 年)中举证难度较大的被告抗辩事由的修正，增强了信息披露义务人的抗辩成功率。

系统性风险外责任的减轻或免除。在损失因果关系的认定上，《若干规定》(2022 年)第三十一条规定除系统性风险外，如"原告的损失部分或者全部是由他人操纵市场、证券市场的风险、证券市场对特定事件的过度反应、上市公司内外部经营环境等其他因素所导致的"，可予以相应减轻或免除被告责任。该规定体现了法院充分剥离非虚假陈述相关因素对赔偿责任影响的司法理念，凸显专业第三方机构在损失认定方面智力支持的关键性。

此外，《若干规定》(2022 年)第十一条明确区分了诱多型虚假陈述和诱空型虚假陈述，并在第二十八条新增了诱空型虚假陈述的损失认定标准，为投资者主张权益提供了法律依据。

明确各主体勤勉尽责标准，完善过错人员过错认定规则：强化"首恶""帮凶"的主体责任，扩大责任承担主体；增加董监高及其他责任人员过错认定；明确独立董事具体免责事由，避免寒蝉效应；细化保荐机构、承销机构以及证券服务机构勤勉尽责判断标准。

《若干规定》(2022年)明确规定证券服务机构在保持必要职业怀疑的基础上，其"责任仅限于其工作范围和专业领域"。该规定将证券服务机构各自的谨慎义务严格限定于自身专业领域和业务范围，进一步厘清证券服务机构主体责任，避免责任承担的扩大化。

《若干规定》(2022年)的诉讼时效及新老规定的划断规定。《若干规定》(2022年)规定，随着前置程序的取消，诉讼时效的起算点不再以行政处罚或刑事处罚为起点。《若干规定》(2022年)第三十二条明确证券虚假陈述诉讼时效的起算点为虚假陈述的揭露日或更正日。根据《若干规定》(2022年)第三十五条的规定，尚未终审的案件适用本规定，已经终审的案件因再审或者审判监督程序决定再审仍需适用《若干规定》(2003年)。

二、案件基本事实

2021年4月2日，乐视网因十年财务造假等违法事实，受到中国证监会行政处罚。中国证监会对乐视网、贾某亭等15名责任主体作出行政处罚，其中对乐视网合计罚款2.4亿余元，对贾某亭罚款2.41亿余元。

本案的特点是虚假陈述行为多、持续时间长。乐视网造假是一以贯之，从首次发行上市到定增，到年报披露，都有造假，持续时间很长。具体包括：(1)乐视网于2007—2016年财务造假，其报送、披露的申请首次公开发行股票并上市(IPO)相关文件及2010—2016年年报存在虚假记载；(2)乐视网未按规定披露关联交易；(3)乐视网未披露为乐视控股等公司提供担保事项；(4)乐视网未如实披露贾某芳、贾某亭向上市公司履行借款承诺的情况；(5)乐视网2016年非公开发行股票行为构成欺诈发行。

本案是普通代表人诉讼案件，总共有2496名投资者登记并经审核加入了诉讼，成为本案原告，2496名投资者共同选择了3名代表人，作为原告的代表参加诉讼。其他2000多名投资者实际上是搭便车享受了诉讼的结果。这也直接导致本案的诉讼金额巨大，总的诉讼请求是63亿多元。

本案的被告众多，总共有24个。除了乐视网外，还包括实控人贾某亭、高管贾某民等，还有乐视网股东、违反借款承诺事项的虚假陈述责任人贾某芳，IPO保荐人和主承销商平安证券，2016年非公开发行股票的联席主承销商、收购乐视影业、收购TCL项目的独立财务顾问中泰证券，2016年非公开发行股票项目的保荐人、联席主承销商中德证券，IPO即2007—2009年年报之审计机构利安达，2010—2012年年报之审计机构华普天健，2013—2014年年报之审计机构和2016年非公开发行股票之审计机构容诚，2015—2016年年报之审计机构信永中和，为2016年非公开发行股票出具《法律意见书》的金杜律所等。这基本上涵盖了司法解释能成为被告的所有对象，可谓应告尽告。

三、裁判过程和结果

原告王某序等投资者与被告乐视网信息技术(北京)股份有限公司(以下简称乐视网)、贾某亭、贾某民、吴某、贾某芳、吉某庆、曹某、朱某、沈某芳、张某、赵某、邓某、刘某、张某犟、谭某、平安证券股份有限公司(以下简称平安证券)、中泰证券股份有限公司(以下简称中泰证券)、中德证券有限责任公司(以下简称中德证券)、利安达会计师事务所(特殊普通合伙)(以下简称利安达特普)、华普天健会计师事务所(北京)有限公司(以下简称华普天健公司)、信永中和会计师事务所(特殊普通合伙)(以下简称信永中和)、北京市金杜律师事务所(以下简称金杜所)、利安达会计师事务所有限责任公司(以下简称利安达公司)、容诚会计师事务所(特殊普通合伙)(以下简称容诚特普)证券虚假陈述责任纠纷一案,原告刘某梁、王某经11名原告被共同推选为拟任代表人,申请提起普通代表人诉讼。

2021年5月7日,北京金融法院受理了11名投资者诉乐视网、贾某亭等22名被告的证券虚假陈述责任纠纷一案。

法院立案受理后,依据《最高人民法院关于证券纠纷代表人诉讼若干问题的规定》(以下简称《代表人诉讼司法解释》)第五条的规定,依法组成合议庭适用普通代表人诉讼程序进行审理。

经审查,法院于2021年7月30日作出(2021)京74民初111号之一民事裁定,确定本案具有相同种类诉讼请求的权利人范围。后贾某亭、贾某民、吴某、张某、赵某、邓某、平安证券、中德证券、利安达特普、华普天健公司不服该裁定,向北京市高级人民法院提出复议申请。

北京市高级人民法院于2021年9月23日作出(2021)京民终780号民事裁定,驳回上述被告的复议申请。

据此,法院分别于2021年9月30日、2022年11月7日发出权利登记公告,通知符合权利人范围的投资者申请登记,加入本案诉讼。截至登记期间届满,共计2653名投资者参加权利登记。经审核,共有2496名投资者符合权利人范围,成为本案原告。经法院组织代表人推选,原告王某、刘某梁、陆某3名候选人得票数超过参与投票人数的50%,成为本案原告代表人。诉讼过程中,1名投资者申请退出本案代表人诉讼;因投资者池州市颐和贸易有限公司(以下简称池州颐和)已办理注销登记,经申请,相应权利人变更为其原股东方某云和汤某。

法院于2023年2月4日、2月6日、6月21日公开开庭审理了本案,原告代表人王某、刘某梁之共同委托诉讼代理人臧某丽、刘某,代表人陆某之委托诉讼代理人宋某欣、李某,被告乐视网、刘某之共同委托诉讼代理人陆某菲,被告贾某亭之委托诉讼代理人傅某琦、高某,被告贾某民、吴某、贾某芳之共同委托诉讼代理人刘某新,被告吉某庆之委托诉讼代理人郝某、喻某洁,被告曹某、朱某之共同委托诉讼代理人梁某烽,被告沈某芳之委托诉讼代理人周某文、龙某,被告张某、赵某、邓某之共同委托诉讼代理人王奇,被告张某犟之委托诉讼代理人赵某龙、江某,被告谭某之委托诉讼代理人姜某东,被告平安证券之委托诉讼代理人朱某媛、张某生,被告中泰证券之委托诉讼代理人李某敏、孙某娟,被告中德证券之委托诉讼代理人刘某远、赵枫,被告利安达特普之委托诉讼代理人方某，被告华普天健公司、容诚特普之共同委托诉讼代理人傅某亚、魏某，被告信永中和之委托诉讼代理人蔡某程、季某，被告金杜所之委托诉讼代理人杨某、夏某霞，被告利安达有限之委托诉讼代理人方某、张某到庭参加诉讼。

本案现已审理终结。2023年9月22日，一审判决乐视网需向投资者支付投资差额损失、佣金、印花税等赔偿款共计近20.40亿元。被告贾某亭就原告投资者的损失与被告乐视网承担连带赔偿责任。

在中介机构方面，被告平安证券就原告投资者的损失在10%的范围内与被告乐视网承担连带赔偿责任；被告利安达会计师事务所和利安达会计师事务所(特殊普通合伙)共同就原告投资者的损失，在1.5%的范围内与被告乐视网承担连带赔偿责任；华普天健会计师事务所(北京)有限公司和容诚会计师事务所(特殊普通合伙)共同就相应日期之后曾买入过乐视网股票的原告投资者的损失，在1%的范围内与被告乐视网承担连带赔偿责任；被告信永中和会计师事务所(特殊普通合伙)就相应日期之后曾买入过乐视网股票的原告投资者的损失，在0.5%的范围内与被告乐视网承担连带赔偿责任。

四、案件争议焦点

本案案情复杂，主要争议焦点包括：关于基准日及基准价的认定、关于诉讼时效的认定、虚假陈述行为与投资者的投资决定是否存在交易因果关系、非公开发行过程中欺诈发行与二级市场投资者交易决定是否存在交易因果关系、被非公开发行中欺诈发行吸收的信息披露违法行为的主体是否应当承担民事责任、股份登记与虚假陈述之间是否存在交易因果关系、股票期权激励行权获得的证券可否要求赔偿、损失因果关系链条中是否存在系统风险的影响、损失因果关系链条中是否存在非系统风险的影响、机构投资者是否应有更高注意义务、赔偿范围、各被告的具体责任承担。

五、裁判主要理由

(一)关于基准日及基准价的认定

关于本案的基准日及基准价，各方当事人存在分歧。《若干规定》(2022年)第二十六条第二款、第三款规定，在采用集中竞价的交易市场中，自揭露日或更正日起，被虚假陈述影响证券集中交易累计成交量达到可流通部分100%之日为基准日。自揭露日或更正日起，集中交易累计换手率在10个交易日内达到可流通部分100%的，以第10个交易日为基准日；在30个交易日内未达到可流通部分100%的，以第30个交易日为基准日。自2018年1月24日复牌起，到2018年2月22日止，乐视网股票的累计成交量达到了全部可流通股的100%。因此，本案的基准日为2018年2月22日，基准价为7.19元。部分原告投资者提出，基准价的计算应采移动加权平均法计算。对此，法院认为，根据《若干规定》(2022年)第二十六条，基准价格的计算方法为揭露日或更正日起至基准日每日收盘价的平均价格。根据该计算方法，上述基准价格的计算结果无误。

（二）关于诉讼时效的认定

在本案审理期间新司法解释发布，因此，在时效的认定方面，涉及新旧司法解释的衔接和适用问题。《最高人民法院关于证券市场虚假陈述侵权民事赔偿案件诉讼时效衔接适用相关问题的通知》（以下简称《时效衔接通知》）第一条指出：在《若干规定》（2022 年）实施前国务院证券监督管理机构、国务院授权的部门及有关主管部门已经作出行政处罚决定的证券市场虚假陈述侵权民事赔偿案件，诉讼时效仍按照《若干规定》（2003 年）第五条的规定计算。本案中，监管机关对乐视网及相关高管作出行政处罚决定发生在《若干规定》（2022 年）实施前，根据上述《时效衔接通知》，本案诉讼时效仍按照《若干规定》（2003 年）第五条计算。根据《若干规定》（2003 年）第五条第一款第一项，投资人对虚假陈述行为人提起民事赔偿的诉讼时效期间，应自中国证监会或其派出机构公布对虚假陈述行为人作出处罚决定之日起算。本案中，中国证监会于 2021 年 3 月 26 日作出案涉《行政处罚决定书》，并于 2021 年 4 月 2 日在其官网发布。故本案诉讼时效应自 2021 年 4 月 2 日起算。而且根据《中华人民共和国民法典》第一百八十八条"向人民法院请求保护民事权利的诉讼时效期间为三年"之规定，本案原告主张权利的诉讼时效期间为自 2021 年 4 月 2 日起的三年内。本案最初的原告的起诉，以及通过权利登记进入诉讼的其他原告投资者的赔偿请求，都发生在这一期间之内，没有超过诉讼时效期间。

同时，本案属于起诉时当事人人数尚未确定的普通代表人诉讼，根据《若干规定》（2022 年）第三十三条第一款规定，在诉讼时效期间内，部分投资者向人民法院提起人数不确定的普通代表人诉讼的，人民法院应当认定该起诉行为对所有具有同类诉讼请求的权利人发生时效中断的效果。因此，本案原告投资者的诉讼请求不仅在诉讼时效期间内，而且还因代表人诉讼的启动而发生时效中断的法律效果。

综上所述，法院认定原告投资者的赔偿请求不存在诉讼时效认定方面的障碍。

（三）虚假陈述行为与投资者的投资决定是否存在交易因果关系

案涉虚假陈述行为在逻辑上可以形成一个前后连贯的整体，本案前期关于权利人范围的生效裁定将其视为整体的虚假陈述行为确定了实施日和揭露日，但在具体的内容和侧重上，上述行为可以区分为相对独立的五个方面虚假陈述行为。

《若干规定》（2022 年）第十一条规定，原告能够证明下列情形的，人民法院应当认定原告的投资决定与虚假陈述之间的交易因果关系成立：（1）信息披露义务人实施了虚假陈述；（2）原告交易的是与虚假陈述直接关联的证券；（3）原告在虚假陈述实施日之后、揭露日或更正日之前实施了相应的交易行为，即在诱多型虚假陈述中买入了相关证券，或者在诱空型虚假陈述中卖出了相关证券。本案中，被告、原告行为符合上述规定的三个要件，且在案涉虚假陈述行为被揭露之前，乐视网股价并非正常的价格，而是受到案涉虚假陈述行为影响。同时，《若干规定》(2022年)第十二条列明了人民法院应当认定交易因果关系不成立的情形，被告在本案中未能证明存在上述情形。据此，法院认定原告的投资决定与案涉前四个方面的虚假陈述行为之间具有交易因果关系。

(四)非公开发行过程中欺诈发行与二级市场投资者交易决定是否存在交易因果关系

非公开发行股票是上市公司采用非公开的方式向特定对象发行股票的行为。从基本逻辑方面分析，非公开发行与公开发行在整体的价值目标上具有一致性，即不论公开发行还是非公开发行，都力求做到既保护投资者，又保证融资效率。但在整体价值目标一致的前提之下，二者的侧重又有所不同：公开发行相对更侧重保护投资者，而非公开发行相对更侧重融资效率。为贯彻落实上述价值目标上的不同侧重，公开发行设定了更严格的发行条件，发行的对象范围也更广泛，普通的投资者都可以参与，信息披露的要求也更高。而非公开发行则有相对宽松的发行条件，以及较狭窄的发行对象，仅限于专业投资者，发行中的信息披露要求也较低。考察非公开发行与二级市场投资者交易之间的因果关系，不能忽略非公开发行与公开发行之间的上述差异。

第一，从直接关联性看，无法确认原告交易的股票是非公开发行的股票。第二，从招股目标看，原告不是非公开发行的对象。第三，从信息披露看，无法推定原告的投资决定受到非公开发行中信息披露的影响。第四，从限售期看，原告在揭露日前不可能买入非公开发行的股票。因此，本案原告不可能在揭露日前买入非公开发行的股票，不符合《若干规定》(2022年)第十一条第三项关于"原告在虚假陈述实施日之后、揭露日或更正日之前实施了相应的交易行为"的要求，不符合交易因果关系成立的条件。综上所述，本案现有证据不支持案涉非公开发行过程中欺诈发行与二级市场投资者的交易决定之间存在交易因果关系。

(五)被非公开发行中欺诈发行吸收的信息披露违法行为的主体是否应当承担民事责任

根据上文分析，非公开发行中欺诈发行与二级市场投资者无交易因果关系，因而原告针对非公开发行中欺诈发行的诉讼请求无法得到支持。但是，本案中构成欺诈发行的原因是乐视网三年一期财务数据造假，即2012年至2014年及2015年1—6月的财务数据造假，这一部分财务造假的信息披露违法行为在行政处罚时，因为"重违法吸收轻违法"原则的适用而被以欺诈发行的名义进行处罚，没有单独进行行政处罚，但这部分行为的主体仍应承担相应的民事责任，理由在于：第一，该部分信息披露违法行为客观存在；第二，该部分信息披露违法行为与二级市场投资者的投资决定有交易因果关系；第三，该部分信息披露违法行为免责将导致不公平。这不仅对原告不公平，对于被告也是不公平的。基于上述原因，该部分信息披露违法行为虽然在行政处罚中被吸收到非公开欺诈发行中进行处罚，但其作为客观存在的虚假陈述行为，在具备相应构成要件的情况下，应由行为主体承担相应的民事责任。

（六）股份登记与虚假陈述之间是否存在交易因果关系

本案中，部分原告投资者通过新股申购在乐视网股票上市之前取得股份登记，对于该部分投资者，部分被告认为其买入乐视网股票与虚假陈述并无因果关系。对此，法院认为，《若干规定》（2022年）在适用范围上并未区分证券发行市场和交易市场。也就是说，除个别特殊情形外，《若干规定》（2022年）原则上适用于证券发行市场和交易市场。在新股发行的情况下，需要根据披露的信息进行发行询价从而确定发行价格，参与新股申购的投资者会根据价格进行投资。在此过程中，乐视网实施了虚假陈述，而通过新股申购的原告，其交易的是与虚假陈述直接关联的证券，并且新股申购也是在虚假陈述实施日之后、揭露日之前实施，符合《若干规定》（2022年）第十一条关于交易因果关系成立的要件。因此，法院认定通过新股申购取得股份登记的投资者，其交易行为与虚假陈述存在因果关系。

（七）股票期权激励行权获得的证券可否要求赔偿

乐视网在经营过程中曾推出股票期权激励计划，部分原告投资者通过在行权期以行权价格行权而取得乐视网股票。法院认为，根据当时有效的《上市公司股权激励管理办法（试行）》第二十一条，该部分投资者就股票期权的行权的重要条件是乐视网董事会的授权决定。而之所以有这样的授权决定，是因为该部分投资者是乐视网的管理人员或核心技术人员。就此而言，该部分投资者通过行权获得股票与通过证券交易场所的证券发行和证券交易买入股票并不相同，不适合在本案代表人诉讼中与通过证券交易场所的证券发行和证券交易买入股票的投资者一并进行救济，法院对基于股权激励行权方式获得股票的相关赔偿请求，在本案中不做处理，相关当事人可依法另行主张权利。

（八）损失因果关系链条中是否存在系统风险的影响

当事人双方对于本案是否有系统风险存在分歧。《若干规定》（2022年）没有沿用原来的"证券市场系统风险"的表述，而改用"证券市场风险"的表述。关于是否存在证券市场风险的问题可以分解为如下几项：是否存在证券市场风险；如存在证券市场风险因素，应如何剔除；中证中心的《意见书》扣除证券市场风险因素的方法是否适当。裁判文书做了详细阐述，此处不再赘述。

（九）损失因果关系链条中是否存在非系统风险的影响

众被告在本案中提出了存在非系统风险的抗辩。《若干规定》（2022年）中并没有非系统风险的表述。从各被告的抗辩意见可知，其所谓的非系统风险是与系统风险相对的，主要是指《若干规定》（2022年）第三十一条第二款中的"证券市场对特定事件的过度反应、上市公司内外部经营环境"等因素（以下简称其他风险因素）。对此，被告提供了自己认为影响原告投资者损失确定，可以构成其他风险因素的相关事件清单。对此，法院认为，就本案虚假陈述责任纠纷而言，不应考虑其他风险因素。

从证券市场的运行特点看，股票的价格围绕着公司价值上下波动是常态。将上市公司股价的涨跌完全归因于上市公司日常经营中的特定事件，必须有充分的证据予以证明。本案中，乐视网连续十年财务造假，属于较为少见且情节恶劣的虚假陈述行为，其对乐视网股价的影响一直在持续。甚至，随着年复一年的财务造假的累积，对股价的影响还在不断强化。再叠加实施日至揭露日期间的其他虚假陈述行为，乐视网整体的虚假陈述行为对于乐视网股价的影响显而易见。在此情况下，以乐视网日常经营中发生的相关事件对股价的影响，去抵消虚假陈述对股价的影响，必须进行充分的证明。本案中，被告并未举证证明其提出的诸多事件如何影响乐视网股价，亦未举证证明这些事件独立于虚假陈述行为对乐视网股价产生了消极影响。

基于上述理由，法院认为，案涉虚假陈述行为导致的损失不存在非系统风险的影响。

(十) 机构投资者是否应有更高注意义务

从相关答辩意见看，被告意在强调专业投资者在本案中应该有更高的注意义务，从而应该减轻其赔偿责任。对此，法院认为，《若干规定》(2022 年) 在适用范围上并未区分普通投资者或是专业投资者。除一些特殊的市场外，专业投资者和普通投资者不应有所区别。专业投资者不应因其专业身份而受到歧视或更不利。客观上，保护专业投资者的信赖，实际上也是在保护普通投资者的信赖。这样可以促进上市公司和发行人进一步提升信息披露质量，降低投资者的信息调查成本，从而提高市场效率。被告抗辩所称的专业投资者的谨慎勤勉义务，是其作为受托人或资产管理产品的管理人，在信托法律关系之下对参与募集其产品的投资者的义务，而非对发行人的义务。因此，原则上，不论是普通投资者还是专业投资者，都应该受到推定信赖的保护，二者的注意义务应当一致。

(十一) 赔偿范围

1. 关于利息

本案原告起诉时提出关于利息的请求，中证中心根据法院委托计算损失结果时也计算了利息。根据《若干规定》(2022 年) 第二十五条，信息披露义务人在证券交易市场承担民事赔偿责任的范围，以原告因虚假陈述而实际发生的损失为限。原告的实际损失包括投资差额损失、投资差额损失部分的佣金和印花税。可见，投资者实际损失不包括利息，法院对于原告关于利息的诉讼请求不予支持。

2. 关于部分特殊情况的损失处理

本案部分原告投资者的交易流水中出现因约定购回证券过户、股票质押式回购、转托管、担保证券划拨、持股性质变更、股份登记、股票期权激励行权等原因导致的非交易变动。对于上述特殊情况，法院已经在相关部分按照相关标准进行计算，并对异议作出回应，此处不再赘述。

(十二)各被告的具体责任承担

法院认为，在证券虚假陈述民事侵权损害赔偿中，应根据各被告的不同情况有针对性地确定具体的民事责任。对于上市公司控股股东、实控人等财务造假的"首恶"，应对虚假陈述导致的投资者全部损失负责。对于上市公司的其他高级管理人员，应在综合考虑其岗位、职责、参与情况、过错程度等因素的基础上个别化、针对性地确定民事责任。对于中介机构，亦应坚持"过责相当"，精准追责，避免其注意义务、注意能力与赔偿责任显著失衡。在如下的分析中，有部分被告并非全程参与乐视网五方面的虚假陈述行为。从因果关系看，他们只应对其参与的虚假陈述行为实施后买入的投资者负责。而这部分投资者有的是从新股申购时开始持续经常性买入，且买入行为持续到该部分被告参与的虚假陈述实施后，故该部分被告不仅需要对其参与部分的虚假陈述实施后首次买入的原告投资者负责，还需要对其参与部分的虚假陈述实施后继续(非首次)买入的原告投资者负责。以下不再叙述各主体的具体责任，详见(2021)京74民初111号判决书中"各被告具体责任承担"部分。

六、案件启示和意义

在作出判决前，判决文书有如下一大段谈及资本市场的法制精神的叙述，值得细品。

需要特别指出的是，资本市场是规则先行的市场，法治是中国特色现代资本市场健康发展的基石，法治兴则市场强，只有坚持市场化法治化，才能为资本市场营造稳定、透明、可预期的发展环境。而上市公司的财务造假行为，严重挑战资本市场信息披露机制的严肃性，严重毁坏资本市场的诚信基础，严重打击资本市场信心，严重损害广大投资者合法权益，可谓是资本市场的"毒瘤"。民事责任是清除这一"毒瘤"的重要手段，是救济被"毒瘤"侵害的投资者的重要机制。但是也要看到，民事责任的承担不应搞粗放式的笼统式的追责，亦不应搞"一刀切"的无差别追责，更不能搞"根据执行能力定责"的功利性追责。这三种追责逻辑中，前两种会导致责任不清，起不到正向引导作用，第三种则会将证券虚假陈述民事赔偿责任中的追"首恶"演变为追"首富"，将民事责任异化为保险机制，直接损害社会公平正义。我们需要在坚持"过罚相当"原则的基础上，根据被告各自岗位、职责、参与的虚假陈述行为在整体中的占比、过错程度等多种因素，进行精准追责。同时，也应当统筹考虑绝对赔偿数额与赔偿责任比例，避免出现只顾及责任比例而忽略绝对赔偿数额的问题。总之，只有合理确定发行人、实际控制人、董监高和中介机构的民事责任，才能更有效地规范、引导、督促各市场主体归位尽责，为打造规范、透明、开放、有活力、有韧性的资本市场提供坚实的法治保障。

本案是在《若干规定》(2022年)出台后具有细则意义的教课书式精细化审判，238页的裁判书难能可贵，围绕众多争议焦点进行了充分说理、计算与精准法条适用，为后续类似案例裁判树立了标杆。更重要的是这种对裁判过程与内容进行完整公开披露的高度专业、自信与阳光的行为，具有重要的时代意义。

七、课后思考

如果当事人形成争议，是否应当就多个虚假陈述事件分别认定陈述日、揭露日及相应的基准日？发行市场上，应否区分公开发行和非公开发行虚假陈述的责任？交易市场上，应否区分集中竞价交易与大宗交易、协议转让中的责任？对于非面对面交易中的机构投资者，应否要求较高程度的注意义务？

第二节　欺诈发行法律规制体系如何适用
——丹东欣泰电气股份有限公司、温某乙等欺诈发行股票、违规披露重要信息案①

一、本节知识点/知识体系概述

欺诈发行的核心在于披露信息的不真实，即积极的编造和消极的隐瞒。因此，欺诈发行本质上是证券发行阶段的虚假陈述。《证券法》及相关规定中有关虚假陈述各类行为主体民事责任的规定一般也适用于欺诈发行。

《证券法》第一百八十一条对欺诈发行的刑事责任进行了规定，发行人在其公告的证券发行文件中隐瞒重要事实或者编造重大虚假内容，尚未发行证券的，处以二百万元以上二千万元以下的罚款；已经发行证券的，处以非法所募资金金额百分之十以上一倍以下的罚款。对直接负责的主管人员和其他直接责任人员，处以一百万元以上一千万元以下的罚款。发行人的控股股东、实际控制人组织、指使从事前款违法行为的，没收违法所得，并处以违法所得百分之十以上一倍以下的罚款；没有违法所得或者违法所得不足二千万元的，处以二百万元以上二千万元以下的罚款。对直接负责的主管人员和其他直接责任人员，处以一百万元以上一千万元以下的罚款。

《证券法》将欺诈发行统一界定为"发行人在其公告的证券发行文件中隐瞒重要事实或者编造重大虚假内容"，理顺了发行人、监管部门、投资者等主体之间的法律关系，简化了欺诈发行的认定条件，统一了欺诈发行民事、行政和刑事责任的表述和认定标准。对《证券法》有关欺诈发行的界定，可从以下几方面把握：

1. 公告的证券发行文件的界定。参考《刑法》第一百六十条表述，主要指的是招股说明书、认股书、公司、企业债券募集办法等发行文件。

2. 欺诈发行的行为类型。构成欺诈发行的不仅包括积极的"编造重大虚假内容"，也包括消极的"隐瞒重要事实"，但并不要求已经获得上市。《证券法》对"欺诈"突出强调"公

---

① 案例来源：丹东市中级人民法院（2017）辽06刑初11号刑事判决书。

告",而不再是"核准",只要对外公布的信息含有虚假内容,就可以认定欺诈发行,至于是否骗取核准,是否已发行或尚未发行,则不作为判断标准。

3."重大"的限定词。《证券法》第一百八十一条中"重要"一词体现了构成欺诈发行的重大性要求。关于重大性的判断,《证券法》第十九条指出,发行人报送的发行申请文件应充分披露"投资者作出价值判断和投资决策所必需的信息",即强调该等信息(如发行人经营战略、财务状况、人事变动、交易等)的"决策有用性";同时,还需考虑"理性投资人"标准,即"具有一般知识技能和判断能力的一般意义上的投资者"在"在同样情况下"是否通常会认为陈述内容对于其投资决策具有显著影响。

就处罚标准而言,《证券法》大幅提高了对发行人及其他责任主体的处罚力度。如对发行人而言,若尚未发行证券的,处罚上限从原有的 60 万元直接提升到 2000 万元;如已发行证券的,处罚上限从非法所募资金金额的 5% 提升至 1 倍。

责令回购制度与先行赔付制度、中国特色证券集体诉讼成为《证券法》有关欺诈发行等虚假陈述救济的三项重要制度。

1. 先行赔付。《证券法》第九十三条确立了先行赔付制度,在证监会《公开发行证券的公司信息披露内容与格式准则第 1 号——招股说明书》要求保荐人作出"先行赔付"承诺的基础上,新增发行人控股股东、实际控制人作为先行赔付的主体。在《证券法》颁布之前,我国已有投资者专项补偿基金先行赔付的案例。

2. 责令回购。《证券法》以民事赔偿责任为基础创立了"欺诈发行上市责令回购制度",即在欺诈发行的语境下,已经发行并上市的,国务院证券监督管理机构可以责令发行人回购证券,或责令负有责任的控股股东、实际控制人买回证券。回购不仅一定程度上挽回了投资人的损失,在回购使得发行人不再满足发行条件的情况下也实现了发行人因此退市的监管目的,可谓意义重大。《欺诈发行上市股票责令回购实施办法(试行)》已经于 2022 年 4 月 28 日中国证券监督管理委员会 2022 年第 3 次委务会议审议通过,并予公布实施。

由于责令回购与先行赔付本质上均为向投资者提供的一种民事诉讼之外的简便、快捷的救济途径,因此,证监会在《责令回购办法征求意见稿》起草说明中认为,如已开展先行赔付,"实质上已经实现了责令回购保护投资者合法权益的制度目的,证监会不必再作出责令回购决定";但如先行赔付金额不足以补偿所有受损的投资者,"不排除证监会根据案件情况再对发行人或者负有责任的控股股东实际控制人作出责令回购决定"。

责令回购与民事诉讼同为向投资者提供的救济途径。如果投资者持有的全部或部分股票被发行人等责任主体购回的,根据前文提及的投资差额损失计算公式,其可主张的损失自然相应减少;但若责令回购未能弥补投资者全部损失的,如证监会在《责令回购办法征求意见稿》起草说明中所述投资者仍可通过民事诉讼途径寻求赔偿。

二、案件基本事实

丹东欣泰电气股份有限公司(以下简称欣泰电气)是创业板第一家退市公司,也是中国资本市场第一家因欺诈发行而退市的公司。

2011年11月，欣泰电气向证监会提交首次公开发行股票并在创业板上市申请，因持续盈利能力不符合条件而被证监会驳回。

2014年1月27日，欣泰电气正式登陆创业板，首次以每股发行价16.31元的价格向社会公众公开发行1577.8万股，共募集资金2.57亿元。

2015年5月，辽宁证监局对辖区内欣泰电气进行现场检查，发现欣泰电气可能存在财务数据不真实等问题，后续证监会立案调查。经调查发现，为实现发行上市目的，解决欣泰电气应收账款余额过大问题，2011年12月至2013年6月，欣泰电气通过外部借款、使用自有资金或伪造银行单据的方式虚构应收账款的收回，在年末、半年末等会计期末冲减应收款项（大部分在下一会计期期初冲回），致使在向中国证监会报送的IPO申请文件中相关财务数据存在虚假记载。其中，截至2011年12月31日，虚减应收账款10156万元，少计提坏账准备659万元；虚增经营活动产生的现金流净额10156万元。截至2012年12月31日，虚减应收账款12062万元，虚减其他应收款3384万元，少计提坏账726万元；虚增经营活动产生的现金流净额5290万元。截至2013年6月30日，虚减应收账款15840万元，虚减其他应收款5324万元，少计提坏账准备313万元；虚增应付账款2421万元；虚减预付账款500万元；虚增货币资金21232万元，虚增经营活动产生的现金流净额8638万元。

此外，欣泰电气在上市后披露的定期报告中存在虚假记载和重大遗漏：2013年12月至2014年12月，欣泰电气在上市后继续通过外部借款或者伪造银行单据的方式虚构应收账款的收回，在年末、半年末等会计期末冲减应收款项（大部分在下一会计期期初冲回），导致其披露的相关年度和半年度报告财务数据存在虚假记载。其中，《2013年年度报告》虚减应收账款19940万元，虚减其他应收款6224万元，少计提坏账准备1240万元；虚增应付账款1521万元；虚增货币资金20632万元；虚增经营活动产生的现金流净额12238万元。《2014年半年度报告》虚减应收账款9974万元，虚减其他应收款6994万元，少计提坏账准备272万元；虚增应付账款1521万元；虚减其他应付款770万元；虚增货币资金14767万元；虚减经营活动产生的现金流净额9965万元。《2014年年度报告》虚减应收账款7262万元，虚减其他应收款7478万元，少计提坏账准备363万元，虚减经营活动产生的现金流净额12944万元。

《2014年年度报告》中存在重大遗漏。欣泰电气实际控制人温某乙以员工名义从公司借款供其个人使用，截至2014年12月31日，占用欣泰电气6388万元。欣泰电气在《2014年年度报告》中未披露该关联交易事项，导致《2014年年度报告》存在重大遗漏。

针对欣泰电气上述行为，证监会认定其分别构成《证券法》第一百八十九条所述欺诈发行和第一百九十三条所述虚假披露行为，并于2016年7月5日对欣泰电气责令改正，给予警告，并处以832万元罚款；欣泰电气原董事长暨实际控制人温某乙也被证监会给予警告，并处以892万元罚款，并采取终身证券市场禁入措施；对欣泰电气原董事胡某勇处以

5 万元罚款，同时对其他高管亦予以相应处罚。

深交所根据《创业板股票上市规则(2014 年修订)》相关规定，因公司欺诈发行受到中国证监会行政处罚，交易所将暂停该公司股票上市。即一旦认定欣泰电气欺诈发行并作出行政处罚，深圳证券交易所将依法履行退市工作职责，启动欣泰电气后续退市程序。2016 年 9 月 6 日起，欣泰电气已根据深圳证券交易所的决定暂停上市，深交所于 2017 年 6 月 23 日决定公司股票终止上市。

2017—2018 年，欣泰电气提起行政诉讼，将证监会、深交所告上法庭，均败诉。

2019 年，辽宁省丹东市人民检察院指控被告单位欣泰电气公司及被告人温某乙、刘某胜犯欺诈发行股票罪、违规披露信息罪，向丹东市中级人民法院提起公诉。被告单位欣泰电气公司及被告人温某乙、刘某胜对起诉指控的犯罪事实均无异议。欣泰电气于 2019 年 5 月收到丹东市中级人民法院的《刑事判决书》。宣判后，欣泰电气在法定期限内没有上诉、抗诉，原判发生法律效力。

三、裁判过程和结果

不服证监会处罚决定及复议决定的欣泰电气，于 2017 年 1 月向北京市第一中级人民法院提起行政诉讼。

2017 年 5 月，北京市第一中级人民法院判决证监会胜诉。欣泰电气不服一审判决，向北京市高级人民法院(以下简称北京市高院)提出上诉。

2017 年 12 月 19 日，欣泰电气行政诉讼案在北京市高院二审开庭审理。证监会党委委员、主席助理黄某作为证监会负责人出庭应诉。

2018 年 3 月 26 日，北京市高院作出终审判决认为，被诉处罚决定和被诉复议决定合法有据，一审判决驳回欣泰电气诉讼请求正确，应予支持；欣泰电气上诉主张不能成立，不予支持。法院判决，驳回上诉，维持一审判决。

2017 年 12 月 22 日，欣泰电气向深圳市中级人民法院提起行政诉讼，认为其欺诈发行违法行为发生在《创业板股票上市规则(2014 年修订)》施行前，深交所的退市决定违反"法不溯及既往"原则。

2018 年 4 月 13 日，深圳市中级人民法院开庭公开审理了本案。法院的一审判决认为，证监会认定欣泰电气存在欺诈发行违法行为并作出行政处罚的时间为 2016 年 7 月 5 日，此时《创业板股票上市规则(2014 年修订)》已经生效，深交所依据《创业板股票上市规则(2014 年修订)》对其作出退市决定，于法有据，判决驳回欣泰电气的诉讼请求。

2019 年，辽宁省丹东市人民检察院指控被告单位欣泰电气公司及被告人温某乙、刘某胜犯欺诈发行股票罪、违规披露信息罪，向丹东市中级人民法院提起公诉。被告单位欣泰电气公司及被告人温某乙、刘某胜对起诉指控的犯罪事实均无异议。公司于 2019 年 5 月收到丹东市中级人民法院的《刑事判决书》。宣判后，在法定期限内没有上诉、抗诉，原判发生法律效力。

法院认为，被告单位欣泰电气公司及被告人温某乙、刘某胜的行为均构成欺诈发行股票罪；温某乙、刘某胜的行为还构成违规披露重要信息罪，依法应当数罪并罚。温某乙到案后如实供述自己的罪行，刘某胜具有自首情节，依法可以从轻处罚。据此，依法以欺诈发行股票罪判处丹东欣泰电气股份有限公司罚金人民币 832 万元；以欺诈发行股票罪、违规披露重要信息罪判处温某乙有期徒刑三年，并处罚金人民币 10 万元；以欺诈发行股票罪、违规披露重要信息罪判处刘某胜有期徒刑二年，并处罚金人民币 8 万元。

四、案件争议焦点

(一)行政诉讼阶段

二审主要围绕三个争议焦点展开，一是欺诈发行的构成要件以及欣泰电气是否符合该构成要件；二是被诉处罚决定事实认定是否需要专业机构审计或鉴定；三是被诉处罚决定是否存在明显不当。围绕上述焦点问题，黄某当庭表示，欣泰电气向证监会报送的财务会计文件存在虚假记载，骗取发行核准，构成欺诈发行的违法行为。证监会对证券市场的监管是法律赋予的职责和义务，对欺诈发行等各类违法行为进行查处，责无旁贷。在欣泰电气欺诈发行案中，证监会最终作出与该公司违法行为的性质、情节和社会危害程度相匹配的处罚决定。

(二)刑事诉讼阶段

被告人温某乙的辩护人提出，对温某乙不应以欺诈发行股票罪、违规披露重要信息罪数罪并罚，只应定一罪；温某乙在尚未受到司法机关讯问、未被采取强制措施前，主动到案，且到案后如实供述，应属自首；被告欣泰电气公司、温某乙、刘某胜因本案已受到最严厉的行政处罚，近年来证监会对类似案件的处理，均将上市之前的欺诈行为与上市后的违规披露行为按一个行为处理，且处罚相对较轻；对温某乙的刑事处理关系到其所在企业是否破产以及由此引发的社会稳定等问题；2017 年 7 月，深圳证券交易所决定欣泰电气公司退市、摘牌，主承销商兴业证券股份有限公司设立欣泰电气公司欺诈发行先行赔付专项基金，投资者(股民)的损失已得到充分赔偿，消除了对股民所致损失的社会危害性。综上所述，请求对其判处缓刑。

被告人刘某胜的辩护人提出，本案欺诈发行股票的行为与违规披露重要信息的行为应择一重罪处罚；刘某胜不是欣泰电气公司违规披露重要信息的直接负责的主管人员，指控刘某胜涉嫌违规披露重要信息罪不能成立；从刘某胜在本案中的地位和作用来看，宜认定为从犯；刘某胜应构成自首；刘某胜系初犯、偶犯；刘某胜当庭认罪、悔罪。综上所述，请求对其判处缓刑。

五、裁判主要理由

关于行政诉讼，北京市高级人民法院经审理认为：

第一，欣泰电气对 IPO 申请文件中相关财务数据存在重大虚假记载的事实并无异议，在核准制法律框架下，公司申请公开发行新股，如果在申请核准时点的最近三年内财务会计文件存在虚假记载，则应当认定公司不符合发行条件，其将包含虚假财务数据的 IPO 申请文件报送证监会申请证券发行核准的做法，属于"骗取发行核准"的行为。在此情况下，证监会认定欣泰电气符合证券欺诈发行的构成要件并无不当。

第二，证监会作为国家设置的专司证券市场监管的专业性机构，对涉嫌证券违法行为的事实（包括对涉及财务会计文件是否存在虚假记载等涉及专业性方面的事实）进行调查、认定并在调查基础上作出相应的处理，理应是上述法律规定的中国证监会职责权限范围的题中应有之义。证监会结合欣泰电气的陈述以及自身在职责权限范围内的调查情况，对本案事实作出认定，并无不当。

第三，证监会按照非法募集金额 3% 的标准对欣泰电气处以罚款，在上述法律规定的幅度范围内，且与欣泰电气违法行为的性质、情节以及危害程度基本相当，不构成裁量上的明显不当。因此，欣泰电气认为被诉处罚决定明显不当的主张，缺乏事实和法律依据，亦不予支持。

关于刑事诉讼，丹东市中级人民法院经审理查明：

2011 年 3 月 30 日，被告单位欣泰电气公司提出在创业板上市的申请，因持续盈利能力不符合条件而被证监会驳回。被告人温某乙、刘某胜为达到上市目的，合谋决定组织单位工作人员通过外部接口、使用自有资金或伪造银行单据等方式，采取虚减应收账款、少计提坏账准备等手段，虚构 2011 年至 2013 年 6 月间的收回应收款项情况，采用在报告期末冲减应收款项，下一会计期期初冲回的方式，虚构有关财务数据，并在向证监会报送的首次公开发行股票并在创业板上市申请文件的定期财务报告中载入上述重大虚假内容。2014 年 1 月 3 日，证监会核准欣泰电气公司在创业板上市。随后欣泰电气公司在《首次公开发行股票并在创业板上市招股说明书》中亦载入了具有重大虚假内容的财务报告。2014 年 1 月 27 日，欣泰电气公司股票在深圳证券交易所创业板挂牌上市，首次以每股发行价16.31 元的价格向社会公开发行 1577.8 万股，共募集资金 2.57 亿元。

被告单位欣泰电气公司上市后，被告人温某乙、刘某胜继续沿用前述手段进行财务造假，向公众披露了具有重大虚假内容的《2013 年年度报告》《2014 年半年度报告》《2014 年年度报告》等重要信息。2017 年 7 月，深圳证券交易所决定欣泰电气公司退市、摘牌，主承销商兴业证券股份有限公司设立先行赔付专项基金，先行赔付 1 万余名投资人的损失共计 2.36 亿余元。

2016 年 8 月 26 日，侦查人员在被告人温某乙家中向温某乙下达询问通知书，后温某乙随同侦查人员到办案地点接受了询问。同日，刘某胜在丹东市振兴区一茶馆接到侦查人员的电话，侦查人员到达茶馆向其下达询问通知书，刘某胜随同侦查人员到办案地点接受询问。两人到案后，均如实供述了犯罪事实。

丹东市中级人民法院经审理认为，被告单位欣泰电气公司为达到上市发行股票的目的，采取伪造、虚构财务事项等手段，在首次公开发行股票并在创业板上市的申请文件和招股说明书中编造重大财务虚假内容，发行股票数额巨大，其行为构成欺诈发行股票罪；被告人温某乙作为欣泰电气公司董事长、被告人刘某胜作为财务部门负责人，均系欣泰电气公司直接负责的主管人员，其行为均构成欺诈发行股票罪；欣泰电气公司作为负有信息披露义务的公司，多次向股东和社会公众提供虚假和隐瞒重要事实的财务报告，最终导致公司发行的股票被终止上市，严重损害股东利益，温某乙与刘某胜作为被告单位欣泰电气公司直接负责的主管人员，其行为均构成违规披露重要信息罪，均应予以惩处，应当数罪并罚。温某乙到案后如实供述自己的罪行，依法可以从轻处罚。刘某胜接到侦查人员电话后，在原地等候侦查人员，并积极配合侦查人员前往办案地点接受询问，可视为主动到案，其到案后如实供述了犯罪事实，应认定为自首，依法可以从轻处罚。

六、案件启示和意义

在欣泰电气案中有很多关键词：欺诈发行退市第一股、实际控制人领了"双罚"、首例欺诈发行退市引发的行政诉讼案件，亦系首例中央国家机关负责人出庭应诉案件，引发了社会广泛关注，均彰显了资本市场从严监管、依法治市理念的深入和进步，更折射了监管层坚持法治化、市场化改革的决心。

本案是上市公司在申请上市前后连续财务造假而受到刑事处罚并被依法强制退市的典型案例。目前，我国正在推进以信息披露为核心的证券发行注册制。市场主体的诚信建设，事关资本市场健康稳定发展。欺诈发行、财务造假等违法犯罪行为，严重挑战信息披露制度的严肃性，严重破坏市场诚信基础，严重损害投资者利益，是证券市场的"毒瘤"，必须坚决依法从严惩处。本案的正确处理，充分体现了人民法院对资本市场违法犯罪行为"零容忍"的态度和决心，对当前从严惩处资本市场财务造假、欺诈发行违法犯罪行为具有重要警示作用。《刑法修正案（十一）》对欺诈发行股票、债券罪，违规披露、不披露重要信息罪作出修改，进一步加大对这两类犯罪的惩罚力度，为注册制改革行稳致远，资本市场健康稳定发展提供更加有力的法律保障。

与此同时，行政处罚当事人和监管机构就法律规定具体适用中的争议问题能够直接对话，这本身就意味着资本市场进一步向法治化方向发展。近年来"民告官"案例逐步增多，倒逼监管部门严格执法，数据显示，自2017年以来，行政处罚诉讼案件呈现多样化、复杂化、新颖化的特点，案件类型既包括证券市场操纵、内幕交易、信息披露违法、短线交易、中介机构未勤勉尽责等传统案件，也包括期货市场操纵、编造传播虚假信息、上市公司大股东违法减持、欺诈发行等历史上首次出现的新型案件。同时，新《行政诉讼法》正式实施后，法院对证监会行政处罚诉讼案件的司法审查标准日趋严格，审查重点呈现由具体行政行为审查向抽象行政行为审查延伸，由合法性审查向合理性审查延伸，由事实证据问题审查向法律适用问题审查延伸，由实体合法性审查向程序合法性审查延伸等特点，证监会行政处罚应诉工作面临严峻考验。通过诉讼，法院在判决中也对证监会执法工作提出了若干建议，有助于证监会不断提升依法行政水平，从这个意义上说，"民告官"也是通过诉讼这种特殊的"对话"深化了依法治市的法治理念。

七、课后思考

对被告人温某乙、刘某胜是否能够认定自首？被告人温某乙、刘某胜是否应当判处从业禁止？被告人温某乙、刘某胜的行为构成一罪还是数罪？对被告人温某乙、刘某胜能否适用缓刑？

第三节　"看门人"连带赔偿责任如何界定

——投资者诉五洋建设集团股份有限公司等证券虚假陈述责任纠纷案①

一、本节知识点/知识体系概述

(一)对于欺诈发行的责任，各主体按如下原则承担

1. 发行人等信息披露义务人：无过错责任。《证券法》第八十五条规定："信息披露义务人未按照规定披露信息，或者公告的证券发行文件、定期报告、临时报告及其他信息披露资料存在虚假记载、误导性陈述或者重大遗漏，致使投资者在证券交易中遭受损失的，信息披露义务人应当承担赔偿责任。"由此，对于在证券发行文件中隐瞒重要事实或者编造重大虚假内容的欺诈发行行为，发行人承担的是无过错责任。

2. 发行人的控股股东、实控人、董监高、其他直接责任人员，保荐人、承销商及其直接责任人员：过错推定原则及连带赔偿责任。从《证券法》第八十五条可知，发行人的控股股东、实控人、董监高、其他直接责任人员，保荐人、承销商及其直接责任人员承担的是过错推定责任，可通过证明自己没有过错以免责，否则应与发行人承担连带赔偿责任。其中，就保荐人的无过错证明而言，最高人民法院在《关于为设立科创板并试点注册制改革提供司法保障的若干意见》(法发〔2019〕17号)(以下简称《司法保障若干意见》)中特别强调保荐人对上市申请文件等全面核查验证的注意义务标准，即保荐人应证明其对发行人的经营情况和风险等已进行客观中立的实质验证。

3. 会计师事务所、评级机构等证券服务机构：过错推定原则及与过错相适应的连带赔偿责任。根据《证券法》第一百六十条第一款可知，证券服务机构主要包括会计师事务所、律师事务所以及从事证券投资咨询、资产评估、资信评级、财务顾问、信息技术系统服务的机构。而根据《证券法》第一百六十三条规定，证券服务机构承担的亦是过错推定责任，若无法

---

① 案例来源：浙江省高级人民法院(2021)浙民终515号民事判决书。

证明自己没有过错的，则与委托人承担连带赔偿责任。同时，结合《最高人民法院关于审理证券市场虚假陈述侵权民事赔偿案件的若干规定》(法释〔2022〕2号)[以下简称《若干规定》(2022年)]第二十三条规定，证券服务机构承担的责任应与其过错相适应。

(二)如何认定欺诈发行民事责任中的因果关系

在因果关系认定上，《若干规定》(2022年)明确区分交易因果关系和损失因果关系，并进一步细化交易因果关系不成立情形；明确系统性风险外责任的减轻或免除；区分诱多型虚假陈述和诱空型虚假陈述。

(三)各主体勤勉尽责标准，过错人员过错认定原则

强化"首恶""帮凶"的主体责任，扩大责任承担主体；增加董监高及其他责任人员过错认定；明确独立董事具体免责事由，避免寒蝉效应；细化保荐机构、承销机构以及证券服务机构勤勉尽责判断标准。具体参见《若干规定》(2022年)第十三至二十一条。

二、案件基本事实

原告487人均系债券投资者，购买了五洋建设集团股份有限公司(以下简称五洋建设)发行在外的公司债券"15五洋债"与/或"15五洋02"，陈某樟系五洋建设董事长、控股股东，德邦证券股份有限公司(以下简称德邦证券)系上述债券的承销商与受托管理人，大信会计师事务所(特殊普通合伙)(以下简称大信会计)、上海市锦天城律师事务所(特殊普通合伙)(以下简称锦天城律所)、大公国际资信评估有限公司(以下简称大公国际)系上述债券发行的第三方专业机构。

因五洋建设存在债券欺诈发行、违反信息披露义务作出虚假陈述等违规行为，原告购买的案涉债券受到投资损失。鉴于本案被告多已受到中国证监会作出的行政处罚，原告起诉请求五洋建设对原告损失承担赔偿责任，陈某樟作为五洋建设违规行为的直接负责人、德邦证券作为债券承销商、大信会计等作为中介机构未勤勉尽责义务应承担连带赔偿责任。根据中国证监会对案涉欺诈发行、虚假陈述行为作出的行政处罚决定，本案虚假陈述实施日应确定为案涉债券上市日即2015年9月10日与2015年11月2日，虚假陈述揭露日应确定为中国证监会立案调查公告日即2017年8月11日。

经查明，在五洋建设发布的公司债募集说明书中，德邦证券声明："本公司已对募集说明书及其摘要进行了核查，确认不存在虚假记载、误导性陈述或重大遗漏，并对其真实性、准确性和完整性承担相应的法律责任。"大信会计、锦天城律所、大公国际均声明：已阅读募集说明书及其摘要，确认募集说明书及其摘要与其出具的报告、意见书不存在矛盾，对发行人在募集说明书及其摘要中引用的报告、意见书的内容无异议，确认募集说明书不致因所引用内容而出现虚假记载、误导性陈述或重大遗漏，并对其真实性、准确性和完整性承担相应的法律责任。

　　具体审查承销机构与中介机构的工作内容，发现各机构均存在不同程度未尽责履职的情形。德邦证券作为债券承销商，违反证券承销业务规定，未充分核查公开发行募集文件的真实性、准确性，专业把关不严。大信会计为用于债券发行的年度财务报表出具审计报告，在未获取充分、适当的审计证据加以验证的前提下，认可五洋建设关于应收账款和应付账款"对抵"的账务处理，出具存在虚假记载的审计报告，未勤勉尽职。大公国际作为资信评级机构，对项目核查中发现的五洋建设重大资产处置问题，未进一步核实关注并合理评定信用等级。锦天城律所为债券发行出具法律意见书，在大公国际《2015年公司债券信用评级报告》已提示重大资产变化事项的情况下，未见锦天城律所对该重大合同及所涉重大资产变化事项关注核查，对不动产权属尽职调查不到位，未能发现占比较高的重大资产减少情况对五洋建设偿债能力带来的法律风险，存在过错。

　　三、裁判过程和结果

　　杭州市中级人民法院于2020年12月31日作出（2020）浙01民初1691号民事判决，判决：

　　（1）驳回叶某芳、陈某威等原告对被告五洋建设集团股份有限公司的起诉。

　　（2）确认王某、孔某严等原告对被告五洋建设集团股份有限公司享有总计246870287.25元债权。王某等原告于本判决生效之日起10日内向被告五洋建设集团股份有限公司交回债券，被告五洋建设集团股份有限公司可依据生效法律文书申请债券登记结算机构注销王某等原告所持有的债券。

　　（3）被告陈某樟、德邦证券股份有限公司、大信会计师事务所（特殊普通合伙）就被告五洋建设集团股份有限公司对叶某芳、陈某威等原告的总计494303965.14元债务本息承担连带赔偿责任；对被告五洋建设集团股份有限公司的上述第二项债务承担连带赔偿责任。

　　（4）被告上海市锦天城律师事务所（特殊普通合伙）就被告五洋建设集团股份有限公司对叶某芳、陈某威等原告的总计494303965.14元债务本息在5%范围内承担连带赔偿责任；对被告五洋建设集团股份有限公司的上述第二项债务在5%范围内承担连带赔偿责任。

　　（5）被告大公国际资信评估有限公司就被告五洋建设集团股份有限公司对叶某芳、陈某威等原告的总计494303965.14元债务本息在10%范围内承担连带赔偿责任；对被告五洋建设集团股份有限公司的上述第二项债务在10%范围内承担连带赔偿责任；上述第三、四、五项各被告应承担的连带赔偿责任于本判决生效之日起10日内履行。

　　（6）被告陈某樟、德邦证券股份有限公司、大信会计师事务所（特殊普通合伙）于本判决生效之日起10日内支付叶某芳、陈某威等原告支出的律师费110000元，被告上海市锦天城律师事务所（特殊普通合伙）在5%范围内连带负担，被告大公国际资信评估有限公司在10%范围内连带负担。

　　（7）驳回原告的其他诉讼请求。

　　宣判后，五洋建设、陈某樟、德邦证券、大信会计、锦天城律所、大公国际提出上诉。浙江省高级人民法院于 2021 年 9 月 22 日作出（2021）浙民终 515 号民事判决，驳回上诉，维持原判。

四、案件争议焦点

本案争议焦点主要集中在公募债券发行中存在欺诈发行、虚假陈述行为的情况下，应如何判断债券承销机构与中介机构是否已尽其勤勉尽责之注意义务，如何确认承销机构与中介机构的责任边界。

五、裁判主要理由

法院生效判决认为：发行人、发行人的实际控制人以及债券承销机构、会计师事务所、律师事务所、信用评级机构等中介机构违反证券法律规定，在证券发行或者交易过程中，对重大事件作出违背事实真相的虚假记载、误导性陈述，或者在披露信息时发生重大遗漏、不正当披露信息，导致投资者产生损失的，应当对投资者的损失承担相应赔偿责任。

本案中部分原告已就债券违约事实向仲裁机构申请仲裁并获得生效裁决，部分原告已就债券违约损失向五洋建设破产管理人申报债权并获得确认。该两部分原告与五洋建设之间的还本付息债权债务关系已经法定程序得以认定，故对于该两部分原告，应驳回其对五洋建设的起诉。至于该两部分原告与陈某樟、德邦证券、大信会计、锦天城律所、大公国际之间的争议因并未得到有效法律文书的确认，原告仍有权提起本案诉讼。

五洋建设于 2015 年 8 月和 2015 年 9 月分别公开发行"15 五洋债"债券 8 亿元、"15 五洋 02"债券 5.6 亿元，共计 13.6 亿元。《中华人民共和国证券法（2014 年修正）》第十六条规定："公开发行公司债券，应当符合下列条件：（一）股份有限公司的净资产不低于人民币三千万元，有限责任公司的净资产不低于人民币六千万元；（二）累计债券余额不超过公司净资产的百分之四十；（三）最近三年平均可分配利润足以支付公司债券一年的利息；（四）筹集的资金投向符合国家产业政策；（五）债券的利率不超过国务院限定的利率水平；（六）国务院规定的其他条件。"根据查明的事实，五洋建设在编制用于公开发行公司债券的 2012—2014 年度财务报表时，违反会计准则，通过将所承建工程项目应收账款和应付款项"对抵"的方式，同时虚减企业应收账款和应付账款，导致上述年度少计提坏账准备、多计利润，其自身最近三年平均利润不足以支付公司债券一年利息，并不具备前述发行条件。《中华人民共和国证券法（2014 年修正）》第六十三条规定："发行人、上市公司依法披露的信息，必须真实、准确、完整，不得有虚假记载、误导性陈述或者重大遗漏。"第六十九条规定："发行人、上市公司公告的招股说明书、公司债券募集办法、财务会计报告、上市报告文件、年度报告、中期报告、临时报告以及其他信息披露资料，有虚假记载、误导性陈述或者重大遗漏，致使投资者在证券交易中遭受损失的，发行人、上市公司应当承担赔偿责任；发行人、上市公司的董事、监事、高级管理人员和其他直接责任人员以及保荐人、承销的证券公司，应当与发行人、上市公司承担连带赔偿责任，但是能够证明自己没有过错的除外；发行人、上市公司的控股股东、实际控制人有过错的，应当与发行人、上市公司承担连带赔偿责任。"五洋建设作为发行人，不符合发行条件，以虚假财务数据骗取债券公开发行核准，已构成欺诈发行；其行为误导原告在一级市场购入债券，导致原告在债券到期后未能获得本息兑付而产生损失。五洋建设应就其欺诈发行行为对从一级市场购入债券的原告承担赔偿责任。五洋建设于2018年1月19日在上海证券交易所网站发布《关于收到中国证券会〈行政处罚事先告知书〉的公告》系五洋建设欺诈发行违法行为在全国范围首次被公开揭露。在该揭露日之前于二级市场购入债券的原告，系基于对前述记载了虚假财务数据的公开募集文件的信赖买入债券，并因五洋建设未能兑付到期本息产生损失，应认定其损失与五洋建设的虚假信息披露之间存在因果关系。五洋建设应就其证券市场虚假陈述行为对该部分原告承担赔偿责任。鉴于五洋建设于2018年12月3日经人民法院裁定进入破产重整程序，就原告基于上述赔偿责任向其所享有的债权，法院予以确认。

被告陈某樟系五洋建设的法定代表人、实际控制人，对公司的经营情况、利润水平以及利润产生方式应当知晓。陈某樟在公司报表利润与实际情况存在重大差异的情况下，在相关募集文件上签字确认，积极推进公司债券的发行，且未能证明自己没有过错，应当与五洋建设承担连带赔偿责任。

被告德邦证券系"15五洋债""15五洋02"债券的承销商。《中华人民共和国证券法（2014年修正）》第三十一条规定："证券公司承销证券，应当对公开发行募集文件的真实性、准确性、完整性进行核查；发现有虚假记载、误导性陈述或者重大遗漏的，不得进行销售活动；已经销售的，必须立即停止销售活动，并采取纠正措施。"中国证券业协会为规范证券公司开展中小企业私募债券承销业务发布的《证券公司中小企业私募债券承销业务尽职调查指引》和《证券公司开展中小企业私募债券承销业务试点办法》两个行业规范中亦明确规定："证券公司应对承销业务中涉及的、可能影响企业偿债能力的其他重大事项进行调查，核实相关发行文件的真实性、准确性和完整性"；"承销商尽职调查包括但不限于对财务状况及偿债能力"；承销商应"调查主要财务指标""调查主要资产状况。查阅有关明细资料，咨询注册会计师，调查企业的应收款项形成原因、收回可能性等"。而公募债券的发行相较于私募债券，受众面更广、影响更大，德邦证券在案涉债券发行中应参考上述私募债券的行业规范，对发行人财务状况、偿债能力、应收账款情况、主要资产状况负有更高、更严的核查义务，并对其自身出具文件的真实性、准确性、完整性负责。然而，德邦证券违反证券承销业务规定，未充分核查公开发行募集文件的真实性、准确性，在关注到五洋建设应收账款回收风险问题时，未充分履行核查程序，调查企业应收账款形成原因、收回可能性；在发现五洋建设投资性房地产在资产中占比较高，要求项目组说明投资性房地产的具体内容及位置、经营情况、公允价值确定依据、目前的市场价值时，仅以房地产价值咨询报告代替资产评估报告作为东舜百货大厦和华联商厦两处投资性房地产入账依据，对投资性房地产未充分履行调查、复核程序排除合理怀疑；在项目组成员知悉2015年五洋建设控股子公司沈阳五洲公司已与沈阳出版发行集团有限公司签订协议，将东舜百货大厦以大幅低于公允价值的价格出售，该事项可能会对五洋建设发行条件以及偿债能力产生重大影响的情况下，未将此风险作为重大事项写入核查意见。上述行为均表明德邦证券作为承销商审慎核查不足、专业把关不严、未勤勉尽职，对"15 五洋债""15 五洋 02"债券得以发行、交易存在重大过错，故应当与五洋建设承担连带赔偿责任。

被告大信会计为用于"15 五洋债""15 五洋 02"债券公开发行的五洋建设 2012—2014 年年度财务报表出具审计报告。《最高人民法院关于审理涉及会计师事务所在审计业务活动中民事侵权赔偿案件的若干规定》第五条规定："注册会计师在审计业务活动中存在下列情形之一，出具不实报告并给利害关系人造成损失的，应当认定会计师事务所与被审计单位承担连带赔偿责任……（二）明知被审计单位对重要事项的财务会计处理与国家有关规定相抵触，而不予指明。"第六条第二款第（七）项规定："如果注册会计师未根据审计的要求采用必要的调查方法获取充分的审计证据，应当认定会计师事务所存在过失。"大信会计在未获取充分、适当的审计证据加以验证的前提下，认可五洋建设关于应收账款和应付账款"对抵"的账务处理，为五洋建设 2012 年至 2014 年年度财务报表出具了标准无保留意见的审计报告；在得知审计报告用于五洋建设发债目的时，未按照其已有工作方案，将该项目的风险级别从 C 类调整为风险程度更高的 B 类并追加相应的审计程序。以上行为均表明，大信会计作为审计机构出具存在虚假记载的审计报告，未勤勉尽职，对"15 五洋债""15 五洋 02"债券得以发行、交易存在重大过错，故应当与五洋建设承担连带赔偿责任。

锦天城律所和大公国际虽未受到行政处罚，但与被诉债券发行行为有关，是本案的适格被告。锦天城律所、大公国际虽对财务数据相关事项仅负有一般注意义务，但其应当对可能涉及债券发行条件、偿债能力的重大债权债务、重大资产变化等事项给予关注和提示。

被告大公国际系本次债券发行的资信评级机构。本案中，根据大公国际出具的《2015 年度企业信用评级报告》《2015 年公司债券信用评级报告》所载内容，其对沈阳五洲项目的并购价格、截至 2014 年年底房产价值以及 2015 年 2 月出售房产等事项进行了披露，而上述房产的出售价格大幅低于公允价值。由于五洋建设资产中该投资性房产占比较高，该事项属于可能影响发债条件、偿债能力的重大事项，但大公国际对项目核查中提出的"关于沈阳五洲出售事项公司的会计处理"之修改意见，未进一步核实关注并合理评定信用等级，存在过错，故酌情确定大公国际对五洋建设应负的民事责任在 10% 范围内承担连带责任。

被告锦天城律所受五洋建设的委托，对发行过程、配售行为、参与认购的投资者资质条件、资金划拨等事项进行见证，并出具专项法律意见书。在大公国际《2015 年公司债券信用评级报告》已提示五洋建设控股子公司出售投资性房产事项的情况下，未见锦天城律所对该重大合同及所涉重大资产变化事项关注核查，对不动产权属尽职调查不到位，未能发现占比较高的重大资产减少情况对五洋建设偿债能力带来的法律风险，故锦天城律所亦未勤勉尽职，存在过错，故酌情确定锦天城律所对五洋建设应负的民事责任在 5% 范围内承担连带责任。

资本市场的健康发展依托于市场主体的诚信建设，切实而严肃地践行信息披露制度是证券市场健康繁荣的根本保证，也是投资者在充分了解真实情况的基础上自行作出交易判断、承担交易风险的前提。虚假陈述是证券市场的传统痼疾，不仅直接损害投资者的利益，更对公平公开的投资环境造成极大的破坏。让破坏者付出破坏的代价，让装睡的"看门人"不敢装睡，是司法审判对证券市场虚假陈述行为的基本态度。本案中，发行人财务造假骗取债券发行资格，承销商与中介机构不勤勉尽责履职不当，严重损害市场信用，扰乱市场秩序，侵犯了广大投资者的合法权益。信息披露不实者、怠于勤勉履职者均应付出违法违规的成本，对投资者的损失予以赔偿。

六、案件启示和意义

近年来，随着证券监管力度的增强，上市公司、公募债券发行人虚假陈述的违法行为屡屡曝光，严重损害了广大投资者的合法权益，危及资本市场秩序，制约资本市场功能的有效发挥。人民法院不断加强证券虚假陈述案件的审判能力，是护航资本市场高质量发展、保障中小投资者权益、打造法治化营商环境的题中之意。

与常见的证券虚假陈述案件相比，本案有多个创新突破之处：

一是作为全国首例公募债券欺诈发行案件，准确适用《证券法》与《全国法院审理债券纠纷案件座谈会纪要》的相关规定，明确了债券欺诈发行中侵权责任的认定标准。

二是对于债券承销机构与第三方专业机构在虚假陈述责任纠纷案件中的责任厘定进行了分析与研判，明确并强调了"看门人"机构未尽责履职的法律后果，判决承销商与中介机构应付出违法违规的成本，对投资者的损失予以赔偿。债券承销机构、会计师事务所、律师事务所、信用评级机构等资本市场中介机构应当切实而严肃地践行资本市场信息披露制度中的"看门人"义务，审慎开展中介服务，勤勉尽责。中介机构违反证券法律规定，未能在证券发行或者交易过程中，对重大事件作出违背事实真相的虚假记载、误导性陈述，或者在披露信息时发生重大遗漏、不正当披露信息，导致投资者产生损失的，应当对投资者的损失与发行人承担相应的连带赔偿责任。中介机构具体承担连带责任的比例，应结合案件事实，根据中介机构过错程度加以确定。

显然，在本案中存在"装睡的看门人"。证券市场中介服务机构被誉为健康证券市场的"看门人"，但由于制度与机制缺陷，这个"看门人"往往会"走神"或在"装睡"，明明知道自己服务的公司有财务造假问题，但中介机构只拿报酬费用而无视投资者面临的巨大风险，这就是当下证券市场存在的道德风险。本案中"装睡的看门人"被揭穿了，从民事赔偿诉讼判决的来看，司法判决的走向是希望归位尽责盯紧"看门人"，用醍醐一击，用较重的赔偿责任来唤醒。

三是自 2020 年《证券法》实施后一开普通代表人诉讼之先河，率先依托法院智能化平台，搭建了投资者快速、便捷、高效维权的救济渠道。本案入选 2021 年度全国十大商事典型案例。

七、课后思考

结合五洋债案、康美药业案、乐视网案被诉主体、举证责任、因果关系、连带责任等方面的差别，分析虚假陈述案对中介机构追责体系的进阶与启示。

第四节 证券诉讼中如何保护中小投资者利益
——康美药业虚假陈述侵权案①

一、本节知识点/知识体系概述

代表人诉讼与特别代表人诉讼。

代表人诉讼，是指投资者提起虚假陈述等证券民事赔偿诉讼时，诉讼标的是同一种类，且当事人一方人数众多的，可以依法推选代表人进行诉讼。对按照上述规定提起的诉讼，可能存在有相同诉讼请求的其他众多投资者的人民法院可以发出公告，说明该诉讼请求的案件情况，通知投资者在一定期间向人民法院登记。人民法院作出的判决、裁定，对参加登记的投资者发生效力。集体诉讼多以代表人诉讼方式呈现。投资者提起证券市场虚假陈述、内幕交易、操纵市场等证券民事赔偿诉讼时，可以依法推选代表人进行诉讼。

证券纠纷特别代表人诉讼是《证券法》2019 年修订中的亮点，《证券法》第九十五条规定，"投资者保护机构受五十名以上投资者委托，可以作为代表人参加诉讼，并为经证券登记结算机构确认的权利人依照前款规定向人民法院登记，但投资者明确表示不愿意参加该诉讼的除外"，此为我国的证券纠纷特别代表人诉讼，也被称为中国版的证券集团诉讼。

2020 年 7 月 31 日，最高人民法院发布了《最高人民法院关于证券纠纷代表人诉讼若干问题的规定》(以下简称《证券纠纷代表人诉讼司法解释》)，对证券纠纷特别代表人诉讼制度做了进一步细化。同日，证监会发布《关于做好投资者保护机构参加证券纠纷特别代表人诉讼相关工作的通知》。中证中小投资者服务中心(以下简称投服中心)随即也发布《特别代表人诉讼业务规则(试行)》。至此，具有中国特色的证券纠纷特别代表人诉讼制度基本建立。

证券纠纷特别代表人诉讼是相对于普通代表人诉讼而言的。与普通代表人诉讼相比，特别代表人诉讼具有如下特殊之处：

一是代表人主体资格特殊。普通代表人诉讼的代表人由当事人推举产生，人数为二至五名，应符合自愿担任代表人、拥有相当比例的利益诉求份额、本人或者其委托诉讼代理

_____

① 案例来源：广州市中级人民法院(2020)粤 01 民初 2171 号民事判决书、广东省高级人民法院(2021)粤刑终 1608 号刑事裁定书。

人具备一定的诉讼能力和专业经验、能忠实勤勉地履行维护全体原告利益的职责等条件。特别代表人诉讼的代表人为法律规定的投资者保护机构,即投服中心和中国证券投资者保护基金有限责任公司(以下简称投保基金)。在试点阶段,投服中心主要作为诉讼主体,接受投资者委托参加诉讼,投保基金主要从事数据分析、损失计算、协助分配等工作。

二是启动程序特殊。根据《证券纠纷代表人诉讼司法解释》第五条规定,原告方人数十人以上可启动普通代表人诉讼。根据《证券法》(2019 年修订)第九十五条规定,特别代表人诉讼需要五十人以上委托投资者保护机构启动。投资者保护机构对于典型重大、社会影响恶劣的证券民事案件,可以依法及时启动特别代表人诉讼。此外,人民法院发布普通代表人诉讼权利登记公告后,投保机构在公告期间受五十名以上适格投资人的授权,也可向法院申请转换特别代表人诉讼。

三是管辖法院特殊。根据《证券纠纷代表人诉讼司法解释》第二条规定,普通代表人诉讼由省、自治区、直辖市人民政府所在的市、计划单列市和经济特区中级人民法院或者专门人民法院管辖。对多个被告提起的诉讼,由发行人住所地有管辖权的中级人民法院或者专门人民法院管辖;对发行人以外的主体提起的诉讼,由被告住所地有管辖权的中级人民法院或者专门人民法院管辖。特别代表人诉讼案件,由涉诉证券集中交易的证券交易所、国务院批准的其他全国性证券交易场所所在地的中级人民法院或者专门人民法院管辖。康美药业案由广州中院管辖,系经最高人民法院指定管辖。

四是投资者加入诉讼方式特殊。普通代表人诉讼,权利人应在公告确定的登记期间向人民法院登记,否则无法取得原告资格。然而根据《证券法》(2019 年修正)第九十五条第三款规定,投资者保护机构接受委托以后为经证券登记结算机构确认的所有合格投资者向法院登记,投资者明确表示不愿意参加该诉讼的除外。即特别代表人诉讼中所有合格的投资者均取得原告资格,除非权利人明示退出。"明示退出、默示加入"的规则,能够最大限度地增加投资者人数,将众多投资者的索赔请求通过一个诉讼程序一揽子解决,对证券违法犯罪行为形成强大的威慑力。

五是诉讼成本负担特殊。普通代表人诉讼需要预交案件受理费,采取财产保全措施的也需要提供担保。而根据《证券纠纷代表人诉讼司法解释》第三十九条、第四十条规定,特别代表人诉讼案件不预交案件受理费,在诉讼中申请财产保全的,法院可以不要求提供担保。中国证券市场是以中小投资者散户为主的市场,当其受到证券违法行为侵害时,由于投资者非常分散、单个投资者索赔金额较小等原因,许多中小投资者往往会放弃权利救济,不想诉、不愿诉、不能诉现象突出。由投资者保护机构参与的证券纠纷代表人诉讼,通过代表人机制、专业力量的支持以及诉讼费用减免等制度,能够大幅降低投资者的维权成本和诉讼风险,有利于解决受害者众多分散情况下的起诉难、维权费用高的问题。

二、案件基本事实

被告人马某田,系康某药业股份有限公司(以下简称康某药业)原法定代表人、董事长、总经理；被告人温某生，系康某药业原监事、总经理助理、投资证券部总监；其他 10 名被告人分别系康某药业原董事、高级管理人员及财务人员。

被告人马某田意图通过提升康某药业的公司市值，以维持其在中药行业"龙头企业"的地位，进而在招投标、政府政策支持、贷款等方面获取优势，2016 年 1 月至 2018 年上半年，马某田下达康某药业每年业绩增长 20%的指标，并伙同温某生等公司高级管理人员组织、指挥公司相关财务人员进行财务造假，通过伪造发票和银行回单等手段虚增营业收入、利息收入和营业利润，通过伪造、变造大额银行存单、银行对账单等手段虚增货币资金。在康某药业公开披露的《2016 年年度报告》《2017 年年度报告》和《2018 年半年度报告》中，共计虚增货币资金 886.81 亿元，分别占当期披露资产总额的 41.13%、43.57%和 45.96%；虚增营业利润 35.91 亿元，分别占当期披露利润总额的 12.8%、23.7%和 62.79%。

2016 年 1 月至 2018 年 12 月，马某田指使温某生等公司高级管理人员及相关财务人员在未经公司决策审批且未记账的情况下，累计向大股东康某实业投资控股有限公司(以下简称康某实业)及关联方提供非经营性资金 116.19 亿元，用于购买康某药业股票、偿还康某实业及关联方融资本息、垫付解除质押款及收购溢价款等用途。上述情况未按规定在《2016 年年度报告》《2017 年年度报告》《2018 年年度报告》中披露。

2015 年 11 月至 2018 年 10 月，马某田以市值管理、维持康某药业股价为名，指使温某生等人伙同深圳中某泰控股集团有限公司(以下简称中某泰公司)实际控制人陈某木等人(另案处理)，将康某药业资金通过关联公司账户多重流转后，挪至马某田、温某生等人实际控制的 16 个个人账户、2 个大股东账户，以及陈某木等人通过中某泰公司设立的 37 个信托计划和资管计划账户，互相配合，集中资金优势、持股优势及信息优势，连续买卖、自买自卖康某药业股票，影响康某药业股票交易价格和交易量。2015 年 11 月 2 日至 2018 年 10 月 22 日，上述账户组持有"康某药业"股票流通股份数达到该股票实际流通股份总量的 30%以上；其中，2016 年 9 月 12 日至 2016 年 11 月 14 日，共有 20 次连续 20 个交易日的累计成交量达到同期该证券总成交量的 30%以上，共有 7 次连续 10 个交易日的累计成交量达到同期该证券总成交量 50%以上。

另外，康某药业、马某田还涉嫌单位行贿罪，具体事实从略。

经广东证监局立案调查，中国证监会于 2020 年 5 月 13 日作出对康某药业罚款 60 万元、对马某田等人罚款 10 万元至 90 万元不等的行政处罚决定，对马某田等 6 人作出市场禁入的决定，并移送公安机关立案侦查。

经公安部交办，广东省揭阳市公安局侦查终结后以马某田等 12 人涉嫌违规披露、不披露重要信息罪、操纵证券市场罪向揭阳市人民检察院移送起诉。2021 年 10 月 27 日，经指定管辖，佛山市人民检察院以马某田等 12 人构成违规披露、不披露重要信息罪、操纵证券市场罪提起公诉。佛山市中级人民法院将该案与此前提起公诉的康某药业、马某田单位行贿案并案审理。2021 年 11 月 17 日，佛山市中级人民法院经审理作出一审判决。一审宣判后，马某田、温某生提出上诉。广东省高级人民法院经审理于 2022 年 1 月 6 日作出终审裁定，驳回上诉，维持原判。

针对保护投资者权益，让违法者承担民事责任的问题，中证中小投资者服务中心代表投资者提起康某药业虚假陈述民事赔偿特别代表人诉讼。2021年11月12日，广州市中级人民法院经审理作出一审判决，判决康某药业向52037名投资者承担人民币24.59亿元的赔偿责任，实际控制人马某田及公司时任董事、监事、高级管理人员、独立董事等21人、广东正某珠江会计师事务所及其合伙人、签字注册会计师分别承担5%~100%不等的连带赔偿责任。该判决已发生法律效力。

三、裁判过程和结果

2018年10月15日开始，网上陆续出现文章，质疑康美药业货币资金真实性，指出其可能存在财务造假等问题。

2018年12月28日，证监会向康美药业送达《调查通知书》。

2019年8月17日，证监会向康美药业及本案相关被告送达《行政处罚及市场禁入事先告知书》。证监会查明康美药业2016—2018年年度报告存在虚假记载：包括虚增营业收入和利润（其中《2016年年度报告》虚增营业收入89.99亿元，虚增营业利润6.56亿元）；虚增货币资金（2016年1月1日至2018年6月30日，康美药业通过财务不记账、虚假记账，伪造、变造大额定期存单或银行对账单，配合营业收入造假伪造销售回款等方式，虚增货币资金）；虚增固定资产、在建工程、投资性房地产；信息披露存在重大遗漏，未按规定披露控股股东及其关联方非经营性占用资金的关联交易情况等。

2020年5月15日，证监会向康美药业及本案相关被告送达《行政处罚决定书》。康美药业被责令改正，给予警告，并处以60万元的罚款；实控人、高管等直接责任人员被给予警告、罚款、证券市场禁入等。

2020年12月31日，广州中院受理原告顾某骏、刘某君等11名投资者提起的本案诉讼，并经审查决定适用普通代表人诉讼程序审理。

2021年2月10日，广州中院作出（2020）粤01民初2171号民事裁定，裁定本案权利人范围为自2017年4月20日（含）起至2018年10月15日（含）期间以公开竞价方式买入、并于2018年10月15日闭市后仍持有康美药业股票（证券代码：600518），且与本案具有相同种类诉讼请求的投资者。

2021年2月18日，证监会作出《行政处罚决定书》，认定正中珠江出具的康美药业的2016—2018年年度审计报告存在虚假记载，不符合相关会计准则的规定，对正中珠江责令改正，没收业务收入1425万元，并处以4275万元罚款；对签字注册会计师给予警告，并处罚款。

2021年3月26日，广州中院发布《普通代表人诉讼权利登记公告》，明确与本案具有相同诉讼请求的投资者，可以于2021年4月25日之前登记加入本案诉讼。

2021年4月8日，投服中心接受了黄某香等56名权利人的特别授权，向广州中院申请作为代表人参加诉讼，经最高人民法院指定管辖，广州中院适用特别代表人诉讼程序审理本案。

2021年4月16日，广州中院发布《特别代表人诉讼权利登记公告》明确本案权利人范围为自2017年4月20日（含）起至2018年10月15日（含）期间以公开竞价方式买入、并于2018年10月15日闭市后仍持有康美药业股票（证券代码：600518），且与本案具有相同种类诉讼请求的投资者。符合前述权利人范围的投资者如未在公告期间届满（即2021年5月16日）后15日内向法院书面声明退出本特别代表人诉讼的，即视为同意参加本特别代表人诉讼。

2021年6月12日，发布原告资格查询公告。广州中院委托专业损失核定机构测算本案全体适格原告损失数额。依据损失核定机构测算结果，投服中心代表的债权人范围为有损失的全体适格原告，申报金额为全体适格投资者损失数额（包含投资差额损失、佣金、印花税、资金利息，未扣除证券侵权行为以外其他风险因素导致的损失）。

2021年7月16日，受广州中院委托，投保基金出具《证券投资者损失测算报告》，经测算，共计55326名投资者发生约48.66亿元损失，其中扣除系统风险后损失金额为正数的投资者人数为52037名，该52037名投资者扣除系统风险后损失金额总数为24.59亿元。

2021年7月27日，康美药业特别代表人诉讼案件开庭审理。

2021年11月2日，广州中院作出（2020）粤01民初2171号判决书，判决：康美药业赔偿投资者损失24.59亿元；实控人及参与财务造假的董监高承担100%连带责任；未直接参与造假却未勤勉尽责的董监高根据过失大小分别承担20%、10%和5%的连带责任；未签署确认报告的董监高不承担责任；正中珠江及签字的注册会计师合伙人承担100%连带责任；其他涉案会计师作为员工不承担责任。

2021年12月21日，投服中心首单特别代表人诉讼开始执行，52037名投资者将以现金、债转股、信托收益权等方式获偿约24.59亿元。债权金额50万元以下的投资者共51730人，占比约99.41%。

经公安部交办，广东省揭阳市公安局侦查终结后以马某田等12人涉嫌违规披露、不披露重要信息罪、操纵证券市场罪向揭阳市人民检察院移送起诉。

2021年11月17日，佛山市中级人民法院经审理作出一审判决，认定康美药业、马某田犯单位行贿罪，马某田、温某生等12人犯违规披露、不披露重要信息罪，马某田、温某生犯操纵证券市场罪，对康美药业判处罚金人民币500万元，数罪并罚，对马某田决定执行有期徒刑12年，并处罚金人民币120万元；对温某生决定执行有期徒刑6年，并处罚金人民币45万元；对其他被告人分别判处6个月至1年6个月不等的有期徒刑，并处人民币2万元至10万元不等的罚金。一审宣判后，马某田、温某生提出上诉。

2022年1月10日，广东省高级人民法院对康美药业原董事长马某田操纵证券市场案依法作出终审裁定，驳回上诉，维持原判。二审法院认为，一审判决认定事实清楚，证据确实、充分，定罪准确，量刑适当，审判程序合法，遂作出上述裁定。

四、案件争议焦点

(一) 行政前置程序

相关方对行政前置程序存在争议，但最高人民法院 2003 年发布的《关于审理证券市场因虚假陈述引发的民事赔偿案件的若干规定》[法释〔2003〕2 号，以下简称《若干规定》(2003 年)]在康美案发生时仍有效，行政处罚前置程序仍是法院审理该类案件的前提。

(二) 原告投资损失与案涉虚假陈述行为之间有无因果关系

康美药业案一审判决明确提出，证券纠纷案件中的因果关系包括：(1)交易因果关系，即原告的交易行为与案涉虚假陈述行为之间是否存在因果关系；(2)损失因果关系，即原告的投资损失与案涉虚假陈述行为之间是否存在因果关系。在审理康美药业案过程中，由于原被告双方对虚假陈述实施日、揭露日的确定并无争议，所以交易因果关系根据《虚假陈述案件规定》可以得到较好确认。但损失因果关系涉及投资者损失金额认定、系统性风险或非系统性风险造成投资损失的扣除问题。原被告双方对投资损失测算机构的选定存有争议，法院最终委托投保基金开展测算并出具《证券投资者损失测算报告》，系统性风险造成投资损失部分在该报告中得到考量。该报告采用移动加权平均法计算投资者买入均价，并据此计算投资者损失。原被告双方均对该报告的测算方法提出不同意见，但并未被法院采纳。非系统性风险造成投资损失的扣除并未得到法院支持。

(三) 各被告赔偿责任的认定

对于没有直接参与公司财务造假的 13 名董事、监事和高级管理人员承担连带责任问题存在争议。

(四) 非系统性风险因素在证券纠纷案件里的考量

非系统风险，又称微观风险，是特定股票、债券发生的风险，来源于企业内部的微观因素，与其他投资品种及宏观市场无关。在康美药业案中，一审法院经审查不支持非系统风险抗辩。

若康美药业拿出非系统性风险导致股价下跌、投资者损失的证据材料，就此仍有讨论空间。目前针对非系统风险造成损失的扣除尚无统一计算标准，常见做法是法院针对案件具体情况酌情予以扣除，自由裁量空间较大，非系统风险影响比例的精确测算急需完善。

五、裁判主要理由

(一) 关于连带责任问题

康美药业案中，法院认定康美药业在半年报、年报中存在虚假陈述、重大遗漏，据此判决康美药业对投资者损失共计 24.59 亿元承担赔偿责任；康美药业的实际控制人马某田、许某瑾以及其他四位直接策划、实施虚假陈述行为的人员与康美药业承担连带赔偿责任。上述人员直接导致了康美药业披露的定期报告存在虚假陈述，也是应当对康美药业信息披露违法行为直接负责的人员。

康美药业财务造假持续时间长，涉及会计科目众多，金额十分巨大，不具体分管财务工作的人员虽未直接参与财务造假，不属于直接负责的主管人员，但其作为董事、监事或高级管理人员如尽勤勉义务，不可能未发现端倪。因此，法院判决，其他在案涉定期财务报告中签字，保证财务报告真实、准确、完整的人员，应当承担与其过错程度相当的赔偿责任，最终法院按照过错程度酌情判令相关人员分别在投资者损失的 5%、10%、20% 范围内承担连带赔偿责任。法院的理由表明，康美药业的 13 名董监高没有直接参与实施财务造假行为但仍被判决承担赔偿责任，其根本原因是违反了勤勉义务。《公司法》第一百四十七条第一款规定，"董事、监事、高级管理人员应当遵守法律、行政法规和公司章程，对公司负有忠实义务和勤勉义务"。

此外，法院认定 2019 年 1 月 28 日始担任高级管理人员的两名被告，未以董事、监事、高管的身份签名确认《2016 年年度报告》《2017 年年度报告》《2018 年半年度报告》内容的真实、准确、完整，不属于案涉虚假陈述行为人，证监会乃依据《2018 年年度报告》（披露日为 2019 年 4 月 30 日）对其二人作出行政处罚，与投资者主张的损失之间不存在因果关系，不应当承担赔偿责任。

作为康美药业 2016 年至 2018 年年度财务报表的审计机构，正中珠江未实施基本的审计程序行为，严重违反《注册会计师审计准则》和《注册会计师职业道德守则》等规定，导致康美药业严重财务造假未被审计发现，影响极其恶劣，法院判决正中珠江承担连带赔偿责任。杨某蔚作为正中珠江合伙人和 2016 年、2017 年康美药业审计项目的签字注册会计师，在执业活动中因重大过失造成正中珠江需承担赔偿责任，因此杨某蔚被判令在正中珠江承责范围内承担连带赔偿责任。

（二）关于非系统风险抗辩问题

在康美药业案中，一审法院经审查不支持非系统风险抗辩，理由有二：扣除非系统风险导致的损失缺乏法律依据，而且被告未完成举证责任。《虚假陈述若干规定》第十九条规定了推定虚假陈述与损害结果之间不存在因果关系的几种情形，其中明确包括系统性风险因素，但并未提及非系统性风险因素。近年来越来越多的法院在实际审判工作中支持非系统风险造成证券投资损失的扣除。

（三）关于刑事责任

2021 年 11 月 17 日，广东省佛山市中级人民法院对马某田以操纵证券市场罪、违规披露、不披露重要信息罪、单位行贿罪判处有期徒刑 12 年，并处罚金 120 万元；康美药业原副董事长许某瑾等其他 11 名被告人分别被判处有期徒刑六个月至六年,并处罚金。法院审理查明:2015 年至 2018 年,马某田伙同他人,违规筹集大量资金,利用实际控制的股票交易账户自买自卖、连续交易,操纵康美药业股票价格和交易量,致使共计 20 次连续 10 个交易日累计成交量达到同期该证券总成交量 30% 以上,共计 7 次连续 10 个交易日累计成交量达到同期该证券总成交量 50% 以上。马某田还组织、策划、指挥公司相关人员进行财务造假,向公司股东和公众披露虚假经营信息;故意隐瞒控股股东,及关联方非经营性占用资金 116 亿余元不予披露。此外,2005 年至 2012 年,马某田为康美药业谋取不正当利益,向多名国家工作人员行贿共计港币 790 万元、人民币 60 万元,康美药业及马某田均构成了单位行贿罪。

六、案件启示和意义

(一)运用新制度充分保护投资者的合法权益

2020 年新修订的《证券法》进一步完善了投资者保护措施,其中规定了"特别代表人诉讼"的新制度。本案系我国首起特别代表人诉讼案件,中证中小投资者服务中心依法接受 50 名以上投资者委托,对康某药业启动特别代表人诉讼,经人民法院登记确认后,对所有投资者按照"默示加入、明示退出"原则,大幅降低了投资者的维权成本和诉讼负担。康美药业案特别代表人集体诉讼案是由普通代表人诉讼转换而成,这种转换过程反映了程序法执行过程中对投资者实体权利的确立与界定。5 万余名投资人的损失得到相应赔偿,以"默示加入"的方式实实在在拿到了赔偿款,在短时间内案结事了,既维护了投资者的合法权益,也大幅提高了违法犯罪成本,取得了较好的社会效果。

当然,特别代表人诉讼在理论上也有许多有争议问题,如有关公益诉讼的性质和效率与机构代表资格问题,投资者"默示加入、明示退出"的诉讼参加方式问题,有关特别代表人诉讼的代位清偿权问题都值得深入探讨。

(二)严格把握信息披露真实、准确、完整的基本原则

信息披露制度是资本市场规范运行的基础。《证券法》要求,信息披露义务人披露的信息应当真实、准确、完整,不得有虚假记载、误导性陈述或重大遗漏。近年来,由于资本市场财务造假行为屡禁不绝,部分上市公司经营业绩不佳,但为了获取政策支持、提高融资额度等利益,编造虚假财务信息向市场披露或隐瞒应当披露的财务信息不按规定披露,周期长、涉案金额大,严重侵害投资者合法权益,削弱资本市场资源配置功能,从严惩处已成为趋势,对信息披露义务人违反披露规定构成犯罪的行为,一般区分行为发生在股票发行、持续信息披露等不同时期,分别以欺诈发行证券罪,违规披露、不披露重要信息罪依法追究刑事责任,构成两种犯罪的依法数罪并罚。

（三）切实发挥警示预防作用，压紧压实"关键少数"主体责任和"看门人"把关责任，提高上市公司质量

上市公司控股股东、实际控制人、董事、监事、高级管理人员是公司治理的"关键少数"；证券公司、会计师事务所、律师事务所等中介机构是信息披露、投资人保护制度等得以有效实施的"看门人"。根据《证券法》第六十九条、第一百七十三条的规定，公司高管、专业服务机构在为公司提供服务过程中，应勤勉尽责，若存在过错会被要求承担巨额法律责任。与此同时，"关键少数"利用对公司的控制权实施违法犯罪行为、"看门人"不依法依规履职都将严重影响资本市场的健康运行。办理涉上市公司证券犯罪案件，会重点审查"关键少数"是否存在财务造假、违规披露，侵占、挪用上市公司资产，操纵上市公司股价等违法犯罪行为；同时，查明中介机构存在提供虚假证明文件、出具证明文件重大失实以及非国家工作人员受贿等犯罪的，会依法追究"看门人"的刑事责任。

（四）虚假陈述行为的责任类型究竟是严格责任还是过错责任

在此案的司法实践中，依据过错责任作出了严格责任的裁定，形成了该案审理的一种特有的混合责任模式。《若干规定》（2022年）第20条显示了司法在严格责任与过错责任之间的徘徊，该条明确追"首恶"原则，该条第一款规定，在原告起诉请求直接判令相关控股股东、实际控制人依照本规定赔偿损失的，法院应当予以支持，免却嗣后追偿诉讼的诉累。另外，值得注意的是，对共同侵权责任的分配问题，则可考虑共同侵权连带责任份额的承担以份额承担为原则，以平均承担为例外。

七、课后思考

集体诉讼目前存在的弊端有哪些？你认为应当如何改进？《若干规定》（2022年）取消了虚假陈述等证券欺诈行为的民事纠纷审理行政前置规定，有何重要意义？分析先刑后民与先民后刑在证券犯罪司法裁判中的利弊。

第五节　构成内幕交易罪是否以实际获利为前提
——黄某裕内幕交易案①

一、本节知识点/知识体系概述

内幕交易是指从事交易的一方知道某种影响证券价格的重要信息，在社会公众和交易

---

① 案例来源：《最高人民法院公报》2012年第10期。

对方不知情的情况下买卖证券，从中牟利。此处所指的"重要信息"即内幕信息，是指尚未公开的，一旦公开便会对证券价格产生显著影响的信息。

(一)内部知情人

《中华人民共和国证券法》(下文简称《证券法》)第五十一条采用列举的方式规定，对证券交易内幕信息的知情人进行了全面覆盖。其中，值得注意的是，前三项均是对公司内部人和具有关联关系人员的界定，后面几项是对公司外部人的界定。其中，第四项是对第一项中"高级管理人员"的延伸补充，凡是无法归入第一项中的内部人，均可归入第四项规定的主体。并且，第五项规定的上市公司收购人或者重大资产交易方及内部人员，往往都通过尽职调查而充分了解目标公司的相关信息，也应属于知情人。第六项规定的证券服务机构以及政府管理部门人员，通常在其工作中也会接收第一手信息，此时予以归入知情人并无不当。上述规定并未说明"非法获取内幕信息的人"，因为其不可列举性，难以穷尽。

(二)内幕信息

我国《证券法》第五十二条规定，证券交易活动中，涉及发行人的经营、财务或者对该发行人证券的市场价格有重大影响的尚未公开的信息，为内幕信息。根据学界与实务界通说，内幕信息通常包括两大特征：重大性与未公开性。

(三)关于重大性

《证券法》第八十条同样采用列举的方式规定重大事件范围。"重大影响"通常指的是对投资者的投资决策有着关键的影响，导致一旦公开可能会引导投资者作出完全相反的决策，从而使得证券价格产生剧烈变动，实践中，由于影响证券价格因素较为复杂综合，存在证券价格并未与内幕消息理论价值相匹配的可能性，因此在认定重大性时，通常从历史经验出发，即在证券市场历史中，同种同类的相应信息产生重大影响的可能性颇高，即认定为重大性。

(四)关于非公开性

2007年中国证券监督管理委员会发布的《证券市场内幕交易行为认定指引(试行)》(以下简称《内幕交易指引》)第十条规定："从内幕信息开始形成之日起，至内幕信息公开或者该信息对证券的交易价格不再有显著影响时止，为内幕信息的价格敏感期。"内幕信息的"未公开性"体现在信息在价格敏感期内不能对外公开，若消息已通过相应渠道被市场所知，则根据有效市场假说，市场会对证券价格作出及时有效的调整反应，此时亦不属于内幕消息。

(五)内幕交易之民事责任

内幕交易民事责任审核要点有三。第一，内幕交易是否存在。内幕交易通常具有较强的隐蔽性，此时举证民事交易行为的存在就成为重中之重。第二，内幕交易民事赔偿的原告是否适格，即被告实施内幕交易时间段内，就相同证券做反向交易的投资者。第三，赔偿数额的确定。不作为证券虚假陈述民事赔偿依据的投资者损失原则，内幕交易并未欺诈市场所有投资者，此时应当遵守吐出原则，请求被告返还相应的不当得利，同时应予以加以数倍罚款。另外，就查处主体而言，相比于虚假陈述，内幕交易并不具有较强的市场查处动力，并且隐蔽性强，此时主要依靠证监会和其他机关如公安部等强力机关。

(六) 内幕交易之刑事责任

根据《刑法》第一百八十条之规定，证券、期货交易内幕信息的知情人员或者非法获取证券、期货交易内幕信息的人员，在涉及证券的发行，证券、期货交易或者其他对证券、期货交易价格有重大影响的信息尚未公开前，买入或者卖出该证券，或者从事与该内幕信息有关的期货交易，或者泄露该信息，或者明示、暗示他人从事上述交易活动，情节严重的，处5年以下有期徒刑或者拘役，并处或者单处违法所得1倍以上5倍以下罚金；情节特别严重的，处5年以上10年以下有期徒刑，并处违法所得1倍以上5倍以下罚金。

单位犯上述罪的，对单位判处罚金，并对其直接负责的主管人员和其他直接责任人员，处5年以下有期徒刑或者拘役。

内幕信息、知情人员的范围，依照法律、行政法规的规定确定。

(七) 针对公司内部人和大股东的特殊规定

针对公司内部人和大股东，我国法律对其制定了特殊性规定，分别就转让数量与转让频率进行了限制。

1. 限制转让的数量。《中华人民共和国公司法》第一百四十一条规定，发起人持有的本公司股份，自公司成立之日起一年内不得转让。公司公开发行股份前已发行的股份，自公司股票在证券交易所上市交易之日起一年内不得转让。公司董事、监事、高级管理人员应当向公司申报所持有的本公司的股份及其变动情况，在任职期间每年转让的股份不得超过其所持有本公司股份总数的25%；所持本公司股份自公司股票上市交易之日起一年内不得转让。上述人员离职后半年内，不得转让其所持有的本公司股份。公司章程可以对公司董事、监事、高级管理人员转让其所持有的本公司股份作出其他限制性规定。

2. 限制转让的频率。《证券法》第四十四条规定，上市公司、股票在国务院批准的其他全国性证券交易场所交易的公司持有5%以上股份的股东、董事、监事、高级管理人员，将其持有的该公司的股票或者其他具有股权性质的证券在买入后6个月内卖出，或者在卖出后6个月内又买入，由此所得收益归该公司所有，公司董事会应当收回其所得收益。但是，证券公司因购入包销售后剩余股票而持有5%以上股份，以及有国务院证券监督管理机构规定的其他情形的除外。上述所称董事、监事、高级管理人员、自然人股东持有的股票或者其他具有股权性质的证券，包括其配偶、父母、子女持有的及利用他人账户持有的股票或者其他具有股权性质的证券。

二、案件基本事实

黄某裕作为北京中关村科技发展(控股)股份有限公司(以下简称中关村上市公司)的实际控制人,在拟将中关村上市公司与黄某裕经营管理的北京鹏泰投资有限公司进行资产置换事项中,决定并指令他人于2007年4月27日至6月27日,使用其实际控制交易的龙某、王某等6人的股票账户,累计购入中关村股票976万余股,成交额共计人民币9310万余元,至6月28日公告日时,6个股票账户的账面收益额为人民币348万余元。

黄某裕于2007年7、8月至2008年5月7日,在拟以中关村上市公司收购北京鹏润地产控股有限公司全部股权进行重组事项中,决定并指令他人于2007年8月13日至9月28日,使用其实际控制交易的曹某娟、林某锋等79人的股票账户,累计购入中关村股票1.04亿余股,成交额共计人民币13.22亿余元,至2008年5月7日公告日时,79个股票账户的账面收益额为人民币3.06亿余元。

黄某裕之妻杜某于2007年7月至2008年5月7日,接受黄某裕的指令,协助管理上述79个股票账户的开户、交易、资金等事项,并直接或间接向他人代传交易指令等,79个股票账户累计购入中关村股票1.04亿余股。

黄某裕于2008年11月17日被羁押,2010年,黄某裕以及其他被告人及被告单位被追究刑事责任。

三、裁判过程和结果

2008年11月19日黄某裕以操纵股价罪被调查。

2010年5月18日,北京市第二中级法院以黄某裕犯非法经营罪判处其有期徒刑8年,并处没收个人部分财产人民币2亿元;以犯内幕交易罪判处其有期徒刑9年,并处罚金人民币6亿元;以犯单位行贿罪判处其有期徒刑2年。数罪并罚,决定执行有期徒刑14年,并处罚金人民币6亿元,没收个人财产人民币2亿元。

对于同案被诉的其他被告人及被告单位,法院以内幕交易罪判处黄某裕妻子杜某有期徒刑三年六个月,并处罚金人民币2亿元。以内幕交易、泄露内幕信息罪,判处北京中关村科技发展(控股)股份有限公司原董事长许某民有期徒刑3年,并处罚金人民币1亿元;以单位行贿罪判处许某民有期徒刑1年,决定执行有期徒刑3年,并处罚金人民币1亿元。国美电器有限公司(以下简称国美公司)、北京鹏润房地产开发有限责任公司(以下简称鹏润公司)也因单位行贿罪分别被判处罚金人民币500万元与120万元。

宣判后,黄某裕认为自己不构成内幕交易罪和非法经营罪以及罚金过重,向北京市高级人民法院提出上诉。一同提出上诉的还有杜某和许某民。杜某上诉认为一审量刑过重,其参与内幕交易的程度不严重,且系从犯,请求法庭对其判处缓刑;许某民则认为其所获刑期和罚金均过重。

北京市高级人民法院经审理，于2010年8月30日对本案作出二审裁定：黄某裕三罪并罚被判14年以及罚没8亿元人民币的判决维持不变；黄某裕妻子杜某被改判缓刑，即被判处有期徒刑3年缓期3年执行；许某民被判处有期徒刑3年，并处罚金人民币1亿元的判决维持不变。

2012年11月22日，黄某裕内幕交易案引发的民事赔偿案在北京市第二中级人民法院第三次开庭未宣判，举证责任分配存争议。

2012年12月20日法院判决，原告方败诉，黄某裕无须赔偿。

2020年6月24日，北京一中院对黄某裕依法裁定假释。

四、案件争议焦点

黄某裕的辩护人提出：

1. 黄某裕是鹏投公司的法定代表人，可以代表该公司作出购买中关村股票的意思表示，且购买中关村股票的部分资金来源于该公司，部分涉案股票资金账户中的资金亦流回到该公司，因此买卖中关村股票是鹏投公司的行为，而非黄某裕的个人行为。

2. 公安部及证监会不是法定鉴定机构，两单位出具的材料的不能作为认定本案价格敏感期起算时间的依据。

3. 中关村上市公司收购鹏润公司全部股权进行重组的内幕信息形成于2007年9月28日，价格敏感期起算点应不早于该日。

4. 所提内幕交易的目的在于获利或止损，现有证据证明黄某裕买入中关村股票后并未抛售，其买入股票的目的在于长期持有，而非套现获利，因此不能认定黄某裕利用内幕信息进行内幕交易。

五、裁判主要理由

对于黄某裕的辩护人所提黄某裕是鹏投公司的法定代表人，可以代表该公司作出购买中关村股票的意思表示，且购买中关村股票的部分资金来源于该公司，部分涉案股票资金账户中的资金亦流回到该公司，因此买卖中关村股票是鹏投公司的行为，而非黄某裕个人行为的辩护意见，经查，在购买中关村股票时，黄某裕并未与鹏投公司其他决策层管理人员讨论研究，有关人员仅是按其指令开立账户，调拨资金，并不知道其实际意图，虽然黄某裕是鹏投公司的法定代表人，但其个人实施的行为并不能完全代表公司意志。现有证据证明，除购买中关村股票的部分资金来源于鹏投公司，并有一部分资金回流到鹏投公司外，并无其他证据证明黄某裕购买中关村股票是为使单位获利，且黄某裕从未有此供述。故仅以部分资金来源和走向证明黄某裕购买中关村股票的行为是为鹏投公司获取利益的证据不足，黄某裕的辩护人所提该项辩护意见不能成立，法院不予采纳。

对于黄某裕的辩护人所提公安部及证监会不是法定鉴定机构，两单位出具的材料不能作为认定本案价格敏感期起算时间的依据的辩护意见，经查，证监会作为对全国证券市场进行统一监管的国家机构，对上市公司涉及内幕信息有关问题进行认定属于其法定职能范围，证监会在职权范围内对中关村上市公司内幕信息价格敏感期起算时间出具的认定意见，可以作为证据采用。故黄某裕的辩护人所提该项辩护意见不能成立，法院不予采纳。

对于黄某裕的辩护人所提中关村上市公司收购鹏润公司全部股权进行重组的内幕信息形成于 2007 年 9 月 28 日，价格敏感期起算点应不早于该日的辩护意见，经查，在案的书证《北京鹏润投资有限公司报告》和证人陈某的证言能够证明，鹏投公司为运作鹏润公司借壳中关村上市公司在境内上市于 2007 年 8 月 10 日召开会议，确定成立地产重组工作小组。2007 年 8 月 13 日陈某拟定的成立地产重组工作小组的报告经修改，增加了设立中关村组的内容。上述证据说明在不晚于 2007 年 8 月 13 日，鹏投公司已将鹏润控股公司借壳中关村上市公司在境内上市作为重点考虑的方案。深交所出具的有关书证还证明，黄某裕实际控制的 79 人的股票账户于 2007 年 8 月 13 日出现了集中买入大量中关村股票的情况。通过对上述证据的分析并结合公安部、证监会关于对中关村上市公司内幕信息价格交易敏感期的认定意见，将 2007 年 8 月 13 日作为该公司内幕信息价格交易敏感期起算时间的理由充分。故黄某裕的辩护人所提该项辩护意见不能成立，法院不予采纳。

对于黄某裕的辩护人所提内幕交易的目的在于获利或止损，现有证据证明黄某裕买入中关村股票后并未抛售，其买入股票的目的在于长期持有，而非套现获利，因此不能认定黄某裕利用内幕信息进行内幕交易的辩护意见，经查，内幕交易罪侵犯的客体是国家对证券市场交易的管理制度和投资者公平交易、公开交易的合法权益。无论黄某裕在买卖中关村股票时所持何种目的，只要作为内幕信息的知情者，在内幕信息价格交易敏感期内买卖该特定证券，无论是否获利，均不影响对内幕交易犯罪性质的认定。故黄某裕的辩护人所提该项辩护意见不能成立，法院不予采纳。

六、案件启示和意义

(1)构成内幕交易罪，不以实际获利为前提。只要作为内幕信息的知情者，在内幕信息价格交易敏感期内买卖该特定证券，无论是否获利，均不影响对内幕交易犯罪性质的认定。

(2)除了企业高管可能构成内幕交易罪外，政府官员、中介人员，乃至有关内幕信息知情人员的近亲属等都可能构成本罪。例如，证监会原副主席姚某因利用其在履职中获悉的内幕信息，进行相关股票内幕交易，获取非法利益，被邯郸市中级人民法院认定构成内幕交易罪，并因此判处有期徒刑 6 年，并处罚金人民币 400 万元(与受贿罪并罚后，决定执行有期徒刑 18 年，并处罚金人民币 1100 万元)。因此，有可能接触到证券内幕信息的人员都应当慎重行事，避免构成本罪。

七、课后思考

如何理解企业刑事合规体系？其对于防范内幕交易等风险的重要意义有哪些？本案中

所涉非法经营罪的构成要件是什么？

附：第二章所涉法律规定

《中华人民共和国民法典》

《中华人民共和国证券法》

《中华人民共和国刑法》

《中华人民共和国刑事诉讼法》

《中华人民共和国行政诉讼法》

《中华人民共和国民事诉讼法》

《关于审理证券市场因虚假陈述引发的民事赔偿案件的若干规定》（法释〔2003〕2 号）

《最高人民法院关于证券纠纷代表人诉讼若干问题的规定》（法释〔2020〕5 号）

《最高人民法院关于证券市场虚假陈述侵权民事赔偿案件诉讼时效衔接适用相关问题的通知》

《最高人民法院、最高人民检察院关于办理内幕交易、泄露内幕信息刑事案件具体应用法律若干问题的解释》

第三章 票　据　法

第一节　票据在电子商业汇票系统中载明的状态与客观事实不符，应当以客观事实作为判断依据

——芬雷选煤工程技术(北京)有限公司与陕西省煤炭运销
(集团)有限责任公司黄陵分公司等票据纠纷案①

一、本节知识点/知识体系概述

本案系最高人民法院评选的 2020 年度人民法院十大商事案件之一。票据是商事活动中常见的支付手段和工具，在长期的商事活动中也形成了较成熟和完善的票据交易规则。在传统商事交易中，支付基本都是通过纸质票据进行，但随着科技和网络的发展，越来越多的商事交易活动在网络上进行，对网络支付的需求也越来越高，电子商业票据应运而生。电子商业票据需要遵循传统票据的基本规则，但也有着不同于纸质票据的特点，需要商事主体和司法裁判者去适应和规范。

在本案中，电子商业汇票系统中所记载的票据信息与实际情况并不一致，在此情况下，法院根据查明的案件事实，对持票人的追索权依法作出了判决。

二、案件基本事实

2018 年 7 月 2 日，重庆力帆汽车销售有限公司(以下简称力帆汽车销售公司)作为出票人，向重庆力帆丰顺汽车销售有限公司(以下简称力帆丰顺公司)开具了一张票号为 19076530000392018070221734×××的可转让电子银行承兑汇票，票面金额 300 万元，承兑人系重庆力帆财务有限公司(以下简称力帆财务公司)，到期日为 2019 年 1 月 2 日。在该票据承兑信息栏处记载如下信息："出票人承诺：'本汇票请予以承兑，到期无条件付款'；承兑人承兑：'本汇票已经承兑，到期无条件付款'；承兑日期：2018 年 7 月 2 日。"

随后，力帆丰顺公司于出票当日将该汇票背书转让给宜兴市杰多环保设备经营部(以下简称宜兴杰多经营部)，宜兴杰多经营部持票后又于当日将该汇票背书转让给浙江满贯商贸有限公司(后变更名称为丽水满贯商贸有限公司，以下简称丽水满贯公司)。丽水满贯

---

① 案例来源：重庆市高级人民法院(2020)渝民修 398 号民事判决书。

公司亦于当日将该汇票背书转让给徐州恒辰物资贸易有限公司(以下简称徐州恒辰公司)。徐州恒辰公司于 2018 年 7 月 3 日将该汇票背书转让给陕西省煤炭运销(集团)有限责任公司黄陵分公司(以下简称陕西煤运黄陵分公司)。陕西煤运黄陵分公司于 2018 年 9 月 12 日将该汇票背书转让给徐州恒辰公司。徐州恒辰公司于当日将该汇票背书转让给江苏悦和物资贸易有限公司(以下简称江苏悦和公司)。江苏悦和公司将该汇票于 2018 年 9 月 12 日背书转让给芬雷选煤工程技术(北京)有限公司(以下简称芬雷选煤公司)黄陵分公司。芬雷选煤公司黄陵分公司于 2019 年 9 月 26 日将该汇票背书转让给芬雷选煤公司。

2018 年 12 月 28 日,芬雷选煤公司提示付款后,该汇票"付款或拒付"一栏中载明"同意签收","付款或拒付日期"一栏载明"2019 年 1 月 2 日"。同时,汇票票据状态显示"已结清"。因案涉汇票未得到实际付款,芬雷选煤公司于 2019 年 5 月 5 日向力帆财务公司、力帆汽车销售公司、江苏悦和公司等邮寄《关于要求兑付电子银行承兑汇票的法律事务函》,称从 2019 年 1 月起多次要求兑付案涉到期汇票,但均遭到拒绝,至今尚未实际兑付,要求各票据债务人承担票据付款义务及相应法律责任。

一审中,力帆财务公司确认其至今尚未实际履行案涉电子银行承兑汇票的付款义务。

三、裁判过程和结果

芬雷选煤公司向重庆市第一中级人民法院提出诉讼请求:(一)判令力帆财务公司支付票据款 300 万元,并按照人民银行同期利率的两倍支付从 2019 年 5 月 21 日起至实际履行之日止的利息;(二)判令陕西煤运黄陵分公司、力帆汽车销售公司、力帆丰顺公司、丽水满贯公司、徐州恒辰公司、江苏悦和公司对力帆财务公司的涉案债务承担连带清偿责任;(三)本案诉讼费用由陕西煤运黄陵分公司、力帆财务公司、力帆汽车销售公司、力帆丰顺公司、丽水满贯公司、徐州恒辰公司、江苏悦和公司共同负担。

重庆市第一中级人民法院判决支持了芬雷选煤公司的主要诉讼请求,陕西煤运黄陵分公司不服重庆市第一中级人民法院(2019)渝 01 民初 541 号民事判决,向重庆市高级人民法院提起上诉。重庆市高级人民法院维持一审判决。

四、案件争议焦点

根据双方的诉辩意见,本案的争议焦点为:芬雷选煤公司是否享有追索权;芬雷选煤公司是否丧失对前手的追索权。

五、裁判主要理由

重庆市第一中级人民法院认为:芬雷选煤公司持有的涉案电子银行承兑汇票形式完备,必要记载事项齐全,背书连续,系合法有效票据。持票人芬雷选煤公司在汇票到期日前向承兑人力帆财务公司提示付款,力帆财务公司于汇票到期日对提示付款申请予以签收。虽然票据状态显示为"已结清",但结合力帆财务公司当庭陈述意见及芬雷选煤公司在汇票提示付款未果后向各票据债务人发送法律事务函要求付款的客观事实，案涉汇票在电子商业汇票系统中有关信息记载不实，力帆财务公司至今未实际履行汇票付款义务，其行为构成拒绝付款，芬雷选煤公司的付款请求权没有得到实现。根据《中华人民共和国票据法》第二十六条"出票人签发汇票后，即承担保证该汇票承兑和付款的责任。出票人在汇票得不到承兑或付款时，应当向持票人清偿本法第七十条、第七十一条规定的金额和费用"、第四十四条"付款人承兑汇票后，应当承担到期付款的责任"、第六十一条第一款"汇票到期被拒绝付款的，持票人可以对背书人、出票人以及汇票的其他债务人行使追索权"及第六十八条"汇票的出票人、背书人、承兑人和保证人对持票人承担连带责任"之规定，芬雷选煤公司要求承兑人力帆财务公司、出票人力帆汽车销售公司及背书人力帆丰顺公司、丽水满贯公司、徐州恒辰公司、陕西煤运黄陵分公司、江苏悦和公司承担责任，于法有据，一审法院予以支持。判决：（一）力帆财务公司、力帆汽车销售公司、力帆丰顺公司、丽水满贯公司、徐州恒辰公司、陕西煤运黄陵分公司、江苏悦和公司于判决生效之日起 10 日内向芬雷选煤公司支付电子银行承兑汇票款 300 万元，以及以本金 300 万元为基数，自 2019 年 5 月 21 日起，按中国人民银行同期贷款基准利率计算至实际清偿日止的利息；（二）驳回芬雷选煤公司的其他诉讼请求。

重庆市高级人民法院认为：第一，关于芬雷选煤公司是否享有追索权的问题。依据《中华人民共和国票据法》第五十四条、第六十条，持票人依照规定提示付款的，付款人必须在当日足额付款，付款人依法足额付款后，全体汇票债务人的责任解除。持票人芬雷选煤公司在汇票到期日前向承兑人力帆财务公司提示付款后，力帆财务公司虽在电子商业汇票系统中签收票据，票据状态为"已结清"，但实际并未依法足额付款。涉案票据在电子商业汇票系统中载明的状态与客观事实不符，应当以客观事实来判断力帆财务公司是否存在拒付行为。"拒绝付款"，不仅包括付款人明确表示拒绝付款的情形，还包括付款人客观上无力履行付款义务而无法付款的情形。力帆财务公司在汇票到期后长期未依法足额支付票据金额，系以实际行为表明拒绝支付票据款项。依据《中华人民共和国票据法》第六十二条之规定，持票人提示付款被拒绝的，付款人必须出具拒绝证明或退票理由书。承兑人力帆财务公司拒绝付款，未向持票人芬雷选煤公司出具拒绝证明或退票理由书，自身存在过错，而不应就此苛责持票人芬雷选煤公司。而且，本案已经查明承兑人力帆财务公司拒绝付款的事实，故无须再要求持票人芬雷选煤公司另行提供拒绝证明或退票理由书。依据《中华人民共和国票据法》第六十一条、第七十条之规定，汇票到期被拒绝付款的，持票人可以对背书人、出票人以及汇票的其他债务人行使追索权，可以请求被追索人支付汇票金额及相应利息。

第二，关于芬雷选煤公司是否丧失对前手的追索权的问题。根据《中华人民共和国票据法》第五十三条之规定："持票人应当按照下列期限提示付款：……（二）定日付款、出票后定期付款或者见票后定期付款的汇票，自到期日起十日内向承兑人提示付款……"《电子商业汇票业务管理办法》第五十八条规定："提示付款是指持票人通过电子商业汇票系统向承兑人请求付款的行为……"第五十九条规定："持票人在票据到期日前提示付款的，承兑人可付款或拒绝付款，或于到期日付款。承兑人拒绝付款或未予应答的，持票人可待票据到期后再次提示付款。"第六十六条规定："持票人在票据到期日前被拒付的，不得拒付追索。持票人在提示付款期内被拒付的，可向所有前手拒付追索。持票人超过提示付款期提示付款被拒付的，若持票人在提示付款期内曾发出过提示付款，则可向所有前手拒付追索；若未在提示付款期内发出过提示付款，则只可向出票人、承兑人拒付追索。"本案中，持票人芬雷选煤公司在汇票到期日前提示付款，这期间并未撤回付款请求，承兑人力帆财务公司也并未拒绝付款，并在汇票到期日签收，说明持票人芬雷选煤公司提示付款是一直持续到到期日的，故本案应当认定持票人在到期日进行了提示付款，显然无须再次提示付款。因此，本案中持票人芬雷选煤公司并不丧失对前手陕西煤运黄陵分公司等的追索权。

陕西煤运黄陵分公司的上诉请求不能成立，应予驳回。一审判决认定事实清楚，适用法律正确，应予维持。判决：驳回上诉，维持原判。

六、案件启示和意义

本案案件事实较为简单，即芬雷选煤公司在提示付款被拒绝后，通过发函、诉讼等方式行使票据追索权。

本案之所以被选为当年十大商事案件，首先是电子商业汇票系统所记载的票据状态与实际状况并不一致，这是由于实体与网络相分离所造成的，这种情况在传统纸质票据上较少发生。虽然《电子商业汇票业务管理办法》规定电子商业汇票信息以电子商业汇票系统的记录为准，但并非其记录均绝对不能推翻。法院在查明票据的实际承兑情况后，当然是以客观真实为依据进行法律判断。

其次在于《票据法》规定，"持票人提示承兑或者提示付款被拒绝的，承兑人或者付款人必须出具拒绝证明，或者出具退票理由书"。在本案中系统记录的承兑情况和实际情况不一致的情况下，持票人芬雷选煤公司当然无法取得拒绝证明或退票理由书。若严格按《票据法》的规定"持票人行使追索权时，应当提供被拒绝承兑或者被拒绝付款的有关证明"，则芬雷选煤公司无法行使追索权。法院并未拘泥于条款的字面含义。既然已经查明芬雷选煤公司的票据并未得到兑付，则无须再提供形式意义上的"拒绝证明"。

最后是提示付款期限。芬雷选煤公司在汇票到期日前提示付款，因承兑人并未拒绝付款，并在到期日签收，因此认定持票人的提示付款持续到到期日，从而认定持票人在到期日进行了提示付款，进而支持了持票人对背书人的追索权。此类提示付款行为持续状态的认定也是网络信息系统所独有的，提示付款的在线上可以持续存在，而线下的相关行为都是即时性的，很难想象持票人将到期日前的提示付款行为一直持续到到期日，只能是在到期日再次提示付款。

七、课后思考

在电子商业票据逐步据取代传统纸质票据而成为主流的现在，票据法中的哪些规定已和实际操作存在较大差异，需要进行修改？

第二节　票据存在瑕疵，在有其他证据证明该票据行为系出票人所为或构成表见代理的情况下，出票人应当承担票据责任

——青海新茂祥物资有限公司与江苏金坛建工集团有限公司等票据追索权纠纷一案①

一、本节知识点/知识体系概述

票据是具有独立性的有价证券，其独立性也体现在票据行为上。票据流转过程中的行为瑕疵，并不必然影响票据效力。在司法实践中，普遍倾向于充分尊重和体现商业票据的规则和特征，以维护商业交易秩序和安全。

在本案中，案涉的商业承兑汇票存在着这样或那样的一些形式瑕疵，两级法院通过庭审查明的事实，结合票据法、民法中表见代理的规定以及基于商业逻辑的合理推论，支持了票据权利人的请求。

二、案件基本事实

2013 年 12 月，中宅建设集团有限公司(以下简称中宅公司)作为借款人与青海新茂祥物资有限公司(以下简称新茂祥公司)作为出借人先后签订两份《借款合同书》和一份《三方借款协议》，约定新茂祥公司出借给中宅公司银行承兑汇票金额合计 1000 万元，上述合同均约定还款期限为 2014 年 3 月 25 日前，并约定了逾期还款的违约责任。

2014 年 3 月 15 日，北京首开中拓房地产开发有限公司(以下简称首开公司)向江苏金坛建工集团有限公司(以下简称金坛公司)出具《承诺书》，承诺按期兑付开具给金坛公司的票号为 001000632024×××，票面金额 1500 万元的商业承兑汇票。

2014 年 3 月 31 日，青海居易实业集团有限公司(以下简称居易公司)向新茂祥公司王某质出具《承诺书》，载明：居易公司持有宁夏金麦房地产开发有限公司(以下简称金麦公司)背书转让的商业汇票一张，票号 2024×××，金额 1500 万元，现居易公司要求王某质贴现，若该汇票到期无法托收解付，由居易公司承担全部责任，并承诺于 2014 年 9 月 20 日支付新茂祥公司现金 1000 万元，同年 9 月 30 日前支付新茂祥公司 500 万元。

2014 年 4 月 10 日，居易公司和中宅公司作为甲方与新茂祥公司作为乙方签订《商业汇票转让合同》，约定甲方持有商业汇票一张，票号 001000632024×××，票面金额 1500 万元，并载明了付款人和收款人、出票日期 2014 年 3 月 15 日、汇票到期日 2014 年 9 月

---

① 案例来源：最高人民法院(2018)民终 1223 号民事判决书。

15 日等票面信息。汇票到期由乙方负责托收解付，解付费用由乙方承担。若出票单位首开公司金额不足解付，造成退票，甲方承担连带责任，根据承诺甲方必须于 2014 年 9 月 20 日支付乙方现金 1000 万元，同年 9 月 30 日前支付乙方 500 万元。如甲方违约不能按时付款，乙方将从 2014 年 9 月 16 日起按票面金额日千分之一加收滞纳利息。

2014 年 9 月 11 日，首开公司出具拒付说明，载明：工程未完工，拒付此款项。银行出具拒付理由书。

2014 年 9 月 15 日和 16 日，新茂祥公司向首开公司、中宅公司、居易公司、金坛公司、金麦公司邮寄发出书面追索通知，主张追索权。

另查明，首开公司负责开发山西省忻州市"忻州大剧院"工程项目，金坛公司是该工程承包人，金坛公司的股东刘某和作为项目负责人负责该工程的施工。金麦公司成立于 2011 年 12 月 29 日，刘某和为该公司控股股东。

按照金坛公司的申请，一审法院委托青海警官职业学院司法鉴定中心，就案涉商业承兑汇票上加盖的金坛公司财务专用章与《证明》中加盖的金坛公司财务专用章、案涉商业承兑汇票记载账户的开户银行预留印鉴卡中金坛公司财务专用章进行比对鉴定。该鉴定中心出具鉴定意见：案涉商业承兑汇票上加盖的金坛公司财务专用章与《证明》中加盖的金坛公司财务专用章印章印文为同一枚印章盖印形成；案涉商业承兑汇票上加盖的金坛公司财务专用章与案涉商业承兑汇票记载账户的开户银行预留印鉴卡中金坛公司财务专用章印章印文不是同一枚印章盖印形成。对于上述鉴定意见，参加庭审的新茂祥公司、金坛公司、中宅公司和居易公司均无异议。

三、裁判过程和结果

新茂祥公司向青海省高级人民法院起诉请求：(1)判令首开公司、金坛公司、金麦公司、居易公司、中宅公司共同支付新茂祥公司商业承兑汇票金额 1500 万元；(2)判令首开公司、金坛公司、金麦公司自汇票金额到期日至清偿日止，按中国人民银行规定的同期贷款利率计付利息；判令居易公司、中宅公司按中国人民银行规定的同期贷款利率的 4 倍计付利息；(3)案件受理费、保全费由上述被告承担。

青海省高级人民法院判决中宅公司和居易公司连带给付新茂祥公司 1500 万元，并承担相应利息；首开公司、金坛公司、金麦公司就上述 1500 万元及利息承担连带清偿责任。

金坛公司不服青海省高级人民法院(2016)青民初 99 号民事判决，向最高人民法院提起上诉。最高人民法院维持一审判决。

四、案件争议焦点

根据双方的诉辩意见，本案的争议焦点为：金坛公司应否承担票据责任。

五、裁判主要理由

青海省高级人民法院认为：关于票据背书流转的问题。首先，首开公司作为出票人，是基于其与金坛公司之间的工程承包关系，为支付工程款而签发的商业承兑汇票，双方之间存在真实的基础法律关系。首开公司签发票据时记载的收款人金坛公司的开户银行及账户是真实存在的。之后在未注明被背书人的情况下，该票据由金坛公司背书转让给金麦公司，金麦公司背书转让给中宅公司，中宅公司背书转让给新茂祥公司，新茂祥公司成为最终的持票人。在新茂祥公司办理托收时，由于将第一被背书人填写错误，在金坛公司出具证明修改后，新茂祥公司承兑时首开公司以工程未完工为由拒付。在票据背书流转过程中及新茂祥公司行使票据权利时，除金坛公司认为该公司的签章不真实外，其他当事人并未提出抗辩。从上述各当事人背书的形式上看，该票据的背书是连续的，并不存在背书不连续的问题，金坛公司对此的辩解理由不能成立。其次，新茂祥公司作为最终的持票人，其与前手中宅公司之间存在真实的借款关系，虽然二者之间的借款数额与案涉汇票记载的数额之间存在差异，但在居易公司和中宅公司作为甲方与新茂祥公司作为乙方签订《商业汇票转让合同》后，新茂祥公司承担并向中宅公司支付了双方均认可的相应对价，因该《商业汇票转让合同》并不违法，新茂祥公司据此取得案涉票据，并享有票据权利。金坛公司关于新茂祥公司取得票据不合法的辩解理由，亦不能成立。

关于金坛公司应否承担票据责任的问题。金坛公司以没有收到过该商业汇票，其与金麦公司不存在债权债务关系，汇票中的公司财务专用章和法人印章以及法定代表人印章被伪造为由进行抗辩，认为不应该承担票据责任。根据本案已查明的事实及诉讼参加人的陈述，一审法院认为，即便案涉商业承兑汇票上加盖的金坛公司财务专用章与案涉商业承兑汇票记载账户的开户银行预留印鉴卡中金坛公司财务专用章印章印文不是同一枚印章盖印形成，金坛公司仍应承担票据债务人的相关责任。理由如下：首先，从刘某和的身份来说，金坛公司与首开公司之间存在工程项目的承包关系，为此首开公司向金坛公司签发案涉商业承兑汇票，并出具承诺书承诺按期付款。刘某和作为该工程项目的负责人，在工程款的结算和支付方面有决定权，对于建设方支付给施工方金坛公司的工程款，虽然金坛公司认为工程款必须经过该公司财务，无论是通过向金坛公司以现金转账方式还是签发承兑汇票的方式，但并不能因此否定刘某和对其负责项目的工程款最终去向的主导作用。为此，才出现本案中首开公司签发商业承兑汇票后被背书转让给金麦公司的情形。其次，从案涉票据的承兑过程来说，新茂祥公司在办理托收时因将第一被背书人错误地填写为金坛公司，需要金坛公司出具记载人的签章证明，为此，交通银行青海省分行工作人员联系到金坛公司核实相关情况，金坛公司相关人员表示案涉票据事务由刘某和负责。交通银行青海省分行工作人员杨某出庭作证证明该事实。金坛公司于2014年8月20日向承兑银行招商银行北京华贸中心支行出具证明，证明该票据的真实有效。以上事实说明，金坛公司知晓案涉票据的相关情况，其所述因本案诉讼才知晓案涉票据的相关情况与事实不符。最后，从金坛公司的举证责任方面来说，根据《中华人民共和国票据法》第十四条规定，在本案诉讼和相关案件诉讼中，案涉商业承兑汇票上加盖的金坛公司财务专用章与案涉商业承兑汇票记载账户的开户银行预留印鉴卡中金坛公司财务专用章印章印文不是同一枚印章盖印形成，并不足以否定案涉汇票中金坛公司公司印章、财务章和法人印章的真实性，金坛公司并不能证明实施签章的行为人非本单位人员，金坛公司在上述银行留存的印鉴或金坛公司现在使用的印鉴与案涉汇票中的相关印鉴是否同一，并不能证明汇票印鉴的实际使用人和盖章伪造或虚假的事实，行为人未用与公司预留在银行印鉴相同印章为票据签章的行为并不能必然证明票据签章存在伪造。金坛公司坚持票据上加盖的该公司公章及财务专用章为伪造，但并未提交证据证明上述印章系伪造的事实。因此，金坛公司以签章系伪造为抗辩意见，缺乏事实依据，不予支持。

新茂祥公司是案涉商业承兑汇票的善意取得人，依法可以行使票据权利。根据《中华人民共和国票据法》第六十一条规定，在票据被拒绝承兑后向出票人首开公司以及汇票的其他债务人金坛公司、金麦公司和中宅公司主张该汇票的票据权利数额 1500 万元，合理合法，应予支持。居易公司作为《商业汇票转让合同》的甲方之一，根据转让合同的约定和居易公司出具的承诺书以及居易公司庭审中认可是基于保证关系承担债务，应对上述债务及利息承担连带给付责任。本案票据纠纷的基础法律关系是新茂祥公司与中宅公司之间发生的借款关系，新茂祥公司作为出借人，其损失主要在于利息损失。案涉《商业汇票转让合同》中约定的日千分之一的逾期利息，明显过高，中宅公司认为约定的利息标准过高，请求调整的抗辩理由成立。而首开公司、金坛公司和金麦公司作为票据债务人，应根据《中华人民共和国票据法》第七十条规定，对汇票金额到期日至清偿时止的中国人民银行规定利率计算的利息承担连带清偿责任。

综上所述，经青海省高级人民法院审判委员会讨论决定，判决：（一）中宅公司和居易公司连带给付新茂祥公司 1500 万元，并承担自 2014 年 9 月 16 日起至付清时止按中国人民银行同期同类贷款利率 4 倍计付的利息；（二）首开公司、金坛公司、金麦公司就上述 1500 万元及按中国人民银行规定的企业同期流动资金贷款利率计算自 2014 年 9 月 16 日至付清时止期间的利息承担连带清偿责任。如果未按本判决指定的期间履行给付金钱义务，应当按照《中华人民共和国民事诉讼法》第二百五十三条之规定，加倍支付迟延履行期间的债务利息。案件受理费 111800 元，财产保全费 5000 元，由中宅公司和居易公司共同负担。鉴定费 47000 元，由金坛公司负担。

最高人民法院认为：根据已查明的事实和相关鉴定结论，可以认定案涉汇票背书上金坛公司的签章(包括财务专用章、法人人名章)与金坛公司预留印鉴及合法备案印章不一致。金坛公司据此主张其在案涉汇票上的签章系他人伪造，其对案涉汇票的出票、背书、转让均不知情，不应承担票据责任。本院认为，票据上的签章与当事人预留印鉴及合法备案印章不一致并不等同于该签章系伪造，即使签章系伪造，在有其他证据证明该票据行为实质上仍系被伪造人所为或构成表见代理的情况下，被伪造人也应当承担票据责任。就本案而言，案涉汇票签章及票据行为系金坛公司股东、项目负责人刘某和所为，该事实及相关情节使本院有理由确信金坛公司应当就案涉汇票承担票据责任。具体分述如下：

第一，案涉票据是真实的。票号为 001000632024××××，票面金额 1500 万元的商业承兑汇票出票人为首开公司，收款人为金坛公司，首开公司与金坛公司之间存在真实的工程承包关系，前者签发票据时记载的收款人金坛公司的开户银行及账户真实无误，并且事后首开公司还出具《承诺书》承诺按期兑付案涉汇票，虽然最终首开公司拒付款项，但拒付理由为工程未完工，进一步证实了票据的真实性。金坛公司上诉主张一审对本案票据的基础事实和票据关系认定错误、未查明基本事实。本案关于票据基础法律关系和流转事实的证据充分，与当事人陈述能够相互印证，足以证明金坛公司与首开公司存在工程承包关系、新茂祥公司与中宅公司及居易公司存在借款关系，案涉汇票背书连续，流转过程合理合法，金坛公司无证据推翻上述事实。故一审法院对案涉汇票基础法律关系及流转事实认定清楚正确，金坛公司的该项上诉理由不能成立。

第二，根据双方当事人的陈述和举证，刘某和系金坛公司股东，与金坛公司存在直接关联，其同时又是首开公司与金坛公司之间工程项目的实际负责人、承包人，金坛公司虽然否认刘某和具有工程款结算的相关权限，但其并无充分证据证明存在其他人员或方式与首开公司结算工程款，并且金坛公司曾在一审中陈述刘某和系该工程收款具体经办人员，故可以认定刘某和有权处理该项目工程款的结算支付等事宜。同时，结合证人杨某的证言和新茂祥公司的陈述可知，银行工作人员杨某系通过金坛公司开户行预留的公司座机号码联系到金坛公司工作人员，该工作人员将金坛公司财务负责人李某的电话告知杨某，杨某联系李某后，李某又将刘某和的电话告知杨某，之后刘某和与新茂祥公司办理案涉汇票相关事宜并出具《证明》。可见，金坛公司接到新茂祥公司关于汇票背书人书写错误和要求开具证明的电话后，其对存在案涉汇票并不感到意外或反常，而是交由刘某和处理。基于以上因素，本院认为刘某和在本案中就金坛公司与首开公司该笔工程款而言，有权代表金坛公司收取案涉汇票及实施相关票据行为，即使其没有金坛公司的明确授权，也得到了金坛公司的默许或放任，其行为效力应当及于金坛公司。

第三，本院进一步认为，即使刘某和无权代表金坛公司实施票据行为，其在本案中也构成表见代理，金坛公司仍然应对刘某和实施的票据行为承担票据责任。首先，一般而言，我们有理由相信工程项目承包人和负责人有权进行工程款的结算支付，金坛公司虽然辩称工程款必须经过公司统一结算，但其并无证据，且其内部管理制度不足以对抗外部第三人。同时，新茂祥公司系通过银行工作人员以正常工作渠道联系到金坛公司进而联系到刘某和。故从刘某和的身份及金坛公司的后续行为来看，足以使刘某和具备表见代理的权利外观。其次，金坛公司知晓或应当知晓刘某和的行为，但并未否认或制止。如前所述，新茂祥公司及银行工作人员系通过金坛公司开户行预留的公司座机号码联系到金坛公司的，李某、刘某和分别作为金坛公司的财务负责人、项目负责人均已知晓此事，即应视为金坛公司知晓，而金坛公司当时并未表示反对或声明其并未授权刘某和。最后，新茂祥公司系善意持票人。新茂祥公司与前手中宅公司存在真实合法的债权债务关系，金坛公司并无证据证明新茂祥公司系恶意持票人。新茂祥公司并非直接从刘某和处获取票据，其是否知晓、何时知晓刘某和的身份和权限亦不影响对其善意的认定。

第四，从公平原则和保护票据交易考虑，即使金坛公司完全不知情，确系刘某和个人伪造签章、冒领工程款、私自转让票据，也应由金坛公司承担责任为妥。首先，本案中金坛公司明显存在过错，或是对印章管理不善、财务流程不严，或是用人不察、监督不力，或是自身言行失当、处置失效，总之，是由于其自身原因使持票人有足够理由相信刘某和有权签章。若有过错的被伪造人不承担票据责任，而由无过错的持票人来承担不利后果，不符合公平原则。其次，应保护善意持票人的合法权益，尽量不因签章不符或伪造而轻易否定票据的信用职能，应结合其他证据和具体情况综合裁断，方能维护交易安全。再次，本案中，金坛公司作为案涉汇票的收款人和第一背书人，显然处于最易于防范签章伪造风险的位置，由其承担票据责任，可以督促被伪造人尽到适当的谨慎和注意，建立健全相关制度，防范票据风险。最后，金坛公司承担责任后，仍有权追究其股东刘某和的相关责任，仍有救济权利，且相较新茂祥公司而言更易实现。

上述四点理由是本院认定金坛公司应当承担票据责任的决定因素。此外，还有几点反面因素也在一定程度上影响了本院的认定，即金坛公司在本案中的行为表现使本院对其陈述的真实性产生疑虑，不敢免除其票据责任：（1）金坛公司主张其从未收到和转让过案涉汇票，汇票及《证明》上的财务专用章、法人人名章、公司公章均系伪造。但在面临此等巨额责任和印章全面被伪造、公司利益被严重侵害时，金坛公司却一直没有追究刘某和的责任，不符合被害人的正常反应，故本院无法确信金坛公司对此完全不知情。（2）刘某和作为票据行为的直接行为人、李某作为金坛公司财务负责人，均是本案重要证人，其证言对案件事实和责任承担具有重要影响。此二人均系金坛公司人员，但金坛公司并未申请其出庭作证，在新茂祥公司申请和法庭要求该二人出庭作证的情况下，金坛公司态度并不积极，故本院无法确信此二人会提供对金坛公司有利的证言。（3）本案经过原一、二审及发回重审一、二审，金坛公司在数次庭审中对刘某和身份这一基本事实的陈述存在前后不一致的情况，并且本案诉讼持续已近五年，金坛公司提交证据依然不完备、不规范甚至存在错漏，使本院对金坛公司在本案中的诉讼诚信和诉讼态度产生疑虑。

综上所述，本院认为金坛公司应当就案涉汇票承担票据责任。金坛公司的上诉请求不能成立，应予驳回；一审判决认定事实清楚，适用法律正确，应予维持。依照《中华人民共和国民事诉讼法》第一百七十条第一款第一项之规定，判决如下：驳回上诉，维持原判。

六、案件启示和意义

本案所涉票据的主要形式瑕疵在于，商业承兑汇票上加盖的金坛公司财务专用章与案涉商业承兑汇票记载账户的开户银行预留印鉴卡中金坛公司财务专用章印章印文不是同一枚印章盖印形成。

在实践中，很多公司特别是建筑类公司因工程项目遍布各地，印章使用需求地域跨度大、频率高，公司会配备多套印章以供使用。在《全国法院民商事审判工作会议纪要》中，也专门指出："司法实践中，有些公司有意刻制两套甚至多套公章，有的法定代表人或者代理人甚至私刻公章，订立合同时恶意加盖非备案的公章或者假公章，发生纠纷后法人以加盖的是假公章为由否定合同效力的情形并不鲜见。人民法院在审理案件时，应当主要审查签约人于盖章之时有无代表权或者代理权，从而根据代表或者代理的相关规则来确定合同的效力。"基于该指导思想，一、二审法院认为，虽然汇票上的印章与预留印鉴卡中的印章不一致，但金坛公司在银行相关工作人员进行核实时，并未对票据的真实性进行否认，且在后续过程中向承兑银行出具证明，证明该票据的真实有效。同时，出票人首开公司出具的《承诺书》及《拒付说明》也证明了票据的真实性。法院并未因其形式瑕疵而否认票据的真实性。

本案中，刘某和的身份也影响着其票据行为的效力。两级法院均认为刘某和作为金坛公司的股东以及案涉工程项目的具体负责人，有权代表金坛公司进行工程款项结算事宜，因此而发生的票据行为及其法律后果，应由金坛公司承担。最高人民法院在论述此问题过程中，甚至还采用了层层递减的论述方式。首先认定刘某和有权代表金坛公司；其次即使刘某和无权代表，其行为也构成表见代理，相应后果也该由金坛公司承担；最后即便是其行为不构成表见代理，从公平原则和保护票据交易的角度而言，责任也应该先由金坛公司承担后，再向刘某和追偿。归根到底，不管刘某和的身份、权限如何，金坛公司都应承担票据责任。

最后，金坛公司在案件审理过程中对相关事实的表述反复无常，也导致了法官对金坛公司的诚信产生了根本性的怀疑，相关推论和说理以金坛公司的"虚假"陈述为前提，由此得出的结论当然不利于金坛公司。金坛公司用其自身表现挑战民法中的帝王条款——诚信原则，由此造成的"苦果"当然只能由其自己吞下。

七、课后思考

本案中，若刘某和的票据行为确系在金坛公司不知情的情况下作出，你若作为金坛公司的代理律师，该如何证明以及说服法官，金坛公司在本案中不应承担责任？

第三节　认定取得票据时是否支付对价，应从符合当事人约定本意角度出发，以行为发生时作为认定时间节点

——张家口顶善商贸有限公司与张家口鑫海超硬材料有限公司
票据返还请求权纠纷一案[①]

一、本节知识点/知识体系概述

票据的无因性，是指票据关系一经成立，就与产生或转让票据的原因关系相分离，两

---

① 案例来源：最高人民法院（2020）民再 86 号民事判决书。

者各自独立。原因关系是否存在和有效，对票据关系不发生影响，票据具备票据法上的条件，票据权利就成立，至于票据行为赖以发生的原因关系是否存在和有效，在所不问。票据作为无因证券，无因性是票据的基本原则和属性。

我国在制定《票据法》之初，市场经济和法治建设的发展均不完善，立法者并未完全采用票据的无因性理论，而是以"诚实信用原则"对其进行了限制，其中就体现在《票据法》第十条的规定之上。围绕本案争议焦点，一、二审法院判决与最高人民法院的不同判决，就体现了对该条规定的不同理解和认识。

二、案件基本事实

张家口顶善商贸有限公司(以下简称顶善公司)为自然人独资的有限责任公司，成立于2016年10月17日，法定代表人为郭某丽，注册资本为20万元。

2017年7月11日，张家口鑫海超硬材料有限公司(以下简称鑫海公司)出具商业承兑汇票一张，票号为：001000622546××××，收款人为顶善公司，出票金额为人民币3115万元。

2017年10月16日，顶善公司在给张家口农业银行行长刘某波的情况反映中将借款明细记载如下：2015年7月28日，第一笔借款300万元，借款期限为3个月，利息月息4.5分，2015年7月28日由工行常某桃卡转入范某辉卡30万元，2015年7月29日由工行常某桃卡转入范某辉卡50万元，2015年7月30日由农行史某生卡转入范某辉卡206.5万元，上扣一个月利息13.5万元。2015年8月28日，第二笔借款600万元，借款期限2个月，利息月息4.5分，2015年8月28日由农行史某生卡转入范某辉卡400万元，2015年8月30日由农行史某生卡转入范某辉卡173万元，上扣一个月利息27万元。2016年3月2日，第三笔借款20万元，期限3个月，利息月息3分，由工行常某桃卡转入范某辉卡19.4万元。2016年6月8日，第四笔借款400万元，期限3个月，利息月息4.5分，由工行常某桃卡转入范某辉卡193.6万元，工行常某桃卡转入王某155.5万元(王某提供的银行卡是王某军使用的银行卡)，此笔借款扣除了第三笔20万元的借款本息。第五笔借款为2016年12月20日从郭某丽商行卡转入苏沛成商行卡420万元加上银行承兑汇票替鑫海公司范某辉偿还了怀来县京西小额贷款有限公司的460万元。第六笔借款为2016年12月22日从郭某丽商行卡转入汤某洪商行卡50万元，替鑫海公司范某辉偿还了欠汤某洪的50万元欠款。唐某瑞替鑫海公司范某辉分7次累计还款370万元，分别为10万元(2017年4月14日)、30万元(4月19日)、30万元(4月20日)、30万元(4月28日)、20万元(5月6日)、50万元(2017年5月10日)、200万元(5月31日)。2017年10月17日双方重新签订借款合同，借款金额为2100万元(从2015年7月8日至2017年10月17日所有借款的本息)，期限1个月，利息月息3分。

2016年12月20日，鑫海公司召开董事会决定以下内容：由于公司流动资金紧张，不能按约支付顶善公司材料款，经鑫海公司董事会研究决议，同意用公司所有的房地产抵押于顶善公司。2016年12月30日，鑫海公司出具授权委托书，委托韩某芳办理房地产抵押登记手续。

2016年10月15日，顶善公司与鑫海公司签订借款合同一份，约定借款本金2100万元，利息月息3分，借款期限1个月。2016年12月19日，顶善公司与鑫海公司签订借款合同一份，约定借款金额460万元，借款期间1个月，利率月息3分。2016年12月22日，顶善公司与鑫海公司签订借款合同一份，约定借款金额50万元，借款期限1个月，借款利率月利息3分。

2017年7月11日，鑫海公司与顶善公司签订还款协议一份，内容为：鑫海公司偿还顶善公司借款3475万元，其中用开具商业承兑还款3115万元，商承票号：001000622546××××，金额3115万元，到期日2017年8月10日；用现金还款360万元，农行出具的保兑保函号为：B5085××××。2017年7月11日，中国农业银行张家口下花园支行出具商业承兑汇票保兑保函，编号为B5085802017071××××，承诺为鑫海公司出具的票号为001000622546××××的商业承兑汇票承兑。

为解决鑫海公司与顶善公司之间的欠款纠纷，鑫海公司法定代表人范某辉多次与证人王某栋联系，要求王某栋做协调工作，希望延期解决纠纷。

三、裁判过程和结果

鑫海公司向张家口市中级人民法院起诉请求：（1）依法判令顶善公司返还票据号为001000622546××××的商业承兑汇票，鑫海公司不承担票据责任；（2）本案案件受理费及其他相关诉讼费用均由顶善公司承担。张家口市中级人民法院（2018）冀07民初62号民事判决书判决顶善公司于判决生效之日起10日内将票据号为001000622546××××的商业承兑汇票返还鑫海公司。

顶善公司不服一审判决，向河北省高级人民法院提起上诉，河北省高级人民法院以（2018）冀民终1183号民事判决书判决驳回顶善公司的上诉，维持张家口市中级人民法院的一审判决。

顶善公司不服，向最高人民法院申请再审。最高人民法院作出（2019）最高法民申4554号民事裁定，提审本案；并以（2020）最高法民再86号民事判决书判决撤销河北省高级人民法院（2018）冀民终1183号民事判决、河北省张家口市中级人民法院（2018）冀07民初62号民事判决，驳回鑫海公司的诉讼请求。

四、案件争议焦点

根据双方的诉辩意见，本案的争议焦点为：顶善公司取得汇票基础交易是否真实合法以及顶善公司是否支付了双方认可的代价，案涉汇票应否返还鑫海公司。

五、裁判主要理由

张家口市中级人民法院认为：该案系鑫海公司要求顶善公司将其持有的承兑汇票返还

而引起的票据返还纠纷。鑫海公司出具的票号为001000622546××××的涉案商业承兑汇票形式完备，各项记载符合《票据法》第十条、第二十二条的规定，该汇票为有效汇票。该案争议的焦点在于，顶善公司取得汇票基础交易是否合法以及顶善公司是否支付了双方认可的代价。

关于第一个焦点，顶善公司取得商业承兑汇票是否合法。对于该票据的取得，双方均认可真实的交易为民间借贷产生的债务。对于借贷的发生，顶善公司举证为2017年10月16日顶善公司给张家口农业银行行长刘某波进行情况反映，在该情况反映中将借款明细记载如下：第一笔借款300万元，于2015年7月28日由工行常某桃转入范某辉卡30万元，2015年7月29日由工行常某桃转入范某辉卡50万元，2015年7月30日由农行史某生转入范某辉卡206.5万元；第二笔借款600万元，于2015年8月28日由农行史某生转入范某辉卡400万元，2015年8月30日由农行史某生转入范某辉卡173万元，上扣一个月利息27万元；第三笔借款20万元，于2016年3月2日由工行常某桃卡转入范某辉卡19.4万元；第四笔借款400万元，于2016年6月8日由工行常某桃转入范某辉卡193.6万元，工行常某桃转入王某用的银行卡；第五笔借款，于2016年12月20日从郭某丽商行卡转入苏沛成商行卡420万元加上银行承兑汇票替鑫海公司范某辉偿还了怀来县京西小额贷款有限公司的460万元；第六笔借款50万元，于2016年12月22日从郭某丽商行卡转入汤某洪商行卡，替鑫海公司范某辉偿还了欠汤某洪的50万元欠款。上述六笔借款只有第五、六两笔发生在2016年10月17日之后，顶善公司作为自然人独资的有限责任公司，享有独立的经营权，成立于2016年10月17日，上述借款中的第一至四笔借款，不能认定为顶善公司的债权，且第五、六两笔借款即便认定为顶善公司的法定代表人郭某丽在经营顶善公司，属于顶善公司的经营行为，也不能认定为合法的民间借贷，理由如下：顶善公司成立于2016年10月17日，注册资金20万元，第五、六两笔借款数额为510万元，明显已经远远超出顶善公司的资产。

关于第二个焦点，顶善公司是否支付了双方认可的代价。2016年10月15日，顶善公司与鑫海公司签订借款合同一份，约定借款本金2100万元，利息月息3分，借款期限1个月；2016年12月19日，顶善公司与鑫海公司签订借款合同一份，约定借款金额460万元，借款期间1个月，利率月息3分；2016年12月22日，顶善公司与鑫海公司签订借款合同一份，约定借款金额50万元，借款期限1个月，借款利率月利息3分。上述三份借款合同实际并未发生，是对以前借贷的结算，实际还是上述六笔借款，故在计算鑫海公司实际欠款数额时，应当按照上述借款实际发生计算至2017年7月11日出票时止。

《最高人民法院关于审理民间借贷适用法律若干问题的规定》（以下简称《民间借贷规定》）第二十七条规定：借据、收条、欠条等债权凭证载明的借款金额，一般认定为本金。预先在本金中扣除利息的，人民法院应当将实际出借的金额认定为本金。本案中，双方对借款到期后利息没有约定，鉴于双方约定的借款利率超过年利率24%，超出部分，该院不予支持。2015年7月28日，第一笔借款300万元，借款期限为3个月，利息月息4.5分，上扣一个月利息 13.5 万元，实际借款本金应认定为 286.5 万元，到 2017 年 7 月 11 日本息合计应当支持本息 422.4333 万元；2015 年 8 月 28 日，第二笔借款 600 万元，上扣一个月利息 27 万元，应当认定本金 573 万元，到 2017 年 7 月 11 日本息合计应当支持 830.086 万元；第三笔借款 20 万元，2016 年 3 月 2 日，由工行常某桃卡转入范某辉卡 19.4 万元，借款本金应认定 19.4 万元，到 2017 年 7 月 11 日本息合计应当支持 25.7244 万元；第四笔借款 400 万元，为 2016 年 6 月 8 日借款，此笔借款扣除了第三笔 20 万元的借款本息，借款本金应认定为 369.1 万元，到 2017 年 7 月 11 日本息合计应当支持 465.8042 万元；第五笔借款 460 万元，为 2016 年 12 月 20 日借款，到 2017 年 7 月 11 日本息合计应当支持 521.64 万元；第六笔借款 50 万元，于 2016 年 12 月 22 日从郭某丽商行卡转入汤某洪商行卡，到 2017 年 7 月 11 日本息合计应当支持 56.633 万元，合计 2322.3212 万元，扣除唐某瑞在 2017 年累计还款 370 万元，尚欠 1952.3212 万元。

《最高人民法院关于审理票据纠纷案件若干问题的规定》（以下简称《票据规定》）第十条规定，票据债务人依照《票据法》第十三条的规定，对与其有直接债权债务关系的持票人提出抗辩，人民法院合并审理票据关系和基础关系，持票人应当提供相应的证据证明已经履行了约定义务。顶善公司有义务证明其与鑫海公司之间存在 3115 万元债权债务关系，否则应当承担对其不利的后果。通过上述计算，鑫海公司应当偿还顶善公司借款本息合计 1952.3212 万元，明显低于涉案承兑汇票的承兑金额 3115 万元。顶善公司没有提供证据证实 3115 万元的债权债务关系，对鑫海公司主张返还票据的诉讼请求，该院予以支持。

河北省高级人民法院认为：《票据法》第十条规定："票据的签发、取得和转让，应当遵循诚实信用的原则，具有真实的交易关系和债权债务关系。票据的取得，必须给付对价，即应当给付票据双方当事人认可的相对应的代价。"《票据规定》第二条规定："依据票据法第十条的规定，票据债务人（即出票人）以在票据未转让时的基础关系违法、双方不具有真实的交易关系和债权债务关系、持票人应付对价而未付对价为由，要求返还票据而提起诉讼的，人民法院应当依法受理。"鑫海公司请求返还案涉票据，本案应为票据返还请求权纠纷。依照上述规定，本案应当审查票据关系与基础关系；不仅应审查票据出具的真实合法性，亦应审查票据未转让时双方基础关系的真实合法性及是否支付双方认可的对价。鑫海公司、顶善公司均认可存在民间借贷法律关系，但双方对出借主体、出借本金等存在争议，案涉票据出具时票面金额为 3115 万元。顶善公司应进一步提供证据证明向鑫海公司出借款项 3115 万元的相关事实。依据原审查明的事实，顶善公司提供的证据仅能证明其出借款项为 1952.3212 万元，与案涉票据票面金额明显不符，且对案涉票据的票面金额鑫海公司未予认可，符合《票据法》及司法解释规定的未支付双方认可的对价。顶善公司取得案涉票据未支付双方认可的对价，其取得的票据依法应予返还。一审支持鑫海公司返还案涉票据的请求，处理并无不妥。《票据规定》第十五条规定，持票人取得票据存在恶意或重大过失等情形，票据债务人提出票据抗辩的，人民法院应予支持。据此顶善公司亦不应享有相关票据权利。

综上所述，顶善公司的上诉请求不能成立，应予驳回；一审判决认定事实清楚，适用法律正确，应予维持。依照《民事诉讼法》第一百七十条第一款第一项规定，判决如下：驳回上诉，维持原判。二审案件受理费197550元，由顶善公司负担。

最高人民法院认为：本案再审审理争议焦点问题是顶善公司应否将案涉票据返还给鑫海公司。根据当事人的再审申请理由和抗辩意见，主要从以下两个方面进行分析：

第一，顶善公司是否基于其与鑫海公司之间的真实的交易关系和债权债务关系取得案涉票据以及是否给付了双方当事人认可的相对应的代价。

《票据法》第十条规定："票据的签发、取得和转让，应当遵循诚实信用的原则，具有真实的交易关系和债权债务关系。票据的取得，必须给付对价，即应当给付票据双方当事人认可的相对应的代价。"《票据规定》第二条规定："依据票据法第十条的规定，票据债务人（即出票人）以在票据未转让时的基础关系违法、双方不具有真实的交易关系和债权债务关系、持票人应付对价而未付对价为由，要求返还票据而提起诉讼的，人民法院应当依法受理。"本案中，鑫海公司和顶善公司均认可双方存在民间借贷法律关系。针对双方因民间借贷形成债务的偿还问题，2017年7月11日，鑫海公司与顶善公司签订一份还款协议，约定鑫海公司偿还顶善公司借款3475万元，其中用开具商业承兑还款3115万元。商承票号：001000622546××××，金额3115万元，到期日2017年8月10日。由上述事实可见，鑫海公司是为偿还民间借贷法律关系项下的债务而开具案涉票据给顶善公司，顶善公司是基于民间借贷法律关系取得该票据。票据金额3115万元是依据双方当事人约定的借款利率计算的本息数额进行的确定，是当事人双方合意确认的数额。从符合当事人约定本意的角度分析，可以认定顶善公司取得票据之时支付了双方认可的对价。因此，顶善公司关于其与鑫海公司之间存在真实的民间借贷债权债务关系，其取得票据合法的再审申请理由成立，本院予以支持。但需予以指出的是，《票据规定》第十条规定："票据债务人依照票据法第十三条的规定，对与其有直接债权债务关系的持票人提出抗辩，人民法院合并审理票据关系和基础关系，持票人应当提供相应的证据证明已经履行了约定义务。"依据《民间借贷规定》第二十四条的规定，在出具案涉票据之时，案涉当事人之间基于民间借贷法律关系形成的本金和合法利息债权债务总数额为2322.3212万元。扣除唐某瑞替鑫海公司还款的370万元，鑫海公司欠付顶善公司的借款本金和合法利息余额为1952.3212万元，并非票据载明的数额。根据上述规定，在鑫海公司对于双方之间存在的基础交易法律关系项下的债务数额提出异议、据此抗辩的情形下，人民法院在确定顶善公司依法能够得到支持的债权数额时，应合并审理票据关系和基础关系，确定该数额为两者在基础法律关系项下的合法债权本息数额。

第二，顶善公司是否为合法持票人，是否享有票据权利。

《票据法》第十二条规定："以欺诈、偷盗或者胁迫等手段取得票据的，或者明知有前列情形，出于恶意取得票据的，不得享有票据权利。持票人因重大过失取得不符合本法规定的票据的，也不得享有票据权利。"案涉票据系由鑫海公司出具，票据上加盖了该公司印章。因在鑫海公司出具案涉票据之时，该公司的公章由顶善公司的法定代表人郭某丽持有，故该公章系由郭某丽加盖。如前所述，2017 年 7 月 11 日，鑫海公司与顶善公司签订还款协议约定，鑫海公司开具案涉商业承兑汇票用以偿还顶善公司借款。鑫海公司对签订该还款协议的事实并未否认，其根据该还款协议开具案涉票据用以偿还双方之间的债权债务是其真实意思表示。鑫海公司也无充分证据证明郭某丽系以胁迫方式取得该公司公章。因此，鑫海公司仅以票据上的公章是由郭某丽加盖为由主张顶善公司是以胁迫方式取得案涉票据，事实依据不足，故对于其该主张，本院不予支持。

此外，本案为鑫海公司提起的返还票据之诉，本院在认定顶善公司合法持有票据并依法享有票据权利的基础上，判决驳回鑫海公司关于返还票据的诉讼请求。尽管案涉票据已被鑫海公司销毁，但权利凭证的灭失并不能否定合法债权的存在。

综上所述，顶善公司的再审请求成立。依照《中华人民共和国民事诉讼法》第二百零七条、第一百七十条第一款第（二）项之规定，判决如下：（一）撤销河北省高级人民法院（2018）冀民终 1183 号民事判决、河北省张家口市中级人民法院（2018）冀 07 民初 62 号民事判决；（二）驳回张家口鑫海超硬材料有限公司的诉讼请求。

六、案件启示和意义

本案事实较为简单，系双方因债权债务关系从而产生票据关系，但债权债务的合法金额与票据金额并不一致，由此发生争议。而解决此问题的关键，就在于对《票据法》第十条的理解。

《票据法》第十条规定："票据的签发、取得和转让，应当遵循诚实信用的原则，具有真实的交易关系和债权债务关系。票据的取得，必须给付对价，即应当给付票据双方当事人认可的相对应的代价。"什么是"真实的交易关系和债权债务关系"？"票据双方当事人认可的相对应的代价"中的"认可"应以什么时间节点为准？

本案一、二审法院均认为，债权债务的金额应该与票据金额准确对应，否则就不是真实的债权债务关系；"双方当事人认可的相对应的代价"应该在诉讼中也得到双方当事人认可，否则就视为没有给付对价。但如果诉讼中双方均认可该"对价"的话，那诉讼很可能就不会发生了。

最高人民法院以"交易发生时"为时间节点考察当事人的本意，在当时双方合意确认的数额即票据金额，应当认定双方具有真实的债权债务关系，且顶善公司取得票据之时支付了双方认可的对价。因此，顶善公司取得票据合法，鑫海公司要求返还票据不应当得到支持。于此同时，最高人民法院还指出，顶善公司基于票据依法能够得到支持的债权数额是合法债权本息数额，将民间借贷的法律规定与票据法的规定协调一致，以协调不同法律规定之间的冲突和矛盾。

七、课后思考

本案中最高人民法院驳回了鑫海公司要求顶善公司返还票据的诉讼请求，接下来顶善公司应如何维护自己的票据权利，针对顶善公司的主张，鑫海公司又应如何抗辩？

第四节　通过合法方式取得票据的持票人，仅凭票据的文义记载即可向票据付款人主张票据权利，不受票据原因关系影响

——国中医药有限责任公司与中信商业保理有限公司票据纠纷案①

一、本节知识点/知识体系概述

票据行为的无因性和独立性是其最基本的特征，很多的票据纠纷产生的根源也是因为对这一特征的不同认识以及传统债权债务关系思维对票据关系特色的不适应。

在本案中，被告国中医药公司并未收到销售合同所对应的货物，但仍需要对其开具的汇票承担付款责任。这是票据关系中的基本原理和操作，但在传统债权债务关系中是不能理解和接受的。而票据在商业交易活动得以广泛应用，正是基于其无因性和独立性。

二、案件基本事实

国中医药公司因与安力博发公司、星纪开元公司签订了销售合同，于2013年期间开具六张商业承兑汇票。其中，2013年4月26日，国中医药公司开具00100061-20003867商业承兑汇票，付款人为国中医药公司，收款人为安力博发公司，出票金额500万元，汇票到期日为2013年10月26日；同日，国中医药公司还开具00100061-20003871商业承兑汇票，付款人为国中医药公司，收款人为安力博发公司，出票金额1200万元，汇票到期日为2013年10月26日；2013年6月16日，国中医药公司开具00100063-20312979商业承兑汇票，付款人为国中医药公司，收款人为星纪开元公司，出票金额1223万元，汇票到期日为2013年12月16日；2013年6月19日，国中医药公司开具00100063-20312976商业承兑汇票，付款人为国中医药公司，收款人为星纪开元公司，出票金额1000万元，汇票到期日为2013年12月19日；2013年6月24日，国中医药公司开具00100063-20312980商业承兑汇票，付款人为国中医药公司，收款人为安力博发公司，出票金额523万元，汇票到期日为2013年12月24日；2013年7月31日，国中医药公司开具00100061-20003860商业承兑汇票，付款人为国中医药公司，收款人为安力博发公司，出票金额3350万元，汇票到期日为2014年1月30日，该承兑汇票上收款人账号填写为中国民生银行北京电子城支行，收款人开户行填写为013401421001××××。其后，中信保理公司因与安力博发公司、星纪开元公司存在保理业务，分别从安力博发公司、星纪开元公司背书受让上述六

---

① 案例来源：最高人民法院(2015)民二终字第134号民事判决书。

张商业承兑汇票，并委托交通银行股份有限公司北京分行三元支行收款。国中医药公司对上述六张商业承兑汇票拒绝付款，并出具了退票理由书。其中，00100061-20003871、00100061-20003867商业承兑汇票拒付理由为单位拒付，换其他方式付款；00100063-20312976、00100063-20312979、00100063-20312980商业承兑汇票的拒付理由为货款存在纠纷，换其他方式支付；00100061-20003860商业承兑汇票的拒付理由为票面要素书写有误。中信保理公司遂提起该案诉讼。

另外，2013年11月1日，安力博发公司向国中医药公司出具《函》，主要内容为：(1)就三份《设备销售合同》，安力博发公司与星纪开元公司未向国中医药公司交付货物；(2)在签订三份《设备销售合同》后，安力博发公司收到国中医药公司开具的6张商业承兑汇票，并于2013年10月28日由安力博发公司的法定代表人彭某川对6张商业承兑汇票出具担保函；(3)安力博发公司考虑到没有供货资质，正在积极联系其他供应商。

湖北省通山县公安局因国中医药公司控告合同诈骗，于2014年12月24日向国中医药公司调取国中医药公司的企业法人营业执照、组织机构代码证、税务登记证，国中医药公司与安力博发公司、上官某、星纪开元公司、中信保理公司之间开展商业承兑汇票业务形成的文字资料等证据材料。

三、裁判过程和结果

中信保理公司向湖北省高级人民法院提起诉讼，请求判令：(1)国中医药公司支付4张商业承兑汇票金额共计5573万元；(2)国中医药公司支付利息(计算方法为票据到期日开始起算到实际支付之日，截至2014年8月20日为219.49万元)；(3)国中医药公司支付另外2张商业承兑汇票金额共计2223万元；(4)国中医药公司支付利息(计算方法为票据到期日开始起算到实际支付之日，截至2014年8月20日为88.98万元)；(5)诉讼费用由国中医药公司负担。湖北省高级人民法院以(2014)鄂民二初字第00049号民事判决支持了中信保理公司的诉讼请求。

国中医药公司不服一审判决，向最高人民法院提起上诉。最高人民法院作出(2015)民二终字第134号民事判决书，驳回国中医药公司的上诉，维持一审判决。

四、案件争议焦点

根据双方的诉辩意见，本案的争议焦点为：6张商业承兑汇票的效力以及中信保理公司是否享有案涉6张汇票载明的票据权利。

五、裁判主要理由

湖北省高级人民法院认为：

第一，关于6张商业承兑汇票的效力问题。

该案所涉6张商业承兑汇票系国中医药公司开具。国中医药公司对6张承兑汇票的真实性均无异议，但认为 00100063-20312980 商业承兑汇票的付款人账号存在涂改，该院经查看票据原件，票据付款人账号填写清楚，并无涂改痕迹，国中医药公司的该项抗辩理由不能成立。国中医药公司还提出 00100061-20003860 商业承兑汇票收款人开户行及账号填写错误，经核实，该承兑汇票收款人开户行填写为 013401421001×××，账号填写为中国民生银行北京电子城支行，存在填写错误。根据《中华人民共和国票据法》第九条"票据上的记载事项必须符合本法的规定。票据金额、日期、收款人名称不得更改，更改的票据无效。对票据上的其他记载事项，原记载人可以更改，更改时应当由原记载人签章证明"的规定，因填写错误而影响汇票效力的情形应为金额、日期及收款人名称等必要记载事项存在错误，该案中 00100061-20003860 商业承兑汇票填写错误的收款人开户行及银行账号并非必要记载事项，且该承兑汇票上的收款人名称与第一背书人名称一致，该承兑汇票上收款人开户行及银行账号栏目填写错误并不影响收款人的确认，因此该商业承兑汇票收款人开户行及账号填写错误不影响票据的效力。案涉 6 张商业承兑汇票系国中医药公司依据销售合同开具，具有票据法所规定的绝对应当记载事项，系有效票据。出票人国中医药公司出票后，应当承担保证该汇票承兑和付款的责任。

第二，关于国中医药公司拒付的抗辩能否成立，该案应否中止审理问题。

(1)针对 00100061-20003860 商业承兑汇票填写错误的抗辩，该院认为，《最高人民法院关于审理票据纠纷案件若干问题的规定》第十六条规定"票据债务人依照票据法第九条、第十七条、第十八条、第二十二条和第三十一条的规定，对持票人提出下列抗辩的，人民法院应予支持：(一)欠缺法定必要记载事项或者不符合法定格式的；(二)超过票据权利时效的；(三)人民法院作出的除权判决已经发生法律效力的；(四)以背书方式取得但背书不连续的；(五)其他依法不得享有票据权利的"；第四十三条规定"依照票据法第九条以及《票据管理实施办法》的规定，票据金额的中文大写与数码不一致，或者票据载明的金额、出票日期或者签发日期、收款人名称更改，或者违反规定加盖银行部门印章代替专用章，付款人或者代理付款人对此类票据付款的，应当承担责任"；《中华人民共和国票据法》第九条规定"票据上的记载事项必须符合本法的规定。票据金额、日期、收款人名称不得更改，更改的票据无效。对票据上的其他记载事项，原记载人可以更改，更改时应当由原记载人签章证明"。根据上述规定，票据债务人基于票据填写错误的抗辩应系法定必要记载事项错误，而案涉 00100061-20003860 商业承兑汇票填写错误的收款人开户行及账号不属于必要记载事项，该商业承兑汇票两项记载事项填写在栏目或格式上错误不影响票据的效力，也不影响票据权利的行使，国中医药公司以 00100061-20003860 商业承兑汇票收款人开户行及账号填写错误而拒付的抗辩理由不符合法律规定，该院依法不予支持。(2)针对国中医药公司提出的"货款存在纠纷""单位拒付"的抗辩理由，该院认为，票据是流通证券，具有无因性的特点，除了直接当事人之间可以原因无效为由进行抗辩外，其余通过背书流转占有票据的善意当事人即为票据的权利人，可以对票据债务人行使票据上的权利，其效力原则上不受原因关系效力的影响，即国中医药公司与安力博发公司、星纪开元公司之间的货款纠纷不得对抗其他正当持票人，国中医药公司在6张商业承兑汇票已经背书流转给中信保理公司后，再对中信保理公司提出"货款存在纠纷""单位拒付"的拒付事由依法不能成立。(3)针对国中医药公司提出6张承兑汇票涉嫌犯罪，该案应中止审理的抗辩理由，该院认为，背书转让的汇票，其背书本身具有证明合法取得汇票权利的效力。该案双方当事人均认可案涉6张商业承兑汇票的真实性，国中医药公司亦认可6张票据背书连续，中信保理公司还提供了《保理合同》及银行单据等证据证实其与安力博发公司、星纪开元公司存在保理业务关系，故中信保理公司提供的证据已证明其持票的正当性。而国中医药公司提供的《调取证据通知书》系湖北省通山县公安局根据国中医药公司的举报调取相关证据的材料，而安力博发公司发出的《函》亦是该公司陈述取得案涉票据未交付货物等内容。上述两份证据均不能证明中信保理公司取得6张承兑汇票涉嫌犯罪，故国中医药公司提供的证据不足以证明中信保理公司取得票据存在非法、恶意和重大过失等情形，国中医药公司提出中信保理公司取得票据涉嫌犯罪的抗辩理由不能成立，该院依法不予采信。对国中医药公司提出该案涉嫌犯罪应中止审理的申请，该院亦不予准许。

综上分析，国中医药公司签发承兑汇票后，即应承担该汇票承兑和付款的民事责任。中信保理公司作为案涉6张商业承兑汇票的持票人，于汇票到期后向票据记载的付款人国中医药公司提示付款，被拒绝付款，依据《中华人民共和国票据法》第六十一条"汇票到期被拒绝付款的，持票人可对背书人、出票人以及汇票的其他债务人行使追索权"的规定，中信保理公司向出票人国中医药公司行使追索权符合法律规定。国中医药公司拒付的抗辩理由均不能成立，根据《中华人民共和国票据法》第七十条"持票人行使追索权，可以请求被追索人支付下列金额和费用：(一)被拒绝付款的汇票金额；(二)汇票金额自到期日或者提示付款日起至清偿日止，按照中国人民银行规定的利率计算的利息"的规定，国中医药公司应当向持票人中信保理公司清偿汇票金额和到期后的利息，利息以中国人民银行公布的一年期贷款基准利率计算。中信保理公司要求国中医药公司支付6张商业承兑汇票款及利息的诉讼请求符合法律规定，该院依法予以支持。经合议庭评议，依照《中华人民共和国票据法》第六十一条第一款及第七十条第一款第一、二项，《中华人民共和国民事诉讼法》第一百四十二条之规定，判决：国中医药有限责任公司于该判决生效之日起10日内向中信商业保理有限公司支付6张商业承兑汇票金额共计人民币7796万元及利息(利息以票据金额为基数，按中国人民银行公布的一年期贷款基准利率计算自商业承兑汇票到期日起至该判决确定的给付之日止，其中1700万元自2013年10月26日起计算，1223万元自2013年12月16日起计算，1000万元自2013年12月19日起计算，523万元自2013年12月24日起计算，3350万元自2014年1月30日起计算)。如未按该判决指定的履行期间给付金钱义务，应当依照《中华人民共和国民事诉讼法》第二百五十三条之规定，加倍支付迟延履行期间的债务利息。案件受理费447025元，由国中医药有限责任公司负担。

最高人民法院认为：本案争议焦点在于中信保理公司是否享有案涉6张汇票载明的票据权利。票据作为一种文义证券、设权证券，其创设的权利义务由票据上所记载的文字的意义决定。案涉6张商业承兑汇票对表明"汇票"的字样、无条件支付的委托、确定的金额、付款人名称、收款人名称、出票日期、出票人签章等汇票的绝对应记载事项均有记载，国中医药公司对案涉汇票的真实性亦无异议。案涉汇票记载的付款人均为国中医药公司，国中医药公司在案涉汇票的承兑人签章处进行签章，收款人分别为安力博发公司、星纪开元公司，安力博发公司、星纪开元公司分别作为背书人将案涉汇票背书转让给中信保理公司。中信保理公司持背书连续的案涉汇票和汇票到期被拒绝付款的证据，同时以其与安力博发公司签订的中信保（2012）XM1-5《保理合同》、与星纪开元公司签订的中信保（2013）XM1-4《保理合同》、中信保（2012）XM1-5《保理合同》的相应对账单、银行单据及汇总表等证据，证明其是基于与安力博发公司、星纪开元公司之间的保理业务关系，分别从安力博发公司、星纪开元公司处背书受让了案涉6张商业承兑汇票，主张行使追索权，要求国中医药公司支付案涉汇票金额和汇票金额自到期日起至实际清偿日止的利息，符合票据法的规定，应当予以支持。

国中医药公司认为中信保理公司的一审诉求不应予以支持，主要基于两方面的理由：一是部分案涉汇票本身存在记载错误，存在出票日期倒签的瑕疵；二是中信保理公司取得案涉汇票存在基础法律关系上的瑕疵。通过对本案证据的审查，上述两个抗辩理由均不能成立。首先，双方当事人均确认00100061-20003860商业承兑汇票收款人的账号及开户银行存在填写颠倒的问题，但该记载错误的事项并不属于汇票的绝对应记载事项，不影响对收款人的确认和票据自身的效力。国中医药公司主张案涉汇票出票时未填写出票日期，出票日期为实际出票后倒签，但其未提供充分证据予以证明。同时，虽然出票日期属于汇票的绝对应记载事项，但按照票据法的基本原理，记载的出票日期可以与实际出票日不一致而事后予以补记。只要当事人在主张票据权利时，出票日期有所记载，票据就具有完整性。故对于国中医药公司的该项抗辩理由，本院不予支持。其次，本案是中信保理公司持商业承兑汇票请求人民法院判决汇票付款人国中医药公司进行付款而发动，行使的是票据追索权，因此，本案的案由、主要法律关系的性质是票据纠纷，对当事人之间的权利义务关系的认定及相关责任的分配均应从票据法的角度进行衡量。票据作为支付结算的工具，必有其基础交易关系。同时，票据具有无因性，即通过合法方式取得票据的持票人，仅凭票据的文义记载，即可向票据上的付款人主张票据权利，不受票据原因关系的影响。国中医药公司认为中信保理公司明知安力博发公司、星纪开元公司对国中医药公司不存在真实的应收账款，明知国中医药公司与安力博发公司、星纪开元公司之间存在抗辩事由仍受让票据，案涉《保理合同》并未实际履行，是因中信保理公司未依据《保理合同》审查从安力博发公司、星纪开元公司处受让的债权而导致其债权无法实现，中信保理公司与安力博发公司、星纪开元公司之间"名为保理，实为借贷"，并骗取国中医药公司承兑汇票，主张中信保理公司受让票据没有支付合理对价，中信保理公司无权行使票据追索权，但国中医药公司并未提供充分证据对其上述理由予以证明，中信保理公司已就其通过背书合法获得案涉汇票作出合理说明，本院在本案中不再审查票据原因关系。根据《最高人民法院关于审理票据纠纷案件若干问题的规定》第十四条的规定,"票据债务人以票据法第十条、第二十一条的规定为由,对业经背书转让票据的持票人进行抗辩的,人民法院不予支持",国中医药公司对安力博发公司、星纪开元公司未实际供货的抗辩和关于其自身未实际使用保理款的抗辩,不能成为其拒绝向中信保理公司承担票据责任的理由。综上所述,中信保理公司持背书连续的票据,按照票据关系行使追索权,本院予以支持,国中医药公司的上诉理由不能成立。至于国中医药公司认为其在票据原因关系中的权益保护,可就相应的民事法律关系另行主张。

国中医药公司在本院二审期间要求追加"本案票据当事人及基础交易当事人"安力博发公司、星纪开元公司为本案当事人,并认为一审法院遗漏追加,存在重大程序瑕疵。如前所述,本案是中信保理公司持经背书取得的商业承兑汇票请求人民法院判决汇票付款人国中医药公司进行付款而发动,行使的是票据追索权,本案的案由、主要法律关系的性质是票据纠纷,在无充分证据证明中信保理公司恶意取得票据的前提下,票据原因关系并非本案的审理范围,亦无须追加安力博发公司、星纪开元公司为本案当事人。故对国中医药公司的该项请求,本院不予支持。

国中医药公司在本院二审期间,请求人民法院依职权调取湖北省通山县公安局关于安力博发公司、中信保理公司等主体涉嫌合同诈骗罪的相关证据材料,请求人民法院通知"中信保理公司工作人员"上官某出庭作证以证实本案真实交易背景。由于国中医药公司并未提供公安机关出具的案件受理通知书或其他证明安力博发公司、中信保理公司等主体涉嫌犯罪的有效证据,其在一审提交的《调取证据通知书》也仅载明湖北省通山县公安局因国中医药公司控告合同诈骗而于2014年12月24日向国中医药公司调取国中医药公司的企业法人营业执照、组织机构代码证、税务登记证,国中医药公司与安力博发公司、上官某、星纪开元公司、中信保理公司之间开展商业承兑汇票业务形成的文字资料,据此,目前本院并未发现本案涉及刑事犯罪的有效线索,且在本院认为于本案中无须再审查票据原因关系的基础上,本院对国中医药公司请求人民法院依职权调取湖北省通山县公安局全部案卷材料并通知案外人上官某出庭的申请不予准许。

综上所述,一审判决认定事实清楚,适用法律正确,上诉人国中医药公司的上诉理由均不成立,应予驳回。本院依照《中华人民共和国民事诉讼法》第一百七十条第一款第一项之规定,判决如下:驳回上诉,维持原判。

六、案件启示和意义

国中医药公司基于销售合同开出了6张商业承兑汇票,这6张汇票随后又被收款人安力博发公司、星纪开元公司背书转让给中信保理公司,但国中医药公司并未收到销售合同所约定的货物。仅站在国中医药公司的角度,在没收到货物的情况下,当持票人提示付款时,国中医药公司拒绝付款似乎是理所当然的事情。

但基于票据行为的基本规则,无论是票据形式瑕疵还是票据原因行为是否履行,甚至是票据原因行为是否涉嫌构成犯罪，均不影响持票人行使追索权。国中医药公司作为出票人，均应对汇票承担付款责任。至于国中医药公司的权利，只能依照合同之债的法律关系，另行向销售合同的相对方安力博发公司、星纪开元公司进行主张。

七、课后思考

《最高人民法院关于审理票据纠纷案件若干问题的规定》相对于《票据法》，在票据行为的无因性和独立性上有什么区别？这种区别体现了什么样的司法导向？

附：第三章所涉法律规定

《票据法》
《最高人民法院关于审理票据纠纷案件若干问题的规定》
《电子商业汇票业务管理办法》
《最高人民法院关于审理民间借贷适用法律若干问题的规定》

第四章 保 险 法

第一节 如何判断投保人是否履行如实告知义务

——杨某、信泰人寿保险股份有限公司青岛分公司人身保险合同纠纷案①

一、本节知识点/知识体系概述

最大诚信原则源于民法中的诚实信用原则，基于保险合同的射幸性，强调"最大诚信"是为了凸显诚实信用原则在保险法律关系中被赋予的更高的要求，贯穿于保险合同的签订、保险期间以及保险事故发生后理赔的整个过程。

由于保险合同双方的信息往往存在不对称性，在实践中，这一原则更多地体现为对投保人或被保险人的一种法律约束。就投保人而言，在投保时针对保险人就保险标的或者被保险人的有关情况提出的询问履行如实告知义务，不有意欺骗、隐瞒或误导，是体现最大诚信原则的基本要求。如果投保人违反该义务，可能使保险人对是否签订保险合同、保险费率、免责事由等重要因素产生错误判断，从而使保险合同双方处于权责利失衡的状态，损害保险人的合法权益。据此，保险人可解除合同或请求确认合同无效。

二、案件基本事实

原告杨某作为投保人、被保险人通过网络渠道在被告信泰人寿保险股份有限公司青岛分公司(以下简称信泰人寿青岛分公司)投保轻松守护重大疾病保险及附加轻松守护两全保险，保险合同成立日为 2020 年 8 月 12 日，保险合同生效日为 2020 年 8 月 13 日。轻松守护重大疾病保险，保险期间为终身，交费期间为 30 年，交费方式为年交，基本保险金额为 500000 元。附加轻松守护两全保险，保险期间为 44 年，交费期间为 30 年，交费方式为年交，基本保险金额为 500000 元。

《信泰轻松守护重大疾病保险条款》如下条款载明：第 2.4 条 重大疾病分组 本合同所保障的重大疾病共 110 种，分为 A、B、C、D、E、F 六组。重大疾病的定义详见"10.2 重大疾病定义"。A 组 1. 恶性肿瘤……第 2.6.2 条 重大疾病保险金 首次重大疾病保险金 被保险人因意外伤害或于等待期后因意外伤害以外的原因初次患本合同 A、B、C、D、E、F

---

① 案例来源：山东省青岛市中级人民法院(2022)鲁 02 民终 10642 号民事判决书。

任意一组中的重大疾病(无论一种或多种)并在本公司认可的医疗机构内被专科医生初次确诊，我们按本合同基本保险金额的100%给付首次重大疾病保险金，除本合同另有约定外，该组重大疾病的保险责任终止，其余组别重大疾病的保险责任继续有效。我们给付首次重大疾病保险金后，本合同现金价值减少至零，我们不再承担本合同"轻症疾病保险金""身故保险金"的保险责任。第2.6.4条 被保险人轻症疾病或重大疾病豁免保险费 被保险人因意外伤害或于等待期后因意外伤害以外的原因初次患本合同所定义的轻症疾病或重大疾病(无论一种或多种)并在本公司认可的医疗机构内被专科医生初次确诊，我们将豁免自被保险人初次确诊疾病以后按照本合同约定应当交纳的各期保险费。本合同豁免的保险费视为您已交的保险费。第6.2条 如实告知 我们就您和被保险人的有关情况提出询问，您应当如实告知。若您故意或者因重大过失未履行前款规定的如实告知义务，足以影响我们决定是否同意承保或提高保险费率的，我们有权解除本合同。若您故意不履行如实告知义务，对于本合同解除前发生的保险事故，我们不承担给付保险金的责任，并不退还保险费。若您因重大过失未履行如实告知义务，对保险事故的发生有严重影响的，对于本合同解除前发生的保险事故，我们不承担给付保险金的责任，但退还您所支付的保险费。

《个人保险电子投保单》中健康、财务及其他告知事项载明："……2. 您最近2年内是否因健康异常住院或手术，或被医师提出过住院或手术建议？或因其他慢性疾病需要长期(一个月以上)服药控制或手术治疗？近2年内是否接受过以下检查或检验且结果异常：血常规(白细胞、红细胞、血红蛋白、血小板异常)、空腹血糖、糖化血红蛋白、肝功能、肾功能、甲状腺功能、尿常规、心电图、X线、B超、超声心电图、CT、核磁共振、脑电图、肌电图、内窥镜、肿瘤标记物、病理活检、宫颈TCT检查、眼底检查等？(以上情况不包括鼻炎、鼻窦炎、鼻中隔偏曲、龋齿、结膜炎、眼部异物已康复、咽喉炎、扁桃体炎、感冒、上呼吸道感染、急性支气管炎、肺炎、阑尾炎、四肢骨折已康复、急性胃炎、急性肠炎、胆囊炎、胆囊结石、脂肪瘤、无并发症的剖宫产、顺产已出院、生理性黄疸治愈后)。……4. 您目前或曾经是否患有下列疾病或存在下列情况：B. 循环系统、呼吸系统疾病：高血压(收缩压>150mmhg或舒张压>1000mmhg)、冠心病、心绞痛、心肌梗塞、心律失常……D. 内分泌、消化系统疾病：糖尿病、高脂血症、高尿酸血症、痛风……肝豆状核变性、肝硬化……8. 您近2年内是否曾在其他保险公司投保或正在申请以疾病为给付保险金条件的人身保险(不含本次)，且累计保额超过80万元？是否被保险公司解除人身保险合同或在被拒保、延期、附加条件承保？是否申请过人身保险理赔(门诊理赔除外)？"杨某在被保险人一栏对上述询问均勾选"否"。

2019年5月28日，杨某到青岛大学附属医院就诊，主诉：阴道流血29天，下腹痛1周。既往史：高血压病、过敏(-)。初步诊断：阴道流血原因待诊、腹痛。

2019年6月6日，杨某到青岛美年健康科技管理有限公司银海明珠门诊部进行入职体检，青岛美年健康科技管理有限公司银海明珠门诊部出具的健康体检报告载明："主要阳性结果及异常情况体重指数：38.00、血压：153/104mmHg、既往病史：高血压史(间断治疗)、牙周：牙结石、肝：脂肪肝(中度)、淋巴细胞百分率增高、血红蛋白降低、血小板计数增高、平均红细胞血红蛋白浓度(偏低)、血清天门冬氨酸氨基转移酶增高、血清丙氨酸氨基转移酶增高。"

2019年7月26日，杨某到青岛大学附属医院就诊，主诉：双手红斑，脱屑，痒半年。既往史：既往高血压病史，无药物过敏史。初步诊断：甲癣。

2020年1月19日，杨某到青岛美年健康科技管理有限公司银海明珠门诊部进行体检，青岛美年健康科技管理有限公司银海明珠门诊部出具的健康体检报告载明："主要阳性结果及异常情况体重指数：35.20、血压：171/117mmHg、既往病史：高血压史(治疗中)、龋齿、牙周：牙结石、甲状腺右叶结节建议定期复查、肝：脂肪肝、骨密度降低、脂肪衰减值越大，肝脏脂肪含量越高，提示脂肪肝倾向，建议定期随诊观察、尿隐血(BLD)阳性、血小板计数(PLT)增高、血清天门冬氨酸氨基转移酶测定(AST)增高、血清丙氨酸氨基转移酶测定(ALT)增高、血清低密度脂蛋白胆固醇测定(LDL-C)增高。"

2021年4月9日，杨某因"查体发现甲状腺肿物半月余"到青岛大学附属医院住院治疗4天，入院诊断：甲状腺肿物、出院诊断：甲状腺恶性肿瘤(右侧)。

2021年4月10日，杨某在青岛大学附属医院进行甲状腺右叶+峡部切除+右侧Ⅵ区、Ⅶ区颈部淋巴结清扫术+右侧喉返神经解剖术。同日，青岛大学附属医院出具杨某的病理检查冷冻诊断报告，载明："冰冻诊断：(右叶+峡部)甲状腺乳头状癌。"

2021年4月15日，青岛大学附属医院出具杨某的病理检查诊断报告，载明："病理诊断：送检右侧Ⅵ、Ⅶ区(1/4)及右侧喉返神经后方(1/1)淋巴结内见癌转移；送检(喉前组织)镜下为纤维脂肪组织。同H21-16195。"

2021年4月19日，青岛大学附属医院出具杨某的病理检查诊断报告，载明："病理诊断：(甲状腺右叶+峡部)甲状腺乳头状癌，累及甲状腺被膜。免疫组织化：CK19(+)，HBME-1(+)，Galectin-3(+)，CD56(+)，BRAFV600E(+)，Galectin(−)，pan-Trk(−)。冰对及冰余组织。同H21-16200。"

2021年7月23日，信泰人寿青岛分公司出具理赔决定通知书，载明："尊敬的杨某女士：关于您提出的理赔申请，本公司已完成审核。本公司经审慎核定有关证明与资料，因订立保险合同时，投保人未向我公司履行如实告知义务，根据《中华人民共和国保险法》(以下简称《保险法》)第十六条等相关法律规定和保险合同条款约定，现作出如下决定：(1)不予给付保险金；(2)自2021年7月23日起，解除保险合同号为100011071526的保险合同(投保人：杨某，被保险人：杨某，险种名称：《轻松守护重大疾病保险》《附加轻松守护两全保险》)。……"

庭审中，杨某自认其是美年大健康医疗机构的外勤人员，以承接业务为主业。并以其父亲杨某利的名义在世纪保险经纪股份有限公司黄岛公司兼职从事保险销售的工作。

杨某作为投保人、被保险人于2020年1月14日在复星联合健康保险股份有限公司投保复星联合星康源重大疾病保险，保险金额为 200000 元；杨某作为投保人、被保险人于 2020 年 3 月 18 日在信泰人寿青岛分公司投保爱无忧 C 款重大疾病保险，保险金额为 161000 元；杨某作为投保人、被保险人于 2020 年 6 月 1 日在百年人寿保险股份有限公司山东分公司投保百年超倍保重大疾病保险，保险金额为 400000 元；杨某作为投保人、被保险人于 2020 年 6 月 1 日在海保人寿保险股份有限公司投保海保人寿大金刚 C 款重大疾病保险，保险金额为 400000 元。

三、裁判过程和结果

2021 年，杨某诉至山东省青岛市黄岛区人民法院，请求判令：（1）判令信泰人寿青岛分公司向杨某支付第一次重大疾病保险金 50 万元及利息（利息以 50 万元为基数，按照全国银行间同业拆借中心公布的贷款市场报价利率计算，自 2021 年 7 月 23 日至信泰人寿青岛分公司赔偿之日止）；（2）豁免本保险合同的保险费，本合同继续有效；（3）本案的诉讼费用由信泰人寿青岛分公司承担。诉讼过程中，杨某变更诉讼请求第二项为继续履行本合同。

山东省青岛市黄岛区人民法院作出（2021）鲁 0211 民初 24025 号民事判决书，判决驳回杨某的诉讼请求。案件受理费由杨某负担。

杨某不服，向山东省青岛市中级人民法院提起上诉。山东省青岛市中级人民法院于 2022 年 8 月 19 日作出（2022）鲁 02 民终 10642 号民事判决书，判决驳回上诉，维持原判。二审案件受理费，由杨某负担。

四、案件争议焦点

根据双方的诉辩意见，本案的争议焦点为：（1）杨某在投保时是否故意未履行如实告知义务；（2）信泰人寿青岛分公司是否应承担向杨某支付保险金的保险责任。

五、裁判主要理由

山东省青岛市黄岛区人民法院认为：关于争议焦点一，保险合同为射幸合同，保险人是否承保及其如何确定保险费，取决于保险人对承保危险的正确估计和判断，而投保人对相关事项的如实告知，是保险人正确确定保险危险并采取控制措施的重要基础。根据诚实信用原则，投保人对保险人在投保单上列出的询问事项，均应根据自己知道或应当知道的情况进行如实告知。本案中，杨某在投保涉案保险时，针对信泰人寿青岛分公司对其"近 2 年内是否接受过以下检查或检验且结果异常：甲状腺功能"，"您目前或曾经是否患有下列疾病或存在下列情况：B. 循环系统、呼吸系统疾病：高血压（收缩压>150mmhg 或舒张压>1000mmhg）"，"您近 2 年内是否曾在其他保险公司投保或正在申请以疾病为给付保险金条件的人身保险（不含本次），且累计保额超过 80 万元？"的询问内容均作出了否定性的回答，隐瞒了其患有高血压、甲状腺结节及在其他多家保险公司多次重复投保的实际情况，作出了与事实明显不符的答复，并未履行如实告知义务。杨某作为健康医疗机构工作人员及兼职保险销售人员，其医学常识及保险知识要优于常人，对于如实告知义务应当比一般投保人具有更全面和清晰的认识，并对保险风险控制应注意的事项具有一定的了解，因此对其在保险合同签订过程中的审慎诚信应当给予高于一般人的要求。综上所述，可以认定杨某故意未尽到如实告知义务。

关于争议焦点二，保险合同作为转移风险的手段是通过风险的大小和性质来决定保险人是否承保、如何确定承保条件及费率的高低、责任的范围等。根据保险行业的实际情况，投保人是否已经参加或者正在申请其他人身保险的情况，是保险人正确认定承保风险，决定是否承保和如何确定承保条件、保险费率的重要依据。投保人不如实告知上述事项，将直接影响保险人的正确评估和决策，足以影响保险合同的订立。杨某作为保险销售人员，应清楚未告知产生的法律后果。杨某在不到一年的时间内在包括信泰人寿青岛分公司在内的共计五家保险公司进行投保，保额高达1661000元，但在其投保时，故意不履行如实告知义务，违背了保险最大诚信原则，故可以认定杨某故意未尽到如实告知义务且足以影响保险人决定是否同意承保或者提高保险费率。信泰人寿青岛分公司有权解除涉案保险合同，并作出不予给付保险金的决定。遂判决驳回杨某的诉讼请求。案件受理费由杨某负担。

山东省青岛市中级人民法院认为：最大诚信原则是保险法的基本原则。本案中，首先，杨某明知自己患有高血压、甲状腺结节等疾病，但在其投保填写健康告知询问事项时，向信泰人寿青岛分公司作出了与事实不符的答复，结合其患有相关疾病的情况下，在不到一年的时间内在包括信泰人寿青岛分公司在内的多家保险公司进行投保的事实，应认定为其违反《保险法》第十六条第一款规定"订立保险合同，保险人就保险标的或者被保险人的有关情况提出询问的，投保人应当如实告知"的规定。其次，杨某所患的疾病已足以影响信泰人寿青岛分公司决定是否同意承保或者提高保险费率。再次，杨某在投保时已声明其对信泰人寿青岛分公司健康的各项询问均已了解并进行了如实告知，如有告知不实，保险人有权依法解除合同。基于以上事由，信泰人寿青岛分公司与其解除合同，合法有据，杨某的上诉请求不成立。遂判决驳回上诉，维持原判。二审案件受理费由杨某负担。

六、案件启示和意义

如实告知义务是保险合同缔约的基础。本案中，杨某作为医疗机构的工作人员，还兼任保险代理人，其应当具备的医学常识及保险执业规范要优于常人，但其隐瞒患有甲状腺结节以及在其他保险公司多次投保的事实，重复购买大额保险，其行为不具有正当性，违反了民法最基本的诚实信用原则。保险事故发生后，保险人据此作出拒绝理赔并解除《保险合同》的决定，杨某非但没有获取保险金，反而损失了其已经投入的保险费用。

值得注意的是，除了存在本案这类恶意投保的情形外，在生活中还存在大量因为投保时不认真了解投保告知书、保险合同、免责声明等材料的情况，待保险事故发生后才惊觉不符合被保险情况。特别是在人寿保险中，因为存在大量有关医学方面的专业定义，很多投保人在订立保险合同时，由于自身能力有限或出于对保险代理人的盲目信任，未对合同条款进行仔细的审核，不清楚自己是否符合投保条件而盲目签订合同，待保险事故发生、理赔被拒后才惊觉自己不符合投保条件，从而引发理赔纠纷，影响被保险人或受益人的利益。

七、课后思考

人身保险具有较高的专业壁垒，对于普通投保人而言，需要在充分理解保险术语及医学术语的前提下，对其是否满足投保条件作出正确判断，否则日后可能会被保险人以未履行如实告知义务而拒赔。但是，法律关于如实告知要履行到哪一种程度，目前没有明确客观的标准。在实践中，投保人如何掌握好告知尺度，做到最大诚信和隐私保护的平衡，是值得思考的问题。

第二节　如何判断保险人是否违反禁止反言义务

——丁某萍与中国平安人寿保险股份有限公司、中国平安人寿保险股份有限公司上海分公司人寿保险合同纠纷案①

一、本节知识点/知识体系概述

禁止反言制度，是指保险人在与投保人签订保险合同时，知道或应当知道投保人或者被保险人存在投保时应当告知而未如实告知的真实情况，且此情况可能导致保险合同无效或解除，保险人仍与投保人签订保险合同，合同成立后保险人不得再以该情况主张合同无效或解除合同，保险人应按照保险合同的约定，承担保险责任。

法律赋予保险人在投保人未如实告知的情况下对保险合同享有解除权，但实践中却时常发生保险人明知投保人存在未如实告知的情形，却仍接受投保并订立保险合同，待保险事故发生后又以投保人未如实告知为由拒赔。为了限制保险人滥用合同解除权，英美保险法率先确立了禁止反言制度。我国则在 2009 年修订《保险法》时引入了该制度。《保险法》第十六条第六款规定："保险人在合同订立时已经知道投保人未如实告知的情况的，保险人不得解除合同；发生保险事故的，保险人应当承担赔偿或者给付保险金的责任。"禁止反言制度保护投保人的合理信赖，避免其利益遭受损害，是保险法最大诚信原则的组成，也是民法善意保护制度的体现。

① 案例来源：上海金融法院(2019)沪 74 民终 373 号民事判决书。

二、案件基本事实

2016 年 6 月 29 日，原告丁某萍至上海瑞慈瑞铂门诊部体检，该门诊部出具体检报告，载明："双叶甲状腺形态大小正常，峡部厚度正常，包膜完整，内部回声增粗，分布不均匀。右叶见低回声，大小约 7.5mm，内见点状强回声。CDFI：未见明显异常血流信号。"

2016 年 8 月 21 日，案外人张某川作为投保人，丁某萍作为被保险人及受益人，向被告中国平安人寿保险股份有限公司上海分公司(以下简称平安人寿上海分公司)投保，保险代理人为黄某、黄某华。投保时，投保人向保险代理人出示了丁某萍的体检报告，并口头告知丁某萍经过体检发现有甲状腺结节。保险代理人在投保书上代投保人和丁某萍打勾，在询问事项中"甲状腺或甲状旁腺疾病"中均勾选"否"。投保人和丁某萍在《人身保险投保书》电子版、《人身保险〈个险渠道〉投保提示书》上签字。

2016 年 8 月 21 日，平安人寿上海分公司通知投保人张某川，让被保险人丁某萍到平安人寿上海分公司安排的上海嘉华医院参加免费健康检查。2016 年 8 月 27 日，丁某萍到上海嘉华医院体检，《健康检查报告书》所在机构载明为"上海寿险"，体检表格"询问事项"中"甲状腺或甲状旁腺疾病"项目中，勾选"否"，丁某萍在签名处签名。本次《健康检查报告书》载明："感谢您对本次健康检查的合作，本《健康检查报告书》仅作为我司评估客户投保风险的依据之一，不作它用!"《健康检查报告书》所附《健康检查表》上"综合健康评定"一栏，有医师签名并载明"本次所检项目均正常"。审理中，丁某萍确认《健康检查报告书》上丁某萍的签字是本人所签，但不认可系其勾选"否"。

2016 年 9 月 1 日，正式签订保险合同，投保人为张某川，被保险人为丁某萍，生存保险金受益人为丁某萍 100%，投保主险平安福<1118>，保险期间为终身；附加长险平安福重疾 15<1146>，保险期间为终身，基本保险金额为 300000 元；长期意外 13<1120>，保险期间为 41 年；豁免 C 加强版<1148>，保险期间 20 年；豁免 B 加强版<1147>，保险期间 20 年。《平安附加平安福提前给付重大疾病保险<2015>条款》约定："保险责任在本附加险合同保险期间内，我们承担如下保险责任……重大疾病保险金被保险人经医院确认初次发生重大疾病，我们按照基本保险金额给付重大疾病保险金……"其中"重大疾病"约定为："第 1 类与恶性肿瘤相关的疾病 1. 恶性肿瘤……"

2017 年 8 月 11 日，丁某萍又至上海瑞慈瑞铂门诊部体检，该门诊部出具的体检报告中载明："双叶甲状腺形态大小正常，峡部厚度正常，包膜完整，内部回声欠均匀。右叶见低回声，大小约 5.4mm，内见强回声，后方回声衰减。CDFI：未见明显异常血流信号。"

此后，丁某萍经过复诊确诊其患有甲状腺恶性肿瘤，并至上海市第八人民医院住院治疗，行甲状腺癌根治术。上海市第八人民医院在丁某萍的《出院小结》中记载：患者丁某萍，因发现右侧甲状腺结节近 1 年入院；入院后完善必要检查，于 2018 年 4 月 13 日行右侧甲状腺腺叶切除等手术，术后对症治疗等内容。

在确诊自己患有恶性肿瘤后，丁某萍向中国平安人寿保险股份有限公司（以下简称平安人寿上海分公司）申请理赔。2018年4月12日，平安人寿上海分公司工作人员对丁某萍制作保险事故询问笔录，载明："……2. 问：请谈谈发病和就医经过。答：2017年7月8日单位体检发现甲状腺结节伴钙化，于8月12日至十院复诊，后至肿瘤医院继续治疗，因肿瘤医院床位紧张，至八院住院手术治疗。既往身体较好。3. 问：请谈谈生活轨道。答：2012年至上海，在上海某有限公司工作，公司既往无体检，2017年作为福利员工有体检。4. 问：请谈谈投保经过。答：自己有意向购买保险，小姨称其认识推销平安保险的业务员，遂介绍认识，经推销，夫妻俩均为对方购买了保险。"

2018年8月5日，平安人寿上海分公司对丁某萍的保险报案结案，出具《理赔决定通知书》，载明：您提出的理赔申请，本公司经审慎核定您所提供的有关资料与证明，根据保险条款及相关法律，对您此次理赔申请作出如下处理：解除《保险单》及《保险单》项下的《平安附加豁免保险费重大疾病保险》保险合同；不予退还保险费，并不予豁免保险费。本公司作出上述决定的理由是：经审核，被保险人投保前存在异常疾病病史，而投保人在投保时未如实告知，严重影响了本公司的承保决定，按照《保险法》第十六条作出上述决定。平安人寿公司、平安人寿上海分公司将上述《理赔决定通知书》送达丁某萍。

三、裁判过程和结果

2018年8月23日，丁某萍诉至上海市静安区人民法院，请求判令：（1）平安人寿公司、平安人寿上海分公司向丁某萍支付保险理赔款300000元；（2）平安人寿公司、平安人寿上海分公司继续履行《保险单》并履行平安附加豁免保险费重大疾病保险条款，对投保人剩余各期保费予以豁免；（3）平安人寿公司、平安人寿上海分公司承担本案的诉讼费。诉讼过程中，丁某萍变更诉讼请求为：（1）平安人寿公司、平安人寿上海分公司支付丁某萍保险理赔款300000元；（2）平安人寿公司、平安人寿上海分公司承担本案的诉讼费。

上海市静安区人民法院于2019年1月21日作出（2018）沪0106民初33085号民事判决书，判决平安人寿公司、平安人寿上海分公司应于该判决生效之日起10日内向丁某萍支付保险金300000元。案件受理费由平安人寿公司、平安人寿上海分公司共同负担。

平安人寿公司、平安人寿上海分公司不服，向上海金融法院提起上诉。上海金融法院于2019年6月27日作出（2019）沪74民终373号民事判决书，判决驳回上诉，维持原判。

四、案件争议焦点

根据双方的诉辩意见，本案的争议焦点为：（1）丁某萍在投保过程中是否向平安人寿公司、平安人寿上海分公司履行了如实告知义务；（2）平安人寿公司、平安人寿上海分公司能否解除保险合同并予以拒赔。

五、裁判主要理由

上海市静安区人民法院认为：《最高人民法院关于适用〈中华人民共和国保险法〉若干

问题的解释〈二〉》第三条规定："保险人或者保险人的代理人代为填写保险单证后经投保人签字或者盖章确认的，代为填写的内容视为投保人的真实意思表示。但有证据证明保险人或者保险人的代理人存在保险法第一百一十六条、第一百三十一条相关规定情形的除外。"《保险法》第一百三十一条规定："保险代理人、保险经纪人及其从业人员在办理保险业务活动中不得有下列行为：……（三）阻碍投保人履行本法规定的如实告知义务……"丁某萍和保险代理人均确认，投保人和丁某萍在投保书上的签字系其本人所签，但《保险单》上打勾均为保险代理人代为填写，且投保人在投保时向保险代理人出示了丁某萍的体检报告，该体检报告载明丁某萍有甲状腺结节。保险代理人在投保人出示丁某萍体检报告，明知丁某萍患有甲状腺结节的情况下，仍代投保人和丁某萍在投保书询问事项"甲状腺或甲状旁腺疾病"中勾选"否"，保险代理人的上述行为系属阻碍投保人履行保险法规定的如实告知义务，故保险代理人上述代为填写的内容不能视为投保人的真实意思表示。投保人和丁某萍在投保时已经出具了丁某萍的体检报告，故投保人在投保时已经履行了如实告知义务。关于平安人寿公司、平安人寿上海分公司辩称，2016年8月27日上海嘉华医院《健康检查报告书》中询问事项"甲状腺或甲状旁腺疾病"项目中丁某萍勾选"否"，故丁某萍未履行如实告知义务。该院认为，投保人已经于2016年8月21日投保时履行了如实告知义务，且《健康检查报告书》已经载明，其仅是保险公司"评估客户投保风险的依据之一，不作他用"，故平安人寿公司、平安人寿上海分公司上述抗辩意见，该院不予采纳。关于平安人寿公司、平安人寿上海分公司辩称，平安人寿上海分公司工作人员于2018年4月12日与丁某萍制作保险事故询问笔录中丁某萍称"既往身体较好"，故丁某萍没有履行如实告知义务。该院认为，如实告知义务是投保人在签订保险合同时须履行的义务，现丁某萍已经举证证明其在签订保险合同时向保险代理人出示了体检报告，履行了如实告知义务，平安人寿公司、平安人寿上海分公司以发生保险事故后询问笔录载明的"既往身体较好"不能证明投保人投保时未履行如实告知义务，故平安人寿公司、平安人寿上海分公司上述抗辩意见，该院亦不予采纳。综上所述，平安人寿公司、平安人寿上海分公司不得以丁某萍未履行如实告知义务而解除合同并予以拒赔。被保险人丁某萍发生了保险合同约定的保险事故即"甲状腺恶性肿瘤"，平安人寿公司、平安人寿上海分公司应向受益人即丁某萍理赔保险金300000元。

上海金融法院认为：涉案《保险单》，系投保人张某川、被保险人丁某萍与保险人平安人寿公司及平安人寿上海分公司之间所订立的保险合同，该保险合同法律关系的确立，为签约各方当事人基于平等自愿原则下的真实意思表示，涉案保险合同当属合法有效的合同，各方当事人均应恪守履行各自的合同义务。

一审审理过程中，丁某萍确认了其在投保过程中已将有甲状腺结节的情形口头告知了其保险代理人，并出示了体检报告，相关询问事项的勾选均由保险代理人代为完成，而保险代理人对于相应告知事项均勾选了"否"等事实，上述事实，丁某萍的保险代理人亦出庭作证予以了确认。对此，一审法院认为，丁某萍已经举证证明其在签订保险合同时向保险代理人出示了相关体检报告,履行了如实告知义务,而保险公司以发生保险事故后询问笔录载明的"既往身体较好",不能证明丁某萍投保时未履行如实告知义务,本案系保险代理人代为填写保险单证,并且阻碍了投保人、被保险人一方履行其法定的如实告知义务,不能认定丁某萍的意思表示系未履行如实告知义务,并无不妥。保险代理人的相关行为,当属代表保险人的真实意思表示,平安人寿公司及平安人寿上海分公司对于上述事实不予认可,并认为系被保险人与保险代理人恶意串通,但未能提交恶意串通的确凿证据,该院不予采信。

丁某萍在投保前于2016年6月底进行过健康体检,相应的体检报告中记载了其甲状腺形态正常、未见明显异常血流信号等字样,该体检报告并未明确载明丁某萍存在"甲状腺结节"阳性等异常情况,亦未有"建议及时去医院专科做进一步检查,以便明确诊断"等内容。故不能推定丁某萍作为一名不具有医学专业知识的普通人在涉案保险的投保阶段,对自己是否患有医学检查结果异常意义上的甲状腺疾病有明确的判断。2016年6月,丁某萍体检所检查出的甲状腺右叶低回声,大小约为7.5mm,而2017年8月其到同一家医院自行体检的报告中,该右叶低回声的大小约5.4mm,有明显缩小。故人体中有甲状腺结节的存在,并不必然导致甲状腺恶性肿瘤保险事故的发生。平安人寿上海分公司在接受涉案投保申请后,安排被保险人丁某萍到该公司指定的医院参加免费健康检查,此次体检的"综合健康评定"一栏,由医师签名并给出了"本次所检项目均正常"的结论,平安人寿上海分公司在为其投保客户所提供的体检中,亦未能检查出涉案当事人丁某萍在投保申请阶段即已患有足以影响该公司审核承保与否的甲状腺疾病。故此,难以认定丁某萍在投保时违反如实告知义务。平安人寿公司及平安人寿上海分公司作为保险人由此向丁某萍签发涉案《保险单》的行为,表明保险公司对于本案投保人、被保险人的投保申请已审核通过并愿意承保的意思表示。因此,发生保险事故后,保险人理当依照涉案保险合同的约定条款,向被保险人承担相应的赔付责任。

综上所述,该院判决驳回上诉,维持原判。

六、案件启示和意义

保险合同具有射幸性,合同双方对保险金的获取存在风险博弈。就保险人而言,其是否负有保险金的给付义务取决于保险事故是否发生,保险事故发生时保险人支付保险金,反之则获取保险费,但总体而言,给付保险金的概率相对较低。

保险代理人是保险公司与投保人之间的"桥梁",但由于部分保险公司疏于对保险代理人的管理,导致一些保险代理人不规范执业,在开展业务时往往采取夸大投资回报、淡化理赔风险的方式诱导投保人,甚至明知投保人不符合投保条件,却仍与其签订合同、收取保费。待保险事故发生后,保险公司才得知投保人存在投保瑕疵并拒绝理赔。以上情况导致在群众中普遍形成"投保容易理赔难"的共识,信任危机严重制约了我国保险行业的健康发展。

在本案中，丁某萍检出患有甲状腺结节后不久，其夫张某川便向平安人寿公司、平安人寿上海分公司投保。如严格按照《保险单》的约定，丁某萍可能并不符合投保条件，属于"带病投保"。但张某川在投保时已向保险代理人如实陈述了丁某萍的身体健康状况，并出具了体检报告，履行了如实告知义务。保险代理人为达成交易，代替投保人填写了相关的保单信息，主动帮助投保人隐瞒部分事实。该种不诚信的执业行为属于阻碍投保人履行如实告知义务，保险公司应当予以理赔。虽说保险公司的利益可能在个案中受损，但从总体上维护了保险市场的诚信基石，有利于保险行业的良性发展。

七、课后思考

本案对保险代理人的诚信缺失问题进行了有效规制，但保险人给投保人赔付后，能否依法向保险代理人追偿以弥补损失，需要结合哪些因素进行判定？

第三节 如何考虑保险双方权利义务的对价平衡
——李某潇与平安财保北京分公司财产保险合同纠纷案①

一、本节知识点/知识体系概述

对价平衡原则是指交易双方的付出和收获相对平等。在保险法律关系中，对价平衡主要体现在两方面：一是个体平衡，即投保人承担给付保险费的义务，保险人承担在保险期间内保险标的发生特定危险时的保险金支付义务，此二者在保险费率和危险概率上要相对平衡；二是整体平衡，即整个保险群体要收支相对平衡，全体保险人支付的保险费的总额要与保险金支出的总额大致相等。以上两方面关系相辅相成、密不可分，共同缔造了整个保险生态体系的平衡。

保险合同签订后，双方当事人的权利义务便已确定，但保险期间往往持续时间较长，从合同成立到履行完毕，保险标的很可能会发生在合同订立时双方当事人预料之外的情形。这些变化是否会对双方的权利义务产生影响，保险合同是否需要修改或能否继续履行，则需要根据具体情况综合认定。

二、案件基本事实

原告李某潇系泰康保险集团股份有限公司职员，就职部门为数据信息中心服务管理部，劳动合同中记载的李某潇的居住地为北京市通州区某小区。李某潇为其名下一辆小客车在被告中国平安财产保险股份有限公司北京分公司(以下简称平安财保北京分公司)投保

---

① 案例来源：北京市第二中级人民法院(2019)京02民终8037号民事判决书。

了交强险、机动车损失保险和机动车案外人责任保险，其中机动车损失保险的保险限额为250650元，机动车案外人责任保险的保险限额为50万元，均不计免赔。保险期间均为2018年4月25日00时起至2019年4月24日24时止。车辆登记的使用性质为非营业，被保险人为李某潇。

《机动车综合商业保险单》中"重要提示"部分记载如下内容：(1)本保险合同由保险条款、投保单、保险单、批单和特别约定组成。(2)收到本保险单、承保险种对应的保险条款后，请立即核对，如有不符或疏漏，请及时通知保险人并办理变更或补充手续。(3)请详细阅读承保险种对应的保险条款，特别是责任免除和赔偿处理。(4)被保险机动车因改装、加装、改变使用性质等导致危险程度显著增加以及转卖、转让、赠送他人的，应通知保险人。(5)被保险人应当在保险事故发生后及时通知保险人。

订立上述保险合同所适用的保险条款是平安财保北京分公司提供的格式条款，名称为《机动车综合商业保险条款(2014版)》，该条款第一章"机动车损失保险"的"责任免除"部分第八条第(五)项约定：被保险机动车被转让、改装、加装或改变使用性质等，被保险人、受让人未及时通知保险人，且因转让、改装、加装或改变使用性质导致危险程度显著增加的，由此导致的被保险机动车的损失和费用，保险人不负责赔偿。

2018年12月17日20时45分，李某潇在距离其公司数据信息中心和服务管理部一站地位置的赵庄村公交车站承接了嘀嗒顺风车单，行程为赵庄村公交站至皮村环岛。20时51分，李某潇驾驶被保险车辆在海淀区永丰路与丰滢东路交叉处与案外人宋某驾驶的小轿车发生交通事故，事故造成上述两车受损。北京市公安交通管理局海淀交通支队温泉大队出具交通事故认定书，认定李某潇负全责。

2018年12月18日，李某潇的车辆在北京环耀汽车服务有限公司入场维修，维修费共计67729元；同日，宋某的车辆在北京华泰昌汽车贸易有限公司入场维修，维修费共计66753.90元。上述费用均已经由李某潇实际支付。

2019年1月18日，平安财保北京分公司向李某潇出具了拒赔通知书，载明如下内容：此次事故造成的损失不属于平安财保北京分公司的责任范围，理由在于标的车改变使用性质，违反《机动车综合商业保险条款(2014版)》第一章第八条第五款、第二章第二十五条第三款的规定。

三、裁判过程和结果

2019年2月2日，李某潇诉至北京市西城区人民法院，请求判令：(1)请求法院依法判令被告在本案机动车交通事故责任强制保险、机动车损失保险和机动车案外人责任保险的责任限额内赔付李某潇修车费损失134482.90元(其中，两车修理费用分别为李某潇车67729元、宋某驾驶的三者车66573.90元)；(2)平安财保北京分公司承担本案诉讼费。

北京市西城区人民法院于2019年5月5日作出(2019)京0102民初9552号民事判决书，判决平安财保北京分公司于本判决生效后7日内赔偿李某潇机动车损失67729元、案外人车辆损失 66753.90 元。案件受理费由平安财保北京分公司负担。

平安财保北京分公司不服，向北京市第二中级人民法院提起上诉。北京市第二中级人民法院于 2019 年 7 月 30 日作出（2019）京 02 民终 8037 号民事判决书，判决驳回上诉，维持原判。

四、案件争议焦点

根据双方的诉辩意见，本案的争议焦点为：李某潇承接顺风车业务是否变更了被保险车辆的使用性质，平安财保北京分公司对涉案事故造成的损失是否承担赔偿责任？

五、裁判主要理由

北京市西城区人民法院认为：根据交通运输部、工业和信息化部、公安部、商务部、工商总局、质检总局、国家网信办颁布的《网络预约出租汽车经营服务管理暂行办法》的规定，顺风车与网约车并非同一概念，顺风车是指私人小客车合乘，应按各城市的人民政府有关规定执行。2016 年 12 月 21 日，北京市交通委员会、北京市公安局、北京市工商行政管理局、北京市通信管理局、北京市互联网信息办公室出台了《北京市私人小客车合乘出行指导意见》，该意见在首部开宗明义，阐述其目的在于"清洁空气、节约能源、缓解交通拥堵、方便出行，规范本市私人小客车合乘行为，保护合乘参与人的合法权益"，随后其第一条规定："私人小客车合乘，也称为拼车、顺风车，是由合乘服务提供者事先发布出行信息，出行线路相同的人选择乘坐驾驶员的小客车、分摊合乘部分的出行成本（燃料费和通行费）或免费互助的共享出行方式。"由此可知，该条明确了纳入行政部门规制视野范围内的顺风车概念。其第二条规定，"合乘出行作为驾驶员、合乘者及合乘信息服务平台各方自愿的、不以营利为目的民事行为，相关责任义务按照有关法律法规的规定由合乘各方自行承担"，由此可知，顺风车并不以营利为目的，也非营运行为。

李某潇借助"嘀嗒出行"平台发布行程并与顺风车乘客达成合乘合意，信息服务平台根据乘客人数及行驶里程计算出乘车费并推送给乘客双方。根据已查明事实，李某潇有固定职业，没有以顺风车业务谋生的动机，且涉诉行程的始发地与李某潇的工作地点接近，目的地与李某潇居住地区域接近。此外，李某潇收取的乘车费用的多少不由其个人意志决定，而是由信息服务平台确定，在平安财保北京分公司无证据证明李某潇曾向乘客收取过超过平台计算标准的费用的情形下，李某潇驾驶运送搭乘者的行为应被界定为顺风车搭乘，不具有营运性质。平安财保北京分公司关于李某潇改变被保险车辆的使用性质的答辩意见，法院不予采信。

李某潇在平安财保北京分公司投保了交强险、商业三者险 50 万元及商业车损险 250650 元，平安财保北京分公司均予以承保，含不计免赔。保险事故发生后，平安财保北京分公司应当在收到被保险人或者受益人的赔偿或者给付保险金的请求后，履行赔偿或者给付保险金义务。本案中，事故发生在保险期间内，且不属于免赔情形，平安财保北京分公司对此次事故造成的被保险车辆及案外人车辆的损失应承担赔偿责任。

关于被保险车辆实际维修金额 67729 元以及案外人车辆实际维修金额 66753.90 元。诉讼中，平安财保北京分公司对上述两车的维修项目和维修费金额提出异议，但表示放弃申请鉴定，平安财保北京分公司无证据证明维修项目与事故不具有关联性，亦无证据证明维修费金额明显高于市场价格，故法院对平安财保北京分公司的上述抗辩意见不予采信。李某潇要求平安财保北京分公司在商业车损险限额内赔偿其 67729 元车辆损失，于法有据，法院予以支持。被保险车辆发生道路交通事故给案外人宋某造成了财产损失，平安财保北京分公司应依法在机动车交强险限额范围内予以赔偿，不足部分在商业三者险限额内予以赔偿。鉴于李某潇已经代案外人宋某支付了车辆维修费 66753.90 元，对此，平安财保北京分公司应当在交强险限额内向李某潇支付 2000 元，在商业三者险限额内向李某潇支付 64753.90 元。综上所述，李某潇的诉讼请求，于法有据，法院予以支持。

北京市第二中级人民法院认为：一审法院依据查明的李某潇的职业状况、涉诉行程的始发地与李某潇的工作地点的距离、目的地与李某潇居住地区域的距离以及乘车费用等因素综合认定李某潇驾驶车辆运送搭乘者的行为为顺风车搭乘，不具有营运性质，具有较充分的事实依据，并无不当。应当指出，李某潇通过"嘀嗒出行"平台发布行程，属于网约车性质，但网约车并不必然具有营运性质；事故发生时间为晚间亦不是免除平安财保北京分公司相应赔偿责任的事由；此外，平安财保北京分公司亦未能举证证明案涉乘车费用超过了行程的实际成本。遂判决驳回上诉，维持原判。

六、案件启示和意义

网约车在我国发展至今已有十几年时间，给居民的出行提供了便利，但关于网约车的保险制度仍处于初期发展阶段，特别是拼车、顺风车等出行方式是否对保险标的的用途进行了变更，在保险行业中一直存在争议。目前，私人小客车的拼车、顺风车等合乘行为是按照各城市人民政府的相关规定进行管理。多数城市的倾向性意见是认为私人小客车的合乘是不以营利为目的的行为，车主事先发布出行信息，出行线路相同的人选择乘坐，此类模式通常并没有显著增加车辆的路程或改变行程，特别是有些地区还对每日合乘的频次也作出相应规定，因此没有明显增加车辆的使用次数。除合乘人分摊部分出行成本外，车主并未从合乘行为中获取其他额外收益，因此私家车合乘是一种共享的出行方式，与网约车的经营性客运服务性质有着本质区别，投保人承担的赔付风险不会明显增大。所以，在现有案例中，大多数法院认为保险公司不得以顺风车车主改变了经营性质而拒赔。

七、课后思考

网约车作为共享经济的代表性产业，已经成为人们出行的主要交通方式。近年大量私家车主涌入网约车市场，保险纠纷大量增加，但相关的法律法规却尚停留在地方规章层面，较难统一裁判尺度。因此，有关部门应尽快完善立法，才能促进网约车保险市场的健康发展。

第四节 如何判断保险标的危险程度是否增加

—— 郑某琦诉三星财产保险(中国)有限公司财产保险合同纠纷案①

一、本节知识点/知识体系概述

危险程度增加是指在保险合同有效期内，保险标的发生保险责任范围内危险的可能性较保险合同订立时有所增加。保险的本质在于风险共担，保险标的的风险显著增加，将会导致保险事故发生的概率增加，进而可能对整个保险体系的正常运行产生相应影响。因此，危险程度显著增加既破坏了投保人支付保费与保险人承担风险之对价的平衡关系，也影响到其他被保险人的保险费率。此外，保险标的通常由被保险人控制，保险人与被保险人之间就保险标的的状态存在信息不对等，因此，被保险人更应向保险人披露可能导致风险显著增加的相关信息，以保障保险人的知情权。保险人可以根据实情及合同约定选择增加保险费或者解除合同，从而使其承担的风险相对稳定，这也是保险最大诚信原则的体现。如被保险人未履行通知义务，因危险程度显著增加而发生的保险事故，保险人不承担赔付保险金的责任。

二、案件基本事实

沪 BW××××小型轿车为郑某琦所有。郑某琦为该车向三星财产保险(中国)有限公司(以下简称三星财保公司)投保机动车综合商业保险，保险期间自 2018 年 8 月 10 日至 2019 年 8 月 9 日止；《机动车综合商业保险保险单》使用性质一栏注明："非营业个人"；重要提示一栏注明："被保险机动车因改装、加装、改变使用性质等导致危险程度显著增加以及转卖、转让、赠送他人的，应书面通知保险人并办理变更手续。"

2018 年 12 月 23 日，郑某琦将该轿车租赁给案外人宋某玉(微信名)。当日，宋某玉又将该轿车租赁给案外人于某鑫，并收取租金及押金共计 3100 元。于某鑫将该车交由肖某驾驶。2018 年 12 月 23 日 23 时 40 分许，肖某驾驶该车沿浙江省平湖市独山港镇九龙山度假景区内道路行驶至事发路段时因避让动物导致车辆失控冲出路面，与山体相撞，造成车辆损坏的事故。平湖市公安局交警大队认定肖某负全部责任。

2019 年 1 月 14 日，三星财保公司向郑某琦出具《机动车辆保险拒赔通知书》，对沪 BW××××小型轿车在上述事故中产生的损失以不属于保险责任赔偿范围为由，拒绝

---

① 案例来源：上海市静安区人民法院(2019)沪 0112 民初 18496 号民事判决书。

赔偿。

诉讼中，郑某琦陈述："宋某玉是我在网上认识的朋友，我们在去年10月份认识的。认识后我们见过面的，主要是网上聊，一共就见过两次面。他的职业我不清楚，就知道他是车友群中一个组织者。我只知道他住上海，具体哪里不知道，至于他是哪里人我不清楚也没问过。……曾经两次见面都是在我家附近的地方看车，问我有没有改装的兴趣以及对车这方面有什么喜好。""事故车辆是闲置的，我不是经常开，他说停着也是停着不如借给他，给我一些补贴，假如有什么事情他会赔，且车子本身也有保险。""他说让我看一下一般到租车公司租这样的车要多少钱，然后再打个折给他，外面基本是六七百一天，所以最后我和他谈的是四五百一天。""拿了车大概过了十几分钟他就通过微信转给我1000元。车子就是事故发生当天中午给他的，是第一次给到他，结果晚上就出事了。事发当日宋某玉联系我说车子撞了，驾驶员是他的朋友，具体细节没有提，之后的修车事宜都是他处理的，再后来是保险公司联系上我，说你的朋友将车子租给别人，保险公司拒赔。""我没有细问(宋某玉借车的用途)，他说他会自己开或者给朋友开，就告诉我不用担心，有问题他会处理的。""我把车借给他，就是因为我觉得即使他把车租给别人开也没什么问题，因为车子是有保险的，所以我才敢把车子借给他。他是否收取租金我也不方便再去问他，我觉得这也不影响理赔。""没有核实过(宋某玉真名)，我管他叫小宋，也没有看过他的身份证原件，签租车协议也是在外面签的，租车合同上的名字是宋某凯，所以我也不知道他的真实名字。""(现在)联系过(宋某玉)，但是几乎联系不上，我不知道他在哪里。我们只是在车友群认识的。"

宋某玉在其微信朋友圈经常发布各款汽车图片，并配有相应的广告文字。

三、裁判过程和结果

2019年5月16日，郑某琦诉至上海市闵行区人民法院，请求判令：(1)三星财保公司赔偿郑某琦149946元(维修费145786元、施救费250元、评估费3910元)；(2)案件受理费由三星财保公司负担。上海市静安区人民法院于2019年12月24日作出(2019)沪0112民初18496号民事判决书，判决驳回郑某琦的诉讼请求。

一审宣判后，双方当事人均未提起上诉，一审判决发生法律效力。

四、案件争议焦点

根据双方的诉辩意见，本案的争议焦点为：(1)沪BW××××小型轿车的用途是否改变；(2)如果沪BW××××小型轿车的用途改变，是否因此导致危险程度显著增加；(3)如果危险程度增加，是否属于保险人预见或应当预见的保险合同承保范围。

五、裁判主要理由

上海市闵行区人民法院认为：关于沪BW××××小型轿车的用途是否改变的问题，

郑某琦投保时双方约定诉争车辆的用途为"非营业个人"，"非营业"相对的概念是"营业"。"营业"一词，从文义解释来看，《现代汉语词典》给出的解释是"（商业、服务业、交通运输业等）经营业务"，根据该解释"非营业"应当排除经营业务。从行业规范来看，公安部发布的《中华人民共和国公共安全行业标准机动车类型术语和定义》中明确规定"非营运机动车是指个人或者单位不以获取利润为目的而使用的机动车"，该规范所附的《机动车使用性质细类表》中列明营运类机动车包括：公路客运、公交客运、出租客运、旅游客运、租赁、教练、货运、危化品运输。本案中，双方约定的诉争车辆的用途为"非营业个人"，排除了对诉争车辆以营利为目的的商业性使用。根据三星财保公司提供的证据，并结合郑某琦本人的陈述，法院有理由相信郑某琦将诉争车辆出租于案外人宋某玉，宋某玉又将诉争车辆转租于次承租人。显然，诉争车辆的使用性质已经不同于双方约定的"非营业个人"，而是转变为以获取租金收益为目的的商业性使用。

关于沪BW××××小型轿车的用途改变是否导致危险程度显著增加且超出保险人应当预见范围的问题。本案中，诉争车辆危险程度的增加体现在以下方面：首先，郑某琦将车辆出租给微信名为宋某玉的案外人，而宋某玉通过网络发布广告，向不特定人员低价招揽租车用户的方式客观上大幅提高了车辆的出行频率、扩大了出行范围，车辆在运行过程中出险的概率也相应大幅提高，导致三星财保公司所承担的风险远远超过双方按"非营业个人"的用途所确定保费的承受范围。其次，诉争车辆用途的改变同时伴随着车辆管理人与使用人的改变。郑某琦将车辆交付宋某玉管理。庭审中郑某琦自认其对宋某玉的真实身份情况并不清楚，因此无证据证明宋某玉具备经营车辆租赁所必需的对车辆进行规范管理、维护、对客户进行风险管控的专业能力；而宋某玉承租车辆的目的在于转租再牟利，没有证据表明宋某玉在车辆转租过程中对相对人的风险控制能力进行了必要的审查。因此，诉争车辆管理人的改变也足以导致危险概率的提高，而郑某琦与宋某玉对危险概率的提高均采取了放任的态度。在此情况下，诉争车辆危险程度的增加完全超出了保险人可预见的范围，如果由保险人来承担风险，将违反财产保险合同中对价平衡的原则，不利于保险业的健康长久稳定发展。因此，应当认定沪BW××××小型轿车的危险程度显著增加且超出保险人应当预见的范围，判决驳回郑某琦的诉讼请求。

六、案件启示和意义

在司法实践中，对于危险程度增加存在实质认定和形式认定的不同标准。例如就车辆出租事宜，实质认定的观点认为，如果仅仅是将车辆租赁给他人，并不一定导致危险程度显著增加，还应综合考虑承租人具体使用情况、危险持续状态等其他情形。而形式认定的观点则注重审查保险标的状态是否满足形式上的改变，即是否符合《关于适用〈中华人民共和国保险法〉若干问题的解释（四）》第四条关于保险标的是否存在"用途改变""使用人或者管理人改变"等情形，只要形式上打破了对价平衡状态，则可以认定为危险程度显著增加。

本案中，宋某玉经常在其朋友圈发布汽车租赁广告。郑某琦知道或应当知道其将车辆出租给宋某玉后，宋某玉会通过网络向不特定用户转租车辆并收取租金，保险标的将从"非营业个人"使用车辆变成"经营性"车辆，保险标的的用途、适用范围、使用人、管理人、危险程度等均会发生变化，明显超出了保险合同订立时保险人预见或应当预见的保险合同的承保范围。所以，即使保险标的在郑某琦出租车辆的当天就发生了事故，但人民法院仍然认定符合危险程度显著增加的情形。

七、课后思考

现实中，将闲置车辆对外出租的情况并不鲜见，此模式虽然可以给车主创造一定的经济收益，但同时也埋下了事故隐患。因此，我们应该吸取本案当事人的教训，在面对利益诱惑时先充分权衡利弊再作出决定，避免因小失大。

第五节　保险人应当如何履行说明义务

——上海劲轩国际物流有限公司与中国人寿财产保险股份有限公司上海市分公司缔约过失责任纠纷案①

一、本节知识点/知识体系概述

保险合同是典型的格式合同，格式合同虽有利于提高交易率、降低交易成本，但也存在保险人利用制定格式条款的优势地位设置不平等条款，从而免除或减轻自身责任，加重投保人义务的情况。因此，法律规定保险人应当在缔结合同过程中向投保人履行说明义务，即对保险合同的条款内容进行解释和说明，并对相关风险予以提醒。说明义务属于先合同义务，若保险人违反该义务而致投保人信赖利益无法实现的，保险人应承担缔约过失责任。根据内容的重要性，说明义务通常分为一般说明和明确说明，一般说明是让投保人知晓合同的全部内容，明确说明是对于免责条款等与投保人有重大利害关系的条款，保险机构应当通过口头或书面形式予以提示及说明，使投保人能准确理解相关条款意思。同前案分析的如实告知义务一样，说明义务也是最大诚信原则在保险法律关系中的重要体现。而且，说明义务不以投保人的询问为条件，保险人应当主动说明，保险人未对免责事由进行提示和说明的，免责条款不产生法律效力。

二、案件基本事实

2014年6月27日，被告中国人寿财产保险股份有限公司上海市分公司(以下简称人寿财保上海分公司)向原告上海劲轩国际物流有限公司(以下简称劲轩物流公司)签发物流货物保险单，保险单载明投保人为劲轩物流公司，被保险人为劲轩物流公司之货主，预计保

---

① 案例来源：上海市虹口区人民法院(2018)沪0109民初9552号民事判决书。

险金额 110000000 元，保险期限自 2014 年 6 月 26 日零时起至 2015 年 6 月 25 日 24 时止。此外，双方另行签订了《预约保险协议书》，协议书约定的投保人、被保险人、预计保险金额、保险期限与保险单记载一致。《预约保险协议书》第三条"责任限额"约定：在协议期限内，凡属于保险条款列明保险标的的范围，由被保险人生产、销售的全新的普通货物均属于预约保险范围，被保险人不能随意选择投保。第五条"特别约定"载明：（1）保险人不放弃该保单项下对于事故责任人的追偿权益，仅当劲轩物流公司为被保货物的实际承运人的情况除外。（2）投保人/被保险人应本着诚信原则，按本协议之规定，无遗漏地将每一笔在协议承保范围内符合协议要求的运输货物向保险人悉数投保。保险人有权随时核查投保人/被保险人的运输情况，包括相关账册和运输记录等。如果投保人/被保险人存在不如实申报或选择性投保的情况，保险人有权对相关赔案予以拒赔或减少赔付金额。第六条"投保方式"约定：投保人/被保险人在每月 25 日前将上月（1 日至 31 日）的运输情况制表报告给保险人，在任何情况下，本保单不承保未按此要求向保险公司申报的运输。第十条约定：保险费率 0.05%，年预收及最低保险费 55000 元。第十二条约定：对于普通货物，每次事故的绝对免赔额为损失金额的 10% 或者 5000 元，两者以高者为准。第十三条"安全运输"约定：投保人/被保险人必须谨慎选择承运人和运输公司，运输的货物和承运的工具必须符合国家或其主管部门关于安全运送的各项规定。第十四条"双方义务"约定：被保险人一旦遭受保险责任范围内的损失，应立即通知保险人……如果投保人/被保险人违反本条规定，保险人有权解除本保险协议或拒绝赔偿一部分或全部经济责任……如投保人/被保险人违反第十三条安全运输的约定，保险人有权解除本保险协议或拒绝承担部分或全部经济赔偿责任。第十七条"其他事项"约定：本协议规定的内容与适用条款内容相抵触之处，以协议内容为准。

《国内水路、陆路货物运输保险条款》为人寿财保上海分公司提供的格式条款，第一条约定：为使保险货物在水路、铁路、公路和联运运输中，因遭受保险责任范围内的自然灾害或者意外事故所造成的损失能够得到经济补偿，并加强货物的安全防损工作，以利于商品生产和商品流通，特举办保险。第二条约定：本保险分为基本险和综合险两种。保险货物遭受损失时，保险人按承保险别的责任范围负赔偿责任。基本险……由于运输工具发生碰撞、搁浅、触礁、倾覆、沉没、出轨或隧道、码头坍塌所造成的损失。第六条约定：投保人应履行如实告知义务，如实回答保险人就保险标的或被保险人的有关情况提出的询问。投保人故意或者因重大过失未履行前款规定的如实告知义务，足以影响保险人决定是否同意承保或者提高保险费率的，保险人有权解除合同。

2015 年 1 月 16 日，劲轩物流公司与中化公司签订《货物公路运输协议》。协议约定，劲轩物流公司为中化公司提供或代为安排货物公路运输，货物信息、运输信息等根据《中化公司运输委托单》而定，协议期限自 2015 年 1 月 1 日至 2015 年 12 月 31 日。3 月 9 日，中化公司向劲轩物流公司出具《运输委托单》，载明运输货物为"国产全乳胶 SCRWF 云南农垦 QH40kg"，运输方式为公路运输、散货运输，自青岛中远物流发展有限公司城阳仓配库运至河南省郑州市巩义市。3月16日，劲轩物流公司安排司机杨某旺驾驶牌号为豫HCXX的车辆运输上述货物，该车辆行驶证登记车主为武陟县广通汽车运输有限公司。中远物流南泉库6号库出具两份出库单，载明出库货物"云南云象"，货主为中化公司，并载明型号、数量、司机及运输车辆等信息。3月17日4时许，杨某旺驾驶该车辆沿S259自北向南行驶至聊城市莘县朝城镇江楼弯道处发生事故。交警部门出具《事故证明》，证实杨某旺驾驶上述车辆行至事发地，因雨天路滑措施不当致车辆侧翻，造成车辆损坏、货物（云南云象SCRWF）污染受损、破损。上海悦之保险公估有限公司受太保公司营运中心委托，对货物受损情况进行公估。公估报告显示，受损货物货值为40吨×12,433.63元/吨（不含税）=497345.20元。中化公司联系相关残值处理商给出残值报价后，选择上海达泰实业有限公司处理受损货物，收购除税单价为6637.17元/吨，残值确定为40吨×6637.17元/吨=265486.80元。公估结论为受损货物损失金额为231858.40元。截至事故发生，劲轩物流公司未就《预约保险协议书》项下货物运输向人寿财保上海分公司进行过任何申报。

另查明，中化公司与太保公司营运中心签订《预约保险协议》，约定被保险人为中化公司及其下属公司，保险标的为贸易合同或价格条件规定由被保险人办理保险的所有货物，协议期限自2014年7月1日起为期1年。中化公司于2015年3月9日委托劲轩物流公司运输的涉案货物发生事故后，太保公司营运中心依保险合同约定向中化公司支付保险金231858.40元，并于赔偿后向上海市浦东区人民法院（以下简称浦东法院）提起诉讼，代位中化公司要求劲轩物流公司赔偿损失。浦东法院于2016年5月26日作出判决，认定中化公司向太保公司营运中心投保的货物运输保险与劲轩物流公司向人寿财保上海分公司投保的货物运输保险，不构成重复保险，即使构成重复保险，劲轩物流公司也未就投保情况告知中化公司，故中化公司向太保公司营运中心索赔并无不当。遂判令：劲轩物流公司赔偿太保公司营运中心保险金损失231858.40元。2016年9月19日，劲轩物流公司履行判决，向浦东法院执行账户转账支付上述金额执行款。

此后，劲轩物流公司向人寿财保上海分公司申请理赔，人寿财保上海分公司以劲轩物流公司并非被保险人、缺乏保险利益为由拒赔。

三、裁判过程和结果

2018年5月2日，劲轩物流公司诉至上海市虹口区人民法院，请求判令人寿财保上海分公司支付劲轩物流公司预期利益损失208672.56元。

上海市虹口区人民法院于2019年1月11日作出（2018）沪0109民初9552号民事判决书，判决人寿财保上海分公司于本判决生效之日起10日内赔偿劲轩物流公司损失125203.54元。

四、案件争议焦点

根据双方的诉辩意见，本案的争议焦点为：（1）人寿财保上海分公司有无对货物运输险险种的性质与区别履行了告知说明义务；（2）人寿财保上海分公司是否应承担赔偿责任及如何确定责任范围。

五、裁判主要理由

上海市虹口区人民法院认为：关于人寿财保上海分公司有无履行告知说明义务。本案所涉《预约保险协议书》适用保险条款为人寿财保上海分公司提供格式条款，因此，人寿财保上海分公司负有向劲轩物流公司告知与订立合同有关重要事实、说明保险合同内容的义务。

人寿财保上海分公司认为鑫盈代理公司代理涉案保险，但却未能提供鑫盈代理公司或人寿财保上海分公司已就货物运输险之权利义务，特别是保险利益归属向劲轩物流公司进行了告知和说明的证据，故该院认定人寿财保上海分公司未向劲轩物流公司尽到告知和说明义务。

就告知说明义务与先合同义务之关系，承担缔约过失责任的前提是违反先合同义务，而先合同义务主要指合同订立过程中基于诚实信用原则而设立的义务，体现为诚信缔约义务、告知义务、保密义务、保护义务等。对于告知义务，应告知的事实并非一般事实，而是与订立合同有关的重要事实。《保险法》第十七条第一款规定的说明义务即为告知义务之延伸。本案中，劲轩物流公司作为承运人对于其承运的货物不享有货主的所有人利益，故其投保货物运输险自始不具有保险利益，与其利益匹配的是承运人责任险。人寿财保上海分公司作为专业保险机构，完全有能力区分承运人责任险与货物运输险在保险利益归属及投保人利益保护上的不同，此事实关切投保人缔约目的，属于订立合同有关的重要事实，人寿财保上海分公司在向投保人推介保险产品时应当进行如实告知和说明。结合《预约保险协议书》第五条免于追偿条款的约定，可以认定劲轩物流公司订立合同目的在于通过免于追偿条款约定转移责任风险，而并非单纯为第三人即货主利益投保。然而，目前劲轩物流公司损失未能避免，究其原因在于劲轩物流公司投保的货物运输险未能正确匹配承运人的责任保险利益，特别是在货主另行投保货物运输险、太保公司营运中心赔付后行使追偿权情形下，劲轩物流公司无法以本合同保险人放弃追偿的约定抗辩太保公司营运中心。倘若人寿财保上海分公司在缔约时明确告知并说明保险利益归属及货主另行投保对追偿的影响，劲轩物流公司从理性角度，几无可能缔结本合同。现人寿财保上海分公司未举证证明其已经告知并说明险种性质、区别及货主投保之理赔风险，结合对人寿财保上海分公司的专业能力要求，该院认定人寿财保上海分公司对于该重大事项不予告知及说明存在过错，人寿财保上海分公司之不作为严重影响劲轩物流公司对合同履行利益的判断，未尽告知说明义务，属于对先合同义务的违反。

人寿财保上海分公司认为缔约过失责任的前提是合同无效、被撤销，本案合同并无上述情形，故不适用缔约过失责任。该院认为，现行法律并未将缔约过失责任仅限于合同无效、被撤销的情形。承运人投保货物运输险，系典型的为第三人利益的保险合同，并不为法律禁止，涉案保险合同不存在法定的无效情形，劲轩物流公司亦未在撤销权除斥期间内主张因重大误解或显失公平撤销合同，因此保险合同成立且生效。且合同有效成立并不代表劲轩物流公司无法就其损失向人寿财保上海分公司追究缔约过失的赔偿责任。从法律规定上来看，《合同法》第四十二条、第四十三条规定的缔约过失责任承担，并未言及合同成立或生效与否，留有合同有效型缔约过失责任适用的法律空间。且从比较法的角度，缔约过失之法律概念肇始于德国，自 20 世纪初德国法院判决采纳合同有效场合的缔约过失后，德国司法界与理论界已达成共识。综上所述，该院认为，缔约过失责任并非传统意义上的违约责任及侵权责任，它与当事人之间合同是否有效成立无关，而是以当事人之间真实存在的交易关系为基础，并以法定的缔约过程中的诚信义务为前提，属于违反先合同义务后的独立赔偿责任。本案中，双方缔结了有效的保险合同，但在缔结过程中人寿财保上海分公司有违诚实信用义务，应承担缔约过失责任。

关于赔偿责任范围。该院认为，劲轩物流公司所受直接损失在金额上为其向太保公司营运中心支付的 231858.40 元货物损失，但其要求人寿财保上海分公司承担的损害赔偿不应超过合同履行利益，且在损害分配上适用过失相抵规则。

人寿财保上海分公司认为劲轩物流公司存在多处违反《预约保险协议书》中约定义务的情形：(1)实际承运人不是劲轩物流公司，而是武陟县广通汽车运输有限公司，故不满足《预约保险协议书》第五条劲轩物流公司为实际承运人前提下的放弃追偿。对此，该院认为，实际承运人并非依靠承运车辆行驶证记载而确定，而视乎承运车辆与劲轩物流公司之关系，现劲轩物流公司自认安排承运车辆运输，且并无其他证据证实其转包运输，故应认定实际承运人仍为劲轩物流公司。此外，《预约保险协议书》第十三条亦约定允许投保人转包运输，人寿财保上海分公司并未就转包运输对追偿权的影响向劲轩物流公司进行充分说明，劲轩物流公司有理由相信保险事故发生后将免于人寿财保上海分公司追偿，产生相应的合同信赖利益。(2)劲轩物流公司未履行《预约保险协议书》第五条第二项、第六条约定的申报义务。该院认为，协议约定投保人/被保险人当月申报上月运输情况的投保方式，违背了保险合同的射幸本质，故人寿财保上海分公司不得以未申报而拒绝承保。在合同投保人和被保险人并非同一，且被保险人不知晓保险存在时，约定申报义务仅对投保人即劲轩物流公司有拘束力。劲轩物流公司之不诚信申报显属违约，但人寿财保上海分公司已经收取最低保费，且考虑双方在事故发生前并未发生任何一笔申报事实，人寿财保上海分公司不得拒赔货主损失。(3)劲轩物流公司转包运输，显著增加危险程度，且运输车辆行驶证已过有效期，违反了《预约保险协议书》第十三条约定安全运输义务，人寿财保上海分公司有权解除保险合同或拒赔。对此，该院认为，首先并无证据证实劲轩物流公司转包运输，浦东法院已就同一事故作出判决，承运司机、车辆等相关证照有效性已经在该案中进行审核，人寿财保上海分公司主张劲轩物流公司违反安全运输义务并无依据。其次，协议亦未排除转包运输情形，故不能仅以转包为由认为显著增加危险程度而主张解除合同或拒赔。(4)劲轩物流公司违反了《预约保险协议书》第十四条约定的通知义务。对此,该院认为,该义务履行主体在协议中被约定为被保险人,与劲轩物流公司无关。但中化公司不知晓涉案保险,不具备向人寿财保上海分公司履行通知义务的现实条件,且涉案事故经保险公估和法院判决,事故原因、性质、损失程度均得以确认,故人寿财保上海分公司不得以未尽通知义务由主张解除合同或拒赔。(5)劲轩物流公司违反了《国内水路、陆路货物运输保险条款》第六条投保人告知义务。对此,该院认为《关于适用〈中华人民共和国保险法〉若干问题的解释(二)》第六条明确规定,投保人告知义务限于保险人询问内容,现人寿财保上海分公司未举证其已就转包运输、货主投保情况向劲轩物流公司进行询问,故此内容不属于劲轩物流公司告知义务范畴,人寿财保上海分公司不得据此解除合同或拒赔。

综上分析,劲轩物流公司在《预约保险协议书》约定的义务履行中,虽存在未申报等违约情形,但不足以导致人寿财保上海分公司行使合同解除权利及拒赔全部损失。保险事故发生后,浦东法院判决业已确认货物损失 231858.40 元,则本案保险如正常理赔,扣除 10%免赔后货主可获赔保险金 208672.56 元,即为劲轩物流公司通过免于追偿条款可得的合同履行利益。劲轩物流公司损失结果与人寿财保上海分公司未履行告知说明义务存在法律上的因果关系,人寿财保上海分公司应赔偿劲轩物流公司损失。同时,基于过失相抵原则,劲轩物流公司在缔约时未审慎合理了解保险产品、履约中存在违约行为,亦应自担部分损失。因此劲轩物流公司损失 208672.56 元,该院酌定由其自担 40%,即 83469.02 元,人寿财保上海分公司负担 60%,即 125203.54 元。判决后,双方当事人均未上诉,判决已发生法律效力。

六、案件启示和意义

险种、保险标的或被保险人等因素的不同,都可能导致保险费率上的差异。部分企业在投保时基于对投保成本的考虑可能会首选保费较低的险种,但该险种能否真正满足投保人的需求,可能保险人并未充分了解。一些保险公司为尽快促成交易,可能明知或放任此类错投情形发生。等保险事故发生后,投保人的期待利益却无法得到保障。因此,人民法院在审理此类案件时往往会综合考虑保险双方在缔约合同过程中有无缔约过失行为,并根据与损害后果间的因果关系确定一定的责任承担比例,而不会简单依据合同条款作出支持或驳回全部理赔的判定。这种对当事人权利进行衡平保护的思路,有利于维护保险行业的有序发展以及社会的稳定。

七、课后思考

如何确定什么是应尽的提示与明确说明义务,合理界定履行对象和履行范围,防止被人为地任意扩大或者缩小,并避免出现流于形式化的操作。

第六节　付费前事故免责条款对保险人追溯保险费的影响

——中意财产保险有限公司上海分公司诉上海琦欣餐饮有限公司财产保险合同纠纷案①

一、本节知识点/知识体系概述

保险人制定的财产保险标准保单中通常都约定了保险人对投保人缴纳保费之前发生的保险事故不承担保险责任，即"付费前事故免责"条款。该约定主要是防止投保人在保险人签发保单后不按时支付保费，等保险事故发生后才补交的情况。保险合同具有射幸性，保险人承保的是保险标的可能发生的未知状态，如果保险事故已经发生，投保人仍用少量保费获取巨额理赔，则明显违背公平原则；与之相应，保险人也不得以投保人足额补交保费为前提同意对保险期间内所发生事故核赔并据此向投保人诉追保费，保险事故发生后，其对应的保险损失已经发生，如允许保险人追诉保费，则可能导致保险人根据实际损失决定是否主张，具有一定的道德风险。

因此，保险责任期间并不当然自保险合同成立生效之日起计算，也不当然等同于保险期间，而是由双方当事人在保险合同中进行约定。

二、案件基本事实

2018年9月，被告上海琦欣餐饮有限公司（以下简称琦欣公司）以包含自身在内的7家餐饮企业为被保险人，向原告中意财产保险有限公司上海分公司（以下简称中意财保公司）投保雇主责任险。9月13日，中意财保公司向琦欣公司出具《续保报价书》。《续保报价书》另载有投保人声明："本人在填写本报价书之前，已收悉并阅读本保险所有条款及附加条款，保险人也已就本报价书及所附保险条款的内容，尤其是就保险人免除及减轻责任的条款、投保人和被保险人义务条款及本报价书中的特别约定条款向本人作了充分明确的说明，本人已完全了解并接受同意。"琦欣公司在《续保报价书》投保人栏加盖了公章。

2018年9月21日，中意财保公司签发雇主责任险保险单，保险单明细表载明被保险人为包含琦欣公司在内7家餐饮企业，雇员304人，总保险费155040元。明细表特别约定栏第4项载明，"除合同另有约定外，投保人应于保单印发日或者保单起保日（以后者为准）的45天之内一次性缴清保险费。投保人若未按约定足额缴纳保险费，保险人对其实际足额支付日之前发生的保险事故，不承担相应的保险责任"（以下简称付费前事故免责条款）。付费日期栏载明缴费止期为2018年10月7日，但琦欣公司此后未支付保险费。

---

①　案例来源：上海金融法院（2020）沪74民终1112号民事判决书。

在保险期间内，中意财保公司分别于 2018 年 11 月 5 日、2018 年 12 月 28 日、2019 年 3 月 1 日收到琦欣公司的出险请求，但中意财保公司均因琦欣公司未缴纳保险费而未承担保险责任。其中 2019 年 3 月 1 日报案在中意财保公司系统内登记为"立未理"，另两起报案登记为"零结案件"。

审理中，中意财保公司针对琦欣公司报案的三次保险事故，明确表示在琦欣公司保险费缴清前不予赔付，缴清后可进行核定是否理赔。

三、裁判过程和结果

2019 年 12 月 3 日，中意财保公司诉至上海市虹口区人民法院，请求判令：琦欣公司支付中意财保公司保险费 155040 元。

上海市虹口区人民法院于 2020 年 7 月 28 日作出民事判决书，判决驳回中意财保公司的诉讼请求。案件受理费由中意财保公司负担。

中意财保公司不服，向上海金融法院提起上诉。上海金融法院于 2020 年 12 月 21 日作出 (2020) 沪 74 民终 1112 号民事判决书，判决驳回上诉，维持原判。

四、案件争议焦点

本案为缺席审理，根据中意财保公司的诉请，本案的争议焦点为：在付费前事故免责条款下，中意财保公司追索保险费的请求是否应予支持。

五、裁判主要理由

上海市虹口区人民法院认为：琦欣公司向中意财保公司投保，中意财保公司签发保险单，双方保险合同关系成立。在合同双方对生效条件未作其他约定时，保险合同应自成立时生效。就合同义务而言，琦欣公司有依约按期缴纳保险费的义务，中意财保公司也有按约定承担保险责任的义务。

中意财保公司与琦欣公司约定的付费前事故免责条款，不违反法律禁止性规定，当属有效。保险合同本质上是投保人支付保险费，以换取保险人负担风险的协议。针对投保人不支付保险费或迟延交付保险费的情形，《保险法》规定了人身保险合同中分期支付保险费的效力中止和复效制度，但在财产保险中未有相关规定。同时，《保险法》亦规定保险人仅在特定的几种情形下有解除保险合同的权利，投保人未支付保险费并非保险人解除合同的法定情形。因此，在法律对保险人解除合同有诸多限制的情况下，付费前事故免责条款不失为保险人自我救济的手段，其令合同双方权利义务在未付保险费之前处于悬置状态，不发生任何损益。法律并未禁止保险人以诉讼方式追索财产保险合同的保险费，但保险人收取保险费的同时亦应承担保险事故风险，保险人无任何风险负担纯收取保险费的行为有违权利义务一致原则。当保险人明确向投保人主张保险费时，其暗含之意为激活合同权利义务，自愿承担至少在其主张保险费之后的保险事故风险。本案中，琦欣公司三次出险报案，距庭审日均已远超《保险法》规定的 30 日核定期，中意财保公司均未予理赔，其虽在庭审中认为琦欣公司缴清保险费后仍可予核赔，但上述意见系将支付理赔款作为合同后履行义务进行抗辩，与特别约定中不承担保险责任并不相符。至中意财保公司起诉时，双方约定的保险期间已全部经过，即便投保人支付保险费，依照付费前事故免责条款的约定，保险人对保险期间内的全部事故亦不承担风险，双方权利义务显著失衡。保险人愿意承担保险责任，也是在比较了索赔金额和保险费之后的结果，此时已完全丧失了保险合同射幸特征，有违保险本意。综上所述，并无证据证实中意财保公司在保险期内对于保险标的承担任何风险，故对其主张保险费的请求，法院不予支持。

上海金融法院认为：第一，关于案涉保险合同的效力问题。根据保险法的相关规定，在无特殊约定的情况下，保险合同自成立起生效。虽然案涉保险合同中约定有付费前事故免责条款，但该约定仅是对保险人何时承担保险责任的约定，并非对保险合同效力的约定。在无其他特殊约定的情况下，案涉保险合同应当自成立时生效。第二，财产保险合同中，保险人的主要义务是对合同约定的可能发生的事故因其发生所造成的财产损失承担赔偿保险金责任，投保人的主要义务是支付保险费。保险单明细表载明了付费前事故免责特别约定条款，系当事人合意。投保人未按约足额缴纳保险费的法律后果是保险人不承担相应期间内的保险责任。现保险人在未承担保险期间保险责任的情况下，要求投保人支付保费，不符合合同约定，亦不符合公平原则。第三，关于案涉保险合同是否可以继续履行的问题。本案中，案涉保险合同中双方的主要义务均未履行。目前，案涉保险合同约定的保险期间已经到期，即便琦欣公司补缴了保险费，中意财保公司也无法履行其主要义务，案涉保险合同已无继续履行的可能。中意财保公司称，在琦欣公司缴纳了保险费之后，中意财保公司仍可以对约定保险期间内发生的保险事故核定后承担赔偿责任。但此时中意财保公司所承担的赔偿责任与案涉保险合同中约定的保险公司的主要义务不同。保险期间经过之后，该期间内是否发生保险事故业已成为确凿无疑的事实，若将承担保险期间内确定的赔偿责任作为履行保险合同的主要义务，则不仅不符合保险合同射幸性的特征，而且也容易引发当事人在衡量保险费与赔偿金额之后的道德风险。综上所述，法院判决驳回上诉、维持原判。

六、案件启示和意义

在投保人未缴纳保费的情况下，保险人在保险期间内亦不承担保险责任，此时保险合同虽已成立，但双方均未实际履行，因此既互不享有权利也互不承担责任。"付费前事故免责条款"的本质是维护保险人与被保险人在保险期间内权利义务的平衡，是民法上公平原则的体现。

保险期间内，保险人何时缴纳保险费则从何时享有在保险事故发生后诉求保险金的权利，但基于保险合同的射幸性，该权利不得追溯至保险费缴纳之前。保险期间届满后，保险人客观上不再存在需要承担保险责任的基础，因此亦丧失向保险人主张保费的权利。而且，保险合同生效后，保险人可以用催收、诉讼等方式追索保险费，但本案保险人在三次接到投保人报案后均未进行理赔，也未明确向投保人主张过保费，属于放弃行使自身权利的表现。因此，虽然保险人在庭审中提出待投保人缴清保险费后可对此进行赔付，但该主张是将支付理赔款作为合同后履行义务进行抗辩，与保险合同约定的内容不相符。

七、课后思考

如果经保险人催收，投保人仍仅支付部分保险费或逾期支付保险费，则应如何认定保险人的责任？能否通过诉讼主张保险费？

附：第四章所涉法律规定

《中华人民共和国保险法》
《中华人民共和国合同法》
《机动车交通事故责任强制保险条例》
《最高人民法院关于适用〈中华人民共和国保险法〉若干问题的解释(二)》
《最高人民法院关于适用〈中华人民共和国保险法〉若干问题的解释(四)》
《最高人民法院关于民事诉讼证据的若干规定》

第五章 海 商 法

第一节 海上货物运输合同解除的法律效力
——海上货物运输合同纠纷案①

一、本节知识点/知识体系概述

海上货物运输合同，是指承运人或出租人将货物经海道由一港运到另一港而由托运人或承租人支付运费的协议。海上货物运输合同和作为合同凭证的提单或者其他运输单证中的条款，应当符合《海商法》的规定，违反《海商法》第四章规定的，无效。将货物的保险利益转让给承运人的条款或者类似条款，无效。

承运人对集装箱装运的货物的责任期间，是指从装货港接收货物时起至卸货港交付货物时止，货物处于承运人掌管之下的全部期间。承运人对非集装箱装运的货物的责任期间，是指从货物装上船时起至卸下船时止，货物处于承运人掌管之下的全部期间。

承运人的免责事由，是指在责任期间由《海商法》第五十一条原因造成的货物灭失或者损坏的，承运人不负赔偿责任。

海上货物运输合同订立后，可能因法律规定或当事人约定而解除。《海商法》规定了以下三种合同解除的情况：

1. 船舶在装货港开航前，托运人可以要求解除合同。除合同另有约定外，托运人应当向承运人支付约定运费的一半；货物已经装船的，并应当负担装货、卸货和其他与此有关的费用。

2. 船舶在装货港开航前，因不可抗力或者其他不能归责于承运人和托运人的原因致使合同不能履行的，双方均可解除合同，并互相不负赔偿责任。除合同另有约定外，运费已经支付的，承运人应当将运费退还给托运人；货物已经装船的，托运人应当承担装卸费用；已经签发提单的，托运人应当将提单退回给承运人。

3. 船舶开航后，因不可抗力或者其他不能归责于承运人和托运人的原因致使船舶不能在合同约定的目的港卸货的，除合同另有约定外，船长有权将货物在目的港邻近的安全港口或者地点卸载，视为已经履行合同。但船长决定将货物卸载的，应当及时通知托运人

---

① 案例来源：最高人民法院(2017)民再 412 号民事判决书。

或者收货人，并考虑托运人或者收货人的利益。

如果货物到达目的港，无人提取货物或者收货人迟延、拒绝提取货物的，船长可以将货物卸在仓库或者其他适当场所，由此产生的费用和风险由收货人承担。

二、案件基本事实

2014 年 6 月，浙江隆达不锈钢有限公司（以下简称隆达公司）由中国宁波港出口一批不锈钢无缝产品至科伦坡，货物报关价值为 366918.97 美元。隆达公司通过货代向 A. P. 穆勒-马士基有限公司（A. P. Moller-MaerskA/S）（以下简称马士基公司）订舱，涉案货物于同年 6 月 28 日装载于 4 个集装箱内装船出运，出运时隆达公司要求做电放处理。2014 年 7 月 9 日，隆达公司通过货代向马士基公司发邮件称，发现货物运错目的地要求改港或者退运。马士基公司于同日回复，因货物距抵达目的港不足 2 天，无法安排改港，如需退运则需与目的港确认后回复。次日，隆达公司的货代询问货物退运是否可以原船带回，马士基公司于当日回复"原船退回不具有操作性，货物在目的港卸货后，需要由现在的收货人在目的港清关后，再向当地海关申请退运。海关批准后，才可以安排退运事宜"。涉案货物于 2014 年 7 月 12 日左右到达目的港。马士基公司应隆达公司的要求于 2015 年 1 月 29 日向其签发了编号 603386880 的全套正本提单。根据提单记载，托运人为隆达公司，收货人及通知方均为 VENUSSTEELPVTLTD，起运港中国宁波，卸货港科伦坡。2015 年 5 月 18 日，隆达公司向货代发邮件称决定向马士基公司申请退运。次日，隆达公司向马士基公司发邮件表示已按马士基公司要求申请退运。2015 年 3 月 13 日，涉案货物在目的港被海关拍卖，马士基公司随后告知隆达公司涉案货物已被拍卖。

三、裁判过程和结果

隆达公司认为其已向马士基公司提出退运要求，马士基公司也同意安排退运，但马士基公司至今未能安排退运，并声称涉案货物在目的港已被拍卖但未提供任何文件予以证明。马士基公司未尽到妥善保管货物的义务或已实施无单放货，导致隆达公司提单物权落空，应向隆达公司承担赔偿责任。因此，隆达公司向法院起诉，请求判令马士基公司向隆达公司赔偿货物损失 366918.97 美元（按 2015 年 5 月 29 日美元兑人民币汇率 1：6.2002，折合人民币 2274971 元）及利息（按中国人民银行同期贷款利率自 2015 年 5 月 29 日起计算至实际履行之日止）。

宁波海事法院作出（2015）甬海法商初字第 534 号判决：驳回隆达公司的诉讼请求。一审案件受理费人民币 25000 元，由隆达公司负担。隆达公司不服一审判决上诉至浙江省高级人民法院。

浙江省高级人民法院作出（2016）浙民终 222 号判决：（一）撤销一审判决；（二）马士基公司于判决送达之日起 10 日内赔偿隆达公司货物损失 183459.49 美元及利息；（三）驳回隆达公司其他诉讼请求。本案一、二审案件受理费各人民币 25000 元，由隆达公司各负担 12500 元，由马士基公司各负担 12500 元。

马士基公司不服二审判决，向最高人民法院申请再审。最高人民法院最终作出（2017）最高法民再 412 号再审民事判决书：（一）撤销浙江省高级人民法院（2016）浙民终 222 号判决；（二）维持宁波海事法院（2015）甬海法商初字第 534 号判决。一、二审案件受理费各人民币 25000 元，均由浙江隆达不锈钢有限公司承担。

四、案件争议焦点

根据双方的诉辩意见，本案的争议焦点为：（1）马士基公司应否为涉案货物安排改港或者退运；（2）马士基公司是否应当赔偿隆达公司的货损。

五、裁判主要理由

宁波海事法院认为：本案系具有涉外因素的海上货物运输合同纠纷。因双方当事人明确同意适用中国法，按照《中华人民共和国涉外民事关系法律适用法》（以下简称《涉外民事关系法律适用法》）第三条的规定，本案适用中华人民共和国法律。

隆达公司系涉案货物托运人且持有全套正本提单，马士基公司系承运人，双方当事人之间成立海上货物运输合同法律关系。货物到港前，隆达公司要求马士基公司改港或者退运，但马士基公司已明确告知货物距抵达目的港不足 2 天，无法安排改港或退运。货物抵港后，隆达公司作为涉案货物的托运人和正本提单持有人，理应及时关注货物状态并采取有效措施，但直至货物被海关拍卖长达半年时间内，隆达公司均未采取自行提货等有效措施，相应货损风险应由隆达公司承担。隆达公司主张马士基公司未按指示改港或者退运，违反法定义务，但证据与理由不足，不予采信。

浙江省高级人民法院认为：双方当事人对隆达公司是涉案提单项下货物的托运人、马士基公司是承运人，双方之间成立海上货物运输合同法律关系均无异议。本案争议的焦点是隆达公司是否享有改港或者退运的权利以及马士基公司对隆达公司的涉案货损是否应当承担赔偿责任。

1. 隆达公司是否享有改港或者退运的权利

隆达公司系涉案货物托运人，持有全套正本提单，对涉案货物享有控制权。《中华人民共和国合同法》（以下简称《合同法》）第三百零八条规定："在承运人将货物交付收货人之前，托运人可以要求承运人中止运输、返还货物、变更到达地或者将货物交给其他收货人，但应当赔偿承运人因此受到的损失。"《最高人民法院关于审理无正本提单交付货物案件适用法律若干问题的规定》第九条规定："承运人按照记名提单托运人的要求中止运输、返还货物、变更到达地或者将货物交给其他收货人，持有记名提单的收货人要求承运人承担无正本提单交付货物民事责任的，人民法院不予支持。"根据双方当事人确认的事实，涉案货物于 2014 年 7 月 12 日到达目的港，在此之前的 7 月 9 日，隆达公司通过货代向马士基公司申请改港或者退运。依据以上法律规定，隆达公司作为涉案货物的托运人，在货物交付收货人之前，可以要求承运人马士基公司改港或者退运。若马士基公司采取措施配合隆达公司变更或解除合同，依法可向隆达公司主张相应损失。因此，隆达公司上诉提出其享有改港及退运的权利有相应法律依据，二审法院予以支持。

2. 马士基公司对隆达公司的涉案货损是否应当承担赔偿责任

马士基公司以其已尽到管货义务及货物被海关拍卖属于免责事项为由，认为其无须对隆达公司涉案货损承担赔偿责任。《中华人民共和国海商法》（以下简称《海商法》）第四十六条规定："承运人对集装箱装运的货物的责任期间，是指从装货港接收货物时起至卸货港交付货物时止，货物处于承运人掌管之下的全部期间。"该法第四十八条规定了承运人妥善管理货物的义务。因此，从装货港接收货物时起至卸货港交付货物止，承运人应尽到谨慎管货的义务。马士基公司于2014年7月9日收到隆达公司改港或者退运的要求后，当即表示不能改港。次日，隆达公司提出"想要做原船带回的那种退运"，马士基公司回复称"原船带回不具有操作性"，退运需先清关再向海关申请才可安排。隆达公司立即重申"这个货要安排退运"，并询问"有其他办法吗"。从隆达公司的邮件内容看，应认定隆达公司于7月10日已明确提出退运的要求。但是，马士基公司对隆达公司明确要求办理退运的邮件未予回复，卸货后也未通知隆达公司自行处理或安排退运事宜，致使涉案货物处于无人看管状态。对于涉案货物于2015年3月13日在目的港被拍卖的相关情况，马士基公司直到2015年5月都未能了解并通知到隆达公司。因此，不应认定马士基公司已尽到《海商法》规定的谨慎管货义务，对涉案货损应承担相应赔偿责任。隆达公司作为涉案货物的权利人，在阻止承运人向提单记载的收货人交货后，仍应积极关注货物到港后的状态，在合理时间内对货物进行处置。隆达公司在货物到港10个月后才再次联系马士基公司，对涉案货损也应承担责任。虽然《海商法》第五十一条规定货损是由于"政府或者主管部门的行为、检疫限制或者司法扣押"等原因造成的，承运人不负赔偿责任，但本案拍卖行为发生在货物到港8个月之后，马士基公司有足够时间通知隆达公司自行处置货物，隆达公司作为托运人亦有足够的时间了解货物状态并对货物进行处置。本案的拍卖行为并非必然发生，故不属于海商法规定的免责事由。马士基公司主张免责的理由不能成立，不予支持。

综上所述，在隆达公司提出退运要求后，马士基公司既未明确拒绝安排退运，也未通知隆达公司自行处理，对涉案货损承担相应的赔偿责任，酌定责任比例为50%。隆达公司系涉案货物托运人，虽然依法可以在货物交付收货人之前要求马士基公司改港或者退运，但在马士基公司拒绝改港且对退运事宜未作出明确答复时，未积极采取有效措施防止损失发生，对本案货损也应承担责任。马士基公司未能举证拍卖款的金额且在诉讼中确认未能收回拍卖款，应推定涉案货物全损。

最高人民法院认为：本案是具有涉外因素的海上货物运输合同纠纷。双方当事人在诉讼中一致选择适用中华人民共和国法律，根据《涉外民事关系法律适用法》第三条的规定，本院适用中华人民共和国法律审理本案。《海商法》作为调整海上运输关系、船舶关系的特别法，应优先适用。《海商法》没有规定的，适用《合同法》等相关法律的规定。根据马士基公司的再审申请和隆达公司的答辩意见，本案的争议焦点为以下两点。

第一，马士基公司应否为涉案货物安排改港或者退运。

隆达公司在涉案货物海上运输途中请求承运人改港或者退运，因海商法未就航程中托运人请求变更运输合同的权利予以规定，故本案适用《合同法》的有关规定。依据《合同法》第三百零八条的规定，在承运人将货物交付收货人之前，托运人享有请求变更运输合同的权利，但双方当事人仍要遵循《合同法》第五条规定的公平原则确定各方的权利和义务。海上货物运输具有运输量大、航程预先拟定、航线相对固定等特殊性，托运人要求改港或者退运的请求有时不仅不易操作，还会妨碍承运人的正常营运或者给其他货物的托运人或收货人带来较大损害。在此情形下，如果要求承运人无条件服从托运人变更运输合同的请求，显失公平。因此，在海上货物运输合同下，托运人并非可以无限制地行使请求变更运输合同的权利，承运人也并非在任何情况下都应无条件服从托运人请求变更运输合同的指示。为合理平衡海上货物运输合同中各方当事人的利益，在托运人可以行使请求变更运输合同权利的同时，承运人也相应地享有一定的抗辩权。如果变更运输合同难以实现或者将严重影响承运人正常营运，承运人可以拒绝托运人改港或者退运的请求，但应当及时通知托运人不能执行的原因。涉案运输方式为国际班轮运输，载货船舶除运载隆达公司托运的四个集装箱外，还运载了其他货主托运的众多货物。涉案货物于2014年6月28日装船出运，7月12日左右到达目的港，而隆达公司于7月9日才要求马士基公司改港或者退运。在承运船舶距离到达目的港只有两三天时间的情形下，马士基公司主张由于航程等原因无法安排改港、原船退回不具有操作性，客观合理。一审判决支持马士基公司的上述主张，符合公平原则，本院予以维持。

第二，马士基公司是否应当赔偿隆达公司的货损。

《海商法》第八十六条规定："在卸货港无人提取货物或者收货人迟延、拒绝提取货物的，船长可以将货物卸在仓库或者其他适当场所，由此产生的费用和风险由收货人承担。"马士基公司将涉案货物运至目的港后，因无人提货，将货物卸载至目的港码头符合前述法律规定。马士基公司于2014年7月9日通过邮件回复隆达公司距抵达目的港不足2日。隆达公司已了解货物到港的大体时间并明知涉案货物在目的港无人提货，但在长达8个月的时间里未采取措施处理涉案货物致其被海关拍卖。隆达公司虽主张马士基公司未尽到谨慎管货义务，但并未举证证明马士基公司存在管货不当的事实。隆达公司的该项主张缺乏依据，本院不予支持。依据《海商法》第八十六条规定，马士基公司卸货后所产生的费用和风险应由收货人承担，马士基公司作为承运人无须承担相应的风险。二审判决判令马士基公司承担涉案货物一半的损失，缺乏事实依据，适用法律不当，应予纠正。一审判决适用《最高人民法院关于审理无正本提单交付货物案件适用法律若干问题的规定》，与本案事实及争议的法律问题不符，应予纠正，但判决结果正确，可予维持。

六、案件启示和意义

《合同法》与《海商法》有关调整海上运输关系、船舶关系的规定属于普通法与特别法的关系。根据《海商法》第八十九条的规定，船舶在装货港开航前，托运人可以要求解除合同。本案中，隆达公司在涉案货物海上运输途中请求承运人进行退运或者改港，因《海商法》未就航程中托运人要求变更运输合同的权利进行规定，故本案可适用《合同法》第三百零八条关于托运人要求变更运输合同权利的规定。基于特别法优先适用于普通法的法律适用基本原则，《合同法》第三百零八条规定的是一般运输合同，该条规定在适用于海上货物运输合同的情况下，应该受到《海商法》基本价值取向及强制性规定的限制。托运人依据《合同法》第三百零八条主张变更运输合同的权利不得致使海上货物运输合同中各方当事人利益显失公平，也不得使承运人违反对其他托运人承担的安排合理航线等义务，或剥夺承运人关于履行海上货物运输合同变更事项的相应抗辩权。

七、课后思考

1. 通过对本案例一审法院、二审法院及再审法院相关观点的学习，回顾海上货物运输合同的特殊规定，并了解此特殊规定产生的原因。

2. 讨论本案是否应当适用《合同法》第三百零八条，并说明理由。

第二节　海难救助应当如何支付救助报酬
——合同救助与雇佣救助的区别与适用①

一、本节知识点/知识体系概述

海难救助是一项传统的国际海事法律制度，《1989 年国际救助公约》对此作了专门规定。《1989 年国际救助公约》（以下简称《救助公约》）是指 1989 年国际海事组织在伦敦召开的国际救助会议上审议通过的对处于危险中的船舶及海上设施进行有效救助的国际公约。在对《1910 年统一船舶碰撞某些法律规定的国际公约》相关内容进行审议修订基础上形成，与 1910 年公约相比，扩大了救助标的及适用范围。为鼓励救助人的权利索赔和诉讼，鼓励救助人命和保护海洋环境，冲破了传统的"无效果，无报酬"的原则，作出了特别补偿的规定，明确船长有代表船、货两方与救助人签订救助合同的权利。中国于 1994 年 3 月 30 日加入该公约。

根据《中华人民共和国海商法》的规定，海难救助是指在海上或者与海相通的可航水域，对遇险的船舶和其他财产进行的救助。被救助的一方必须是 20 总吨以上的并非用于军事的、政府公务的海船和其他海上移动式装置，另一方则是任何非用于军事的或者政府公务的船艇。

---

① 案例来源：最高人民法院（2016）民再 61 号民事判决书。

合同救助，是指以"无效果，无报酬"为原则的救助协议进行救助的一种形式。这是当今海难救助，特别是对海上财产的救助应用最普遍的形式。"无效果，无报酬"是海上救助法律制度的最著名的原则。我国《海商法》第一百七十九条也规定了"无效果，无报酬"的救助报酬支付原则。

雇佣救助，又称实际费用救助，是指救助方依据被救助方的请求实施救助，不论救助成功与否，都按照约定的费用收取报酬的行为。雇佣救助合同属于海上服务合同性质，通过合同约定排除"无效果，无报酬"原则的适用。一般不再视其为海上救助，而视为一种劳务合同。

二、案件基本事实

阿昌格罗斯投资公司（Archangelos Investments E. N. E.，以下简称投资公司）"加百利"油轮（船籍国为希腊，登记港为比雷埃夫斯）于2011年8月12日5时左右在琼州海峡搁浅。投资公司立即授权上海代表处就"加百利"轮搁浅事宜向南海救助局发出紧急邮件，请交通运输部南海救助局（以下简称南海救助局）根据经验安排两艘拖轮进行救助，并表示同意南海救助局的报价。

8月12日20:40时，上海代表处通过电子邮件向南海救助局提交委托书，委托南海救助局派出"南海救116"轮和"南海救101"轮到现场协助"加百利"轮出浅，承诺无论能否成功协助出浅，均同意按每马力小时3.2元的费率付费，计费周期为拖轮自其各自的值班待命点备车开始起算至上海代表处通知任务结束、拖轮回到原值班待命点为止。"南海救116"轮和"南海救101"轮只负责拖带作业，"加百利"轮脱浅作业过程中如发生任何意外南海救助局无须负责。另，请南海救助局派遣一组潜水队员前往"加百利"轮探摸，费用为：陆地调遣费10000元；水上交通费55000元；作业费每8小时40000元，计费周期为潜水员登上交通船开始起算，到作业完毕离开交通船上岸为止。

"南海救116"轮的工作情况："南海救116"轮到达事故现场后，因湛江海事局决定采取过驳减载脱浅方案，"南海救116"轮并未对"加百利"轮实施拖带救助，自8月12日07:45时至18日19:20时，该轮根据投资公司的指示，一直在事故现场对"加百利"轮进行守护，共计155.58小时。

"南海救101"轮的工作情况：该轮驶往事发海域途中，南海救助局发邮件至上海代表处，称鉴于"加百利"轮船长坚持根据湛江海事局的意见，选择通过减载方式进行脱浅，建议只留"南海救116"轮在现场作业，"南海救101"轮返航回锚地。从起航到回到锚地共计13.58小时。

"南海救201"轮的工作情况：8月13日，"南海救201"轮将投资公司两名代表从海口运送至"加百利"轮。本次工作时间为7.83小时。8月16日，该轮运送相关人员及设备至搁浅船，随后缆带妥，完车。本次工作时间为7.75小时。8月18日，该轮船长、检验师等人员及行李运送上过驳船，随后头尾缆带妥，完车。本次工作时间为8.83小时。

潜水队员的工作情况：潜水队员登上交通船的时间为 12 日 15:00 时,离开交通船的时间为 12 日 23:00 时,潜水队员作业时间为 8 小时。潜水队员未实际进行潜水探摸作业。

8 月 15 日 14:52 时, 上海代表处向南海救助局发出邮件协商相关费用问题, 请求:(1)将"南海救 116"轮的救助费率降低为每马力小时 2.9 元。(2)取消租用"南海救 101"轮, 稍微降低收费并报最低价。(3)潜水作业费用降低为 100000 元。(4)13 日租用"南海救 201"轮的费用为 55000 元。(5)欲租用"南海救 201"轮于 16 日运送潜水员、港口船长及检验师登轮, 能否把费率定为每马力小时 1.3 元。16:00 时, 南海救助局回复称:"南海救 201"轮费率仍为每马力小时 1.5 元, 其他因救助"加百利"轮所产生的费用, 稍后再作讨论。

与此同时, 为预防危险局面进一步恶化造成海上污染, 中华人民共和国湛江海事局(以下简称湛江海事局)决定对"加百利"轮采取强制过驳减载脱浅措施。经湛江海事局组织安排, 8 月 17 日, 中海发展股份有限公司油轮公司所属"丹池"轮对"加百利"轮上的原油进行了驳卸。18 日,"加百利"轮利用高潮乘潮成功脱浅, 之后安全到达目的港广西钦州港, 驳卸的原油由"丹池"轮运抵目的港。

涉案船舶的获救价值为 30531856 美元, 货物的获救价值为 48053870 美元, 船舶的获救价值占全部获救价值的比例为 38.85%。

三、裁判过程和结果

因投资公司在船舶获救后一直未向南海救助局支付费用, 南海救助局诉至广州海事法院, 请求法院判令投资公司和香港安达欧森有限公司上海代表处(以下简称上海代表处)连带支付救助费用 7240998.24 元及利息。

广州海事法院作出(2012)广海法初字第 898 号民事判决:投资公司向南海救助局支付救助报酬 6592913.58 元, 及自 2011 年 10 月 19 日起至判决确定支付之日止按中国人民银行同期流动资金贷款利率计算的利息;驳回南海救助局的其他诉讼请求。一审案件受理费 65822 元, 由南海救助局负担 9591 元, 投资公司负担 56231 元。投资公司不服一审判决上诉至广东省高级人民法院。

广东省高级人民法院作出(2014)粤高法民四终字第 117 号民事判决, 撤销一审判决;投资公司向南海救助局支付救助报酬 2561346.93 元及其自 2011 年 10 月 19 日起至判决确定的支付之日止按中国人民银行同期流动资金贷款利率计算的利息;驳回南海救助局的其他诉讼请求。

南海救助局不服二审判决, 向最高人民法院申请再审。最高人民法院最终作出(2016)最高法民再 61 号再审民事判决书上, 撤销广东省高级人民法院二审判决, 维持广州海事法院一审判决。

四、案件争议焦点

根据双方的诉辩意见, 本案的争议焦点为:(1)涉案海难救助合同的效力, 是否存在重大误解；(2)南海救助局请求的救助报酬是否合理；(3)投资公司是否可以仅按船舶获救价值占全部获救价值的比例承担涉案救助报酬。

五、裁判主要理由

广州海事法院认为：

(1)救助合同成立并合法有效。搁浅事故发生后，投资公司的代理人上海代表处向南海救助局发出邮件，要求南海救助局安排两艘拖轮进行救助并称同意南海救助局的报价。此外，上海代表处通过邮件向南海救助局提交委托书，约定了救助所使用的船舶、人力(潜水员)及报酬计付标准等。从往来邮件来看，投资公司与上海代表处对"加百利"轮当时的危险状况是清楚的，上海代表处与南海救助局对相关费率等问题经过了充分的讨论，本案不存在重大误解及乘人之危情形。依照《中华人民共和国海商法》(以下简称《海商法》)第一百七十五条第一款关于"救助方与被救助方就海难救助达成协议，救助合同成立"之规定，南海救助局与投资公司之间救助合同成立，该合同并未违反现行法律、法规的强制性规定，合法有效，当事人双方应依约履行。

(2)救助报酬的数额及利息的确定。由于"南海救116"轮和"南海救101"轮均未按原约定实施拖带作业，南海救助局主张两轮的救助费率仍按约定的每马力小时3.2元计算，投资公司认为过高，提出异议，一审法院认为应予以调整。一方面，在往来邮件中，投资公司一直要求南海救助局调低该费率，南海救助局邮件回复称：其他因救助"加百利"轮所产生的费用，稍后再作讨论。可见当时南海救助局就该救助费率仍留有可调整的余地。另一方面，投资公司将救助方案变更为过驳减载脱浅并将这一变更告知南海救助局后，仍于15日的邮件中询问南海救助局可否将该轮的救助费率调整为每马力小时2.9元。可见投资公司在变更救助方案后仍愿意以每马力小时2.9元的费率付费，该费率的确定符合《海商法》鼓励救助的原则。据此，一审法院将"南海救116"轮和"南海救101"轮的救助费率调整至每马力小时2.9元。

关于南海救助局请求的救助报酬的利息。南海救助局与投资公司未约定救助报酬的支付期限，事后未达成补充协议，也无法按照合同有关条款和交易习惯确定，依照《中华人民共和国合同法》(以下简称《合同法》)第六十二条关于"履行期限不明确的，债务人可以随时履行，债权人也可以随时要求履行，但应当给对方必要的准备时间"的规定，一审法院酌情认定完成救助作业后的两个月为准备时间，确定本案救助报酬的利息应从2011年10月19日起，按中国人民银行同期流动资金贷款利率计至判决确定应当支付之日止。

广东省高级人民法院认为：

(1)救助合同成立并合法有效、不存在变更或撤销的理由。上海代表处与南海救助局的多次邮件往来可证明，投资公司对涉案事故的现场情况充分知悉，对涉案救助作业具有足够的专业认知，其在已选择过驳减载脱浅方案的情形下，与南海救助局经充分协商，最终订立了本案合同，同意南海救助局的合同报价，投资公司所称的对涉案合同的订立存在重大误解，二审法院不予支持。

在涉案救助的同时期，南海救助局与案外人签订的拖轮作业合同显示，"南海救116"轮及同类拖轮的作业费用均不低于每马力小时3.0元，本案中不存在南海救助局乘人之危的情形。投资公司关于涉案救助合同应依《合同法》第五十四条的规定予以变更或撤销的理由，亦不能成立。

南海救助局在参与救助的过程中，实际服从于船方指示。故本案救助系合同救助，救助方按照被救助方的指挥进行救助，不论救助是否有效果，被救助方都应该按照《海商法》第一百七十九条的规定，根据救助方使用的人力和设备，按约定支付报酬。

(2)关于南海救助局请求的救助报酬是否合理。涉案委托书记载投资公司委托南海救助局派遣拖轮到现场协助"加百利"轮出浅，同时记载"南海救116"轮和"南海救101"轮只负责拖带作业。拖带出浅和过驳脱浅是两种不同的、独立的救助方式，过驳脱浅救助并不必然需要拖轮的守护。此外，投资公司请求南海救助局派遣"南海救116"轮和"南海救101"轮进行救助时尚未确定使用过驳减载脱浅方案，结合委托书的文义，应认定投资公司请求派遣拖轮到现场的目的是以拖轮合适的作业方式救助"加百利"轮脱浅，而非待命协助出浅。因拖轮抵达现场之后，投资公司救助方案发生变化，导致拖轮及潜水人员都未实际从事合同约定的救助作业，投资公司以南海救助局未实际实施合同约定的救助事项为由请求变更救助合同，于法有据。鉴于一审已根据投资公司的诉请，综合考虑《海商法》第一百八十条规定的因素对涉案救助报酬进行了调整，二审法院不再另行调整。各方当事人对依据一审判决认定的救助报酬基数6592913.58元无异议，予以确认。

(3)投资公司可仅按照船舶获救价值占全部获救价值的比例38.85%向南海救助局承担救助报酬。根据《海商法》第一百七十二条、第一百七十九条的规定，救助报酬是救助款项的一种形式，在合同救助中，救助方与被救助方可以对包括救助报酬形式在内的救助款项作出约定，南海救助局关于救助报酬仅适用于"无效果，无报酬"救助合同的主张缺乏依据。双方约定的是被救助方对救助方的履约行为给予的经济回报，该约定费用应属于救助报酬，依法应适用《海商法》第一百八十三条的规定。故投资公司可仅按照船舶获救价值占全部获救价值的比例38.85%向南海救助局承担救助报酬。

最高人民法院认为：

(1)"无效果，无报酬"的救助报酬支付原则不适用雇佣求助合同。《救助公约》第十二条、《海商法》第一百七十九条规定了"无效果，无报酬"的救助报酬支付原则，《救助公约》第十三条、《海商法》第一百八十条及第一百八十三条在该原则基础上进一步规定了报酬的评定标准与具体承担。上述条款是对当事人基于"无效果，无报酬"原则确定救助报酬的海难救助合同的具体规定。与此同时，《救助公约》和《海商法》均允许当事人对救助报酬的确定另行约定。因此，在《救助公约》和《海商法》规定的"无效果，无报酬"救助合同之外，还可以依当事人的约定形成雇佣救助合同。

(2)本案应依据《合同法》的相关规定。根据本案查明的事实，投资公司与南海救助局经过充分磋商，明确约定无论救助是否成功，投资公司均应支付报酬，且"加百利"轮脱浅作业过程中如发生任何意外，南海救助局无须负责。依据该约定，南海救助局救助报酬的获得与否和救助是否有实际效果并无直接联系，而救助报酬的计算，是以救助船舶每马力小时，以及人工投入等事先约定的固定费率和费用作为依据，与获救财产的价值并无关联。因此，本案所涉救助合同不属于《救助公约》和《海商法》所规定的"无效果，无报酬"救助合同，而属于雇佣救助合同。

关于雇佣救助合同下的报酬支付条件及标准，《救助公约》和《海商法》并未作具体规定。二审法院依据《海商法》第一百八十条规定的相关因素对当事人在雇佣救助合同中约定的固定费率予以调整，属适用法律错误。本案应依据《合同法》的相关规定，对当事人的权利义务予以规范和确定。

（3）南海救助局诉请的救助报酬数额如何确定。对于南海救助局诉请的救助报酬数额，投资公司主张，其应依照《海商法》第一百八十三条的规定，按照船舶获救价值占全部获救价值的比例承担救助报酬。本院认为，《海商法》第一百八十三条应适用于"无效果，无报酬"的救助合同，而案涉合同属雇佣救助合同，南海救助局以其与投资公司订立的合同为依据，要求投资公司全额支付约定的救助报酬并无不当。

投资公司还提出，本案救助方案由此前的拖带作业、探摸作业变更为过驳减载，符合情势变更的有关情形，此前约定的救助报酬费率应予调整。本院认为，《最高人民法院关于适用〈中华人民共和国合同法〉若干问题的解释（二）》第二十六条规定："合同成立以后客观情况发生了当事人在订立合同时无法预见的、非不可抗力造成的不属于商业风险的重大变化，继续履行合同对于一方当事人明显不公平或者不能实现合同目的，当事人请求人民法院变更或者解除合同的，人民法院应当根据公平原则，并结合案件的实际情况确定是否变更或者解除。"本案救助方案的调整并非基于客观情况的重大变化，而是包括当事人在内的相关方协商讨论的结果，且合同的继续履行对于投资公司并非明显不公平或者不能实现合同目的，救助方案的调整并不属于法律意义上的情势变更。投资公司以此主张降低约定的费率和费用，缺乏事实和法律依据，本院不予支持。

六、案件启示和意义

海难救助的法律制度是源自航海实践，与人类航海贸易的产生和发展是并存的。海难救助的法律制度发展经历了多个阶段。19 世纪，海难事故频繁发生，为了解决海难救助问题，在现实条件的限制下首先明确规定了海上救助义务，强调人身救助的优先性。20世纪初，随着科技的进步和国际贸易的发展，全球海上运输量大幅增加，为了保护海上交通参与者的利益，制定了一系列国际标准和公约，确立了救助船舶的义务、救助费用的分摊原则、"无效果，无报酬"原则等。

"无效果，无报酬"是目前海难救助的一项基本原则，目前在国内外的使用仍然最广泛。

而雇佣救助合同则是对合同救助的补充与完善，系指救助方按照被救助方的指挥进行救助活动，而不论救助成功与否，被救助方都应按救助方使用的人力和设备按约定支付报酬，更多体现了雇佣服务合同的性质。

本案例通过再审法院的论述进一步明确了雇佣救助合同以双方当事人约定或订立的合同为准，从而明确排除《海商法》第一百七十九条"无效果，无报酬"的适用。

七、课后思考

1. 通过对本案例一审法院、二审法院及再审法院相关观点的学习，思考海难救助法律制度的变化及背后的价值取向。

2. 讨论本案是否应当适用《海商法》第一百八十三条，并说明理由。

第三节 海事赔偿责任限制的适用情形
——船舶碰撞损害责任纠纷案①

一、本节知识点/知识体系概述

船舶碰撞，是指船舶在海上或者与海相通的可航水域发生接触造成损害的事故。虽然实际上没有同其他船舶发生接触，但操纵不当或者不遵守航行规章，致使其他船舶以及船上的人员、货物或者其他财产遭受损失的，也适用船舶碰撞的规定。

由于海上航行的不可抗力情况较多，存在无过失船舶碰撞情形。根据《海商法》第一百六十七条规定，无过错的船舶碰撞，包括由于不可抗力、其他不能归责于任何一方的原因或无法查明的原因造成的船舶碰撞。出现无过失碰撞时，碰撞各方互相负赔偿责任，损失由各方自行承担。

船舶发生碰撞，是由于一船的过失造成的，由有过失的船舶负赔偿责任。

船舶发生碰撞，碰撞的船舶互有过失的，各船按照过失程度的比例负赔偿责任；过失程度相当或者过失程度的比例无法判定的，平均负赔偿责任。互有过失的船舶，对碰撞造成的船舶以及船上货物和其他财产的损失，依照上述规定的比例负赔偿责任。碰撞造成第三人财产损失的，各船的赔偿责任均不超过其应当承担的比例。互有过失的船舶，对造成的第三人的人身伤亡，负连带赔偿责任。一船连带支付的赔偿超过本条第一款规定的比例的，有权向其他有过失的船舶追偿。

海事赔偿责任限制，是指对于船舶在营运过程中所造成的人身、货物、其他财产等各项损失而对责任人的总的赔偿责任限制在一定限额内的责任限制制度。海事赔偿责任限制

① 案例来源：宁波海事法院作出（2019）浙 72 民初 1036 号民事判决书。

所适用的责任人包括船舶所有人、救助人、船舶经营人、租船人以及有过失的责任人员。海事赔偿责任限制适用的范围是指《海商法》第二百零七条所列的海事赔偿请求。

二、案件基本事实

"华伦67"系蒋某六所有并实际经营的干货船，船籍港宣城，持有安徽省宣城市地方海事局签发的船舶所有权证书、国籍证书、最低安全配员证书和安徽省船舶检验局（宣城）签发的内河船舶检验证书，证书均有效，其中船舶最低安全配员证书要求至少配备各类职务船员8名。

"浙奉渔26011"轮系林某追所有的国内捕捞船，船籍港奉化，持有奉化渔港监督处签发的渔业船舶所有权登记证书、国籍证书和奉化市渔船检验站签发的渔业船舶检验证书，证书均在有效期内。

2018年12月22日20:00时左右，"华伦67"轮装载约8000吨海沙驶离福建闽江口，目的地江苏江阴。12月26日02:47时左右，"浙奉渔26011"轮距"华伦67"轮约1.3海里，值班二副视觉发现位于本船船首右前方的"浙奉渔26011"轮，随后二副通过VHF16频道多次呼叫"浙奉渔26011"轮，但均未获回应。02:51时左右，"华伦67"轮值班二副发现"浙奉渔26011"轮由本船右前方快速行驶，二副立即采取左满舵避让，随即"华伦67"轮右舷1号货舱部位与"浙奉渔26011"轮船首发生碰撞，碰撞夹角约70度。碰撞发生后，两船脱离，"华伦67"轮船员开始检查受损情况，并向海事报告请求救助，同时发现1号货舱右舷破损进水，船员开展自救，后因货舱进水导致船舶倾覆，4名船员弃船后被附近渔船"浙普渔19315"救起。03:50时左右，"华伦67"轮沉没，所载货物随船灭失。

2018年12月25日23:00时左右，"浙奉渔26011"轮结束海上作业由192海区返回舟山沈家门，开航时航行灯均开启并工作正常，驾驶台雷达、卫星导航、电子海图等设备均开启并工作正常，船上共有6名船员，开航时船长董某明负责驾驶操纵，其余船员在房间内休息，船舶主机转速稳定在约800转每分钟。26日00:00时左右，船员翁某波上驾驶台负责驾驶操纵船舶。02:51时左右，值班船员胡某杰视觉发现船首正前方一艘货船（即"华伦67"轮），虽采取停车措施避让，随即船首与"华伦67"轮右舷1号货舱部位发生碰撞。碰撞发生后，船长董某明上驾驶台负责操纵船舶，随后操右舵将两船分离，安排船员检查本船受损情况。02:55时左右，董某明驾驶船舶驶离现场，继续向西南方向航行。05:50时左右，抵达舟山沈家门半升洞水域锚泊。在此之前，该船未与"华伦67"轮取得联系，未向有关部门报告事故情况。事故造成"浙奉渔26011"轮球鼻首局部破损。

事故经舟山沈家门海事处认定：

关于"华伦67"轮的过失问题。（1）瞭望疏忽且未准确判断碰撞危险。该轮值班二副在事发前曾视觉发现位于本船右前方且与本船航向交叉的"浙奉渔26011"轮，但是在VHF呼叫无果的情况下，未对"浙奉渔26011"轮保持连续的观测，亦未充分运用雷达、AIS、电子海图等有效手段对当时的局面和碰撞危险作出充分的估计和准确的判断，一直保速保向航行直至事故发生前瞬间采取紧急避让措施。(2)未履行让路船义务采取有效避让行动。该轮作为让路船，事发前一直按照计划保持稳定的航速航向航行，直至碰撞即将发生才采取紧急避让措施，显然未及早采取大幅度的避让行动宽裕地让清"浙奉渔26011"轮。

关于"浙奉渔26011"轮的过失。(1)瞭望疏忽。该船值班船员在本次事故即将发生前瞬间才首次视觉发现位于本船船首方向的"华伦67"轮，导致没有时间对局面进行判断并采取措施进行避让。(2)未采取最有助于避免碰撞的行动。事发前"华伦67"轮与"浙奉渔26011"轮距离持续减小且相对方位未发生明显变化，在两船逼近到单凭"华伦67"轮的行动已不能避免碰撞事故发生的情况下，"浙奉渔26011"轮仍未采取最有助于避免碰撞的行动。

关于双方存在的违法行为问题。(1)"华伦67"轮超过核定航区航行。该轮船舶检验证书核定航区为内河A级，该船超过核定航区从事海上经营运输。(2)"浙奉渔26011"轮肇事后擅自驶离现场，未及时施救。该船在明知已发生碰撞事故且不危害自身安全的情况下，未采取任何措施对碰撞船舶进行核实和救助，也未向主管机关报告而擅自驶离事故水域。(3)双方均未配备足够且满足要求的合格船员。"华伦67"轮事发航次船员配备不满足该轮《船舶最低安全配员证书》要求，"浙奉渔26011"轮事发航次船员配备不满足《中华人民共和国渔业船员管理办法》相关要求。本起事故是一起双方互有过失引起的人为责任事故。"华伦67"轮瞭望疏忽且未准确判断碰撞危险、未履行让路船义务采取有效避让行动是事故的主要原因，对事故负主要责任，"浙奉渔26011"轮瞭望疏忽、未采取最有助于避免碰撞的行动是造成本起事故的次要原因。

"华伦67"轮因本次碰撞事故造成如下损失：船舶灭失874万元，燃料油损失10万元及船员生活用品2万元，合计886万元。

三、裁判过程和结果

事故发生后，"浙奉渔26011"轮在无证驾驶的情况下，既不报案，也不施救甚至逃离现场，为维护自身权益，"华伦67"船主蒋某六向法院起诉，请求判令被告林某追赔偿损失6529920元。

宁波海事法院作出(2019)浙72民初1036号判决：被告林某追应于本判决生效后10日内赔偿原告蒋某六船舶碰撞损失177.2万元；驳回原告蒋某六的其他诉讼请求。本案案件受理费57509元，由原告蒋某六负担42303元，被告林某追负担15606元。双方均未上诉。

四、案件争议焦点

根据双方的诉辩意见，本案的争议焦点为：(1)碰撞责任比例和损失承担的问题；

(2)被告林某追是否享有海事赔偿责任限制权利的问题。

五、裁判主要理由

宁波海事法院认为：

(1)关于碰撞责任比例和损失承担的问题。原告蒋某六认为，林某追所属船舶无证驾驶且在事故发生后逃逸，理应承担事故主要责任。被告林某追认为，涉案船舶碰撞事故系由蒋某六的行为所造成，应按涉案事故调查报告的结论，由蒋某六承担主要责任。

法院认为，"华伦67"轮未保持连续的观测，未使用适合当时环境和情况的一切有效手段保持正规瞭望，未能准确判断碰撞危险，违反了《1972年国际海上避碰规则》第五条、第七条的规定；在两船构成交叉相遇局面，"华伦67"轮作为让路船，事发前一直保持稳定的航速航向航行，直至碰撞即将发生才采取左满舵避让，未及早采取大幅度的避让行动，宽裕地让请"浙奉渔26011"轮，违反了《1972年国际海上避碰规则》第八条、第十六条的规定。"浙奉渔26011"轮瞭望疏忽，直至事故即将发生前瞬间才首次视觉发现位于本船船首方向的"华伦67"轮，导致没有时间对局面进行判断并采取措施避让，违反了《1972年国际海上避碰规则》第五条的规定；在两船逼近到单凭"华伦67"轮的行动已不能避免碰撞事故发生的情况下，仍未采取最有助于避免碰撞的措施，违反了《1972年国际海上避碰规则》第十七条的规定。"华伦67"轮与"浙奉渔26011"轮形成交叉相遇局面，根据《1972年国际海上避碰规则》第十五条和第十六条的规定，"华伦67"轮是让路船，应尽可能及早采取大幅度的行动，包括转向和减速，宽裕地让请"浙奉渔26011"轮，但"华伦67"轮02：47时左右在两船相距0.9海里才视觉发现位于本船船首右前方的"浙奉渔26011"轮，此时两船已构成碰撞危险局面，而"华伦67"轮只尝试通过VHF16频道呼叫对方船舶却未采取任何避让措施，两船进而形成紧迫危险局面，而直至02：51时左右两船相距仅0.2海里时，才采取左满舵避让，"华伦67"轮过失明显，也是涉案碰撞事故发生最直接、最主要的原因。

"华伦67"轮系内河船，涉案航次超航区在舟山沿海航行，船员不适任且配备不足，违反了《中华人民共和国海上交通安全法》第四条、第六条的规定。内河航区船舶在结构强度、稳性和水密性、干舷高度等诸多方面不同于沿海航区船舶，不具备从事沿海水域航行的安全性能。"华伦67"轮违反法律规定在沿海水域航行，以致在与"浙奉渔26011"轮碰撞后短时间内侧翻沉没，加重了碰撞所造成的损害结果，其超航区航行与损害结果加重之间具有直接的因果关系。"浙奉渔26011"轮船员不适任且配备不足，碰撞发生后，操纵船舶分离两船，并随后擅自驶离现场，未及时施救，违反了《中华人民共和国海上交通安全法》第六条、第三十四条、第三十七条及《中华人民共和国海商法》第一百六十六条的规定，与碰撞损害后果扩大，也具有一定的因果关系。

综上所述，综合比较两船碰撞过失程度以及违法行为与损害后果的因果关系，由"华伦67"轮对碰撞造成的损失承担80%的责任，"浙奉渔26011"轮承担20%的责任。涉案碰撞事故造成"华伦67"轮船舶、燃料油、船员生活用品等损失共计886万元,应由被告林某追按20%的比例赔偿原告蒋某六177.2万元。

(2)关于被告林某追是否享有海事赔偿责任限制权利的问题。被告林某追认为,本案系船舶碰撞引起的纠纷,其作为"浙奉渔26011"轮的所有人,有权享受海事赔偿责任限制。原告蒋某六认为,"浙奉渔26011"轮在肇事后逃逸,构成法定的丧失海事赔偿责任限制条件。

本院认为,认定林某追在本案事故中是否依法享受海事赔偿责任限制,应审查其是否符合《中华人民共和国海商法》第二百零九条规定的"经证明,引起赔偿请求的损失是由于责任人的故意或者明知可能造成损失而轻率地作为或者不作为造成的"之情形。本案中,"浙奉渔26011"轮的船员配备不满足海洋渔业船舶职务船员最低配员要求,在船六人中仅有两人持有渔业主管机关签发的船员职务证书,但均不适任,其余四人,尤其是履行船长、大副职责的当班人员无证驾驶,严重危及航行安全。林某追作为船舶所有人,没有尽到应尽的渔船经营管理安全义务,其对上述船舶配员不足、船员不适任、无证驾驶等严重违法行为理应知晓,对可能发生的危险和造成的危害也理应预见,却仍然实施或者放任上述严重违法行为,表明其对涉案碰撞事故的发生存在重大的主观过错,足以构成"明知可能造成损失而轻率地作为或者不作为",据此,林某追无权限制其海事赔偿责任限制。

综上所述,原告蒋某六诉讼请求有理部分,予以支持;超过部分,证据不足,理由不成立,不予保护。被告林某追抗辩有理部分,予以采纳。

六、案件启示和意义

近年来,国内一些船舶存在配员不足、船员不适任、超航区航行等问题,极易发生水上交通安全事故,对国内水路通航环境和人民生命财产安全带来严重威胁。本案一方面依法认定内河船超航区航行、未遵守避碰规则系事故发生的主要原因,判令"华伦67"轮对事故承担主要责任;另一方面准确适用《中华人民共和国海商法》规定,将船员无证驾驶导致事故发生认定为丧失海事赔偿责任限制的情形,明确了裁判标准,警示违规航行风险与责任承担,引导船舶所有人和经营人培养安全航行意识、强化船舶安全管理,对遏制内河船违规入海、船员无证驾驶现象,进一步规范水上交通秩序,维护船舶航行安全具有积极意义。

七、课后思考

1. 通过对本案例法院相关观点的学习,总结船舶碰撞相关知识要点。

2. 了解海事赔偿责任限制的相关规定,讨论本案是否应当适用《海商法》第二百零九条,并说明理由。

第四节 "开航"与"在航"在海上保险赔偿责任认定中的区别
—— 海上、通海水域保险合同纠纷案①

一、本节知识点/知识体系概述

根据《海商法》的规定，海上保险合同，是指保险人按照约定，对被保险人遭受保险事故造成保险标的的损失和产生的责任负责赔偿，而由被保险人支付保险费的合同。

上述所称保险事故，是指保险人与被保险人约定的任何海上事故，包括与海上航行有关的发生于内河或者陆上的事故。

保险标的的保险价值由保险人与被保险人约定。保险人与被保险人未约定保险价值的，保险价值依照下列规定计算：

（1）船舶的保险价值，是保险责任开始时船舶的价值，包括船壳、机器、设备的价值，以及船上燃料、物料、索具、给养、淡水的价值和保险费的总和。

（2）货物的保险价值，是保险责任开始时货物在起运地的发票价格或者非贸易商品在起运地的实际价值以及运费和保险费的总和。

（3）运费的保险价值，是保险责任开始时承运人应收运费总额和保险费的总和。

（4）其他保险标的的保险价值，是保险责任开始时保险标的的实际价值和保险费的总和。

除合同另有约定外，因下列原因之一造成保险船舶损失的，保险人不负赔偿责任：船舶开航时不适航，但是在船舶定期保险中被保险人不知道的除外；船舶自然磨损或者锈蚀。

二、案件基本事实

曲某模系"鲁荣渔1813""鲁荣渔1814"两船所有人。2011年5月25日，曲某模与大地保险石岛支公司就"鲁荣渔1813""鲁荣渔1814"两船订立了两份保险合同，每份合同均约定：险别为综合险，渔船保险价值428.57万元，保险金额300万元；保险期限12个月，自2011年5月26日0时起至2012年5月25日24时止。该两份保险合同约定采用《中国大地财产保险股份有限公司远洋渔船保险条款》（以下简称涉案保险条款），该条款主要内容为：（1）该保险单所保渔船指船壳及其附属设备。（2）该保险分全损险和综合险，其中全损险为保险人负责赔偿由于下列原因造成被保险渔船和加保的渔网渔具的全部损失：暴风雨、台风、雷电、流冰、地震、海啸、洪水、火山爆发、搁浅、触礁、沉没、碰

① 案例来源：最高人民法院（2017）民再413号民事判决书。

撞、失火、锅炉或其他设备爆炸、油管破裂等自然灾害和意外事故等。(3)保险人不负责赔偿下列损失、费用和责任:由于被保险渔船不具备适航条件所造成的损失;由于船东及其代表的疏忽,船东及其代表和船长的故意行为造成的损失等。在曲某模不在场的情况下,大地保险石岛支公司的业务人员在保险单上手写了"发生全损时,每条船最高赔偿金额不超过 150 万元"等特别约定,并在投保人签名处模仿了"曲某模"的签字和手印。曲某模支付保险费 13.2 万元。

该两船于 2011 年 6 月 1 日进入休渔期后,在山东省荣成市烟墩角北港渔码头进行船体维护和船上机械保养,其中"鲁荣渔 1813"船主机于 6 月 20 日被吊出舱维修。曲某模通过天气预报得知"米雷"台风已接近,决定趁风力还不大,将两船移泊至烟墩角南码头避风。2011 年 6 月 25 日 19 时许,曲某模连同船长吴某侨、大车孟某超等,试图单靠"鲁荣渔 1814"船动力将两船驾驶至南码头,后在驶往南码头途中因舵机失灵,两船抛锚等待救助。其间,风力逐渐加大,至 6 月 26 日 0 时许在台风大浪作用下,两船锚缆断裂,发生走锚,处于失控状态。6 月 26 日凌晨 3 时许,两船被大浪拍打至荣成烟墩角水产有限公司海参池子东侧搁浅。

2011 年 9 月 15 日,法定主管机关中华人民共和国荣成渔港监督局经调查,作出《渔业海上交通事故调查报告书》认定:该两船在避让台风中,因海上风浪大,锚缆断裂而失控,被风浪拍打至海参池边礁石搁浅,经多次抢救无效,导致报废。山东省海洋与渔业监察总队第二支队根据一审法院的查询要求,于 2015 年 7 月 9 日书面证明:"鲁荣渔 1813""鲁荣渔 1814"两船已于 2012 年 1 月 12 日在该单位办理了渔业船舶注销登记。根据荣成烟墩角水产有限公司于 2015 年 8 月 20 日出具的证明,两船残骸在 2012 年(最迟于 2013 年 1 月 1 日前)码头填海施工中被彻底填埋于海底。

事故发生后,曲某模向大地保险石岛支公司报案。2011 年 9 月 7 日,大地保险威海公司出具《关于"鲁荣渔 1813、1814"轮搁浅事宜"2011.9.7"的复函》,拒绝了曲某模的赔偿申请。2011 年 9 月 13 日,大地保险威海公司再次出具复函称:保险船舶的施救费用和后期修理费用之和已超过两船事故发生时的市场价值,因此该公司将不再参与两船的一切施救行动,也不承担相应施救费用。2012 年 2 月 7 日,大地保险威海公司出具拒赔通知书。

三、裁判过程和结果

曲某模认为"鲁荣渔 1813""鲁荣渔 1814"两船已 2011 年 5 月 25 日向大地保险石岛支公司投保渔船综合险。该两船于 2011 年 6 月 26 日 3 时 30 分遭遇台风而搁浅全损,但大地保险石岛支公司不支付保险赔偿金。故请求法院判令大地保险威海公司、大地保险石岛支公司向曲某模支付保险赔偿金 600 万元及利息(自 2011 年 10 月 1 日起,按同期银行贷款利率计算至实际付清之日止),并承担本案诉讼费用。

青岛海事法院作出(2012)青海法海商初字第 240 号民事判决:大地保险石岛支公司给

付曲某模保险赔偿款 600 万元，并承担自 2013 年 1 月 1 日起至判决确定的应付之日止的利息(按中国人民银行同期银行贷款利率计算)；大地保险威海公司对上述赔偿款承担补充给付责任。

曲某模、大地保险威海公司、大地保险石岛支公司均不服一审判决，提起上诉。山东省高级人民法院作出的(2016)鲁民终 1542 号民事判决，变更一审判决第一项为：大地保险石岛支公司给付曲某模保险赔偿款 300 万元，并承担自 2013 年 1 月 1 日起至判决确定的应付之日止的利息(按中国人民银行同期贷款基准利率计算)；变更一审判决第二项为：大地保险威海公司对判决第一项中的赔偿款承担补充给付责任。

曲某模不服二审判决，申请再审。最高人民法院(2017)作出最高法民再 413 号判决书：撤销山东省高级人民法院(2016)鲁民终 1542 号民事判决；变更青岛海事法院(2012)青海法海商初字第 240 号民事判决第一项为：中国大地财产保险股份有限公司石岛支公司于本判决生效之日起 10 日内支付曲某模保险赔偿金 450 万元及其利息(自 2012 年 2 月 18 日起，按中国人民银行同期同类贷款基准利率计算至本判决确定的支付之日止)；维持青岛海事法院(2012)青海法海商初字第 240 号民事判决第二项。

四、案件争议焦点

根据双方的诉辩意见，本案的争议焦点为：(1)保险赔偿责任的认定；(2)保险赔偿数额及利息认定的问题。

五、裁判主要理由

青岛海事法院认为：

关于保险赔偿责任的认定。涉案事故发生的直接原因是"鲁荣渔 1813""鲁荣渔 1814"两船在避让台风过程中遭遇暴风雨、台风，触礁搁浅而全损。该原因属于保险合同约定的保险赔偿范围。该两船当时正值休渔期，曲某模对渔船进行适当的维修和保养，并不违反法律规定。船员放假回家，船员配备不足不构成重大过失。大地保险石岛支公司关于曲某模消极地不予求助的主张，不符合当时海上客观情况。曲某模也不存在故意造成保险事故的行为。大地保险石岛支公司依照《中华人民共和国海商法》第二百四十二条的规定，主张其不负赔偿责任，没有事实和法律依据。曲某模将渔船从烟墩角北码头驶往南码头，属于为避险而进行的移泊，而非《中华人民共和国海商法》规定的船舶开航，大地保险石岛支公司不能依照该法第二百四十四条的规定，主张其不承担赔偿责任。大地保险石岛支公司与曲某模签订保险合同主体适格，应当对保险事故承担赔偿责任。大地保险威海公司作为主管大地保险石岛支公司的上级分支机构，应承担相应的补充给付责任。

关于保险赔偿数额及利息认定的问题。"鲁荣渔 1813""鲁荣渔 1814"两船已经实际全损。渔船的保险金额为每船 300 万元，大地保险威海公司、大地保险石岛支公司赔偿曲某模因保险事故造成的损失，应以保险金额 600 万元为限。大地保险石岛支公司在保险单中单方所作的特别约定是为减轻其赔偿责任，未经曲某模明确书面同意与认可。所有保险单等材料上的签字及手印都不是曲某模本人所为，曲某模对此特别约定并不知情，且事后亦不存在追认和认可的情况。曲某模按照每艘船保险金额 300 万元的保险费比例交付了 6.6 万元的保险费，大地保险威海公司、大地保险石岛支公司应按每艘船 300 万元进行赔付。涉案渔船实际全损的时间为 2012 年度，保险赔偿款的利息应从 2013 年 1 月 1 日起算。

综上所述，大地保险石岛支公司给付曲某模保险赔偿款 600 万元，并承担自 2013 年 1 月 1 日起至判决确定的应付之日止的利息（按中国人民银行同期银行贷款利率计算）；大地保险威海公司对上述赔偿款承担补充给付责任。

山东省高级人民法院认为：

关于保险赔偿责任的认定。曲某模与大地保险石岛支公司之间成立保险合同关系，大地保险石岛支公司应当按照涉案保险条款和保险单载明的条件，承担保险责任范围内的赔偿责任。按照该保险条款的约定，保险人对由于台风造成的船舶损失承担赔偿责任，对由于船东的疏忽造成的船舶损失不承担赔偿责任。曲某模在一船没有动力，一船配员不足，两船通信设备不能正常工作，台风即将来临的情况下，贸然指令"鲁荣渔 1814"船傍拖"鲁荣渔 1813"船驶往约 4 海里外的烟墩角南码头，存在明显的疏忽，且其疏忽与本案事故发生之间有因果关系。本案所涉事故，先有船舶所有人的疏忽，后有台风的影响，缺乏任何一个原因，事故均不会发生，且哪一个为直接、有效、起决定作用的原因难以确定，大地保险威海公司、大地保险石岛支公司应按照 50%的比例，向曲某模支付保险金。

关于保险赔偿数额及利息认定的问题。根据保险单的记载，涉案每艘渔船的保险价值为 428.57 万元，保险金额为 300 万元。大地保险威海公司、大地保险石岛支公司没有提交证据证明在保险事故发生时每艘船的价值低于 300 万元，保险单记载的保险金额并未超过保险事故发生时船舶的价值。两艘渔船发生全损，大地保险威海公司、大地保险石岛支公司应就每艘渔船向曲某模支付的保险赔偿金为 300 万元的 50%即 150 万元，该两艘渔船的保险赔偿金共计 300 万元。两艘渔船实际全损的时间为 2012 年，一审法院确定大地保险威海公司、大地保险石岛支公司承担逾期付款利息的起算时间为 2013 年 1 月 1 日，并无不当。

综上所述，曲某模的上诉请求不能成立，应予驳回；大地保险威海公司、大地保险石岛支公司的上诉理由部分成立。

最高人民法院认为：

（1）保险赔偿责任的认定。保险赔偿责任的认定涉及事故原因、保险承保范围、（约定和法定）保险除外责任、保险承保风险的影响程度等层面的问题。

曲某模作为"鲁荣渔 1813""鲁荣渔 1814"两船的船东（所有人）得知"米雷"台风接近该两船停靠的港口，于 2011 年 6 月 25 日决定移泊避免台风损害，该项决定的动因正当合理。从移泊中一船机舱因无人注意而进水的事实看，该事故发生过程中也存在人为应对不当的原因。据此可知，涉案事故系由台风、船东的疏忽、船长船员的疏忽三个原因共同造成，其中台风是主要原因。

涉案保险条款列明综合险承保的 3 项原因，其中第 1 项原因是暴风雨、台风、搁浅、触礁等自然灾害和意外事故，"意外事故"通常被理解为非因当事人的故意或过失，而是由于当事人意志以外的原因而偶然发生的事故，据此可以认定第 1 项原因不含当事人方面的疏忽或者故意；第 2 项原因是船壳和机器的潜在缺陷，涉案事故并不涉及；第 3 项原因为"船长、大副、船员、引水员或修船人员的疏忽"，其中列明疏忽的人员范围不含船东本人。上述 3 项原因的列明方式表明涉案保险条款将相关人员的疏忽专门予以列明，由此也印证第 1 项原因不含当事人方面的疏忽。涉案保险条款已经清楚表明船东疏忽不属其列明的承保范围。尽管涉案保险条款第三条(除外责任)列明船东的疏忽，但这只能表明该保险条款在除外责任部分同时(反向)强调保险人不负责赔偿船东疏忽引起的损失，而不能表明船东的疏忽原本在该条款列明的承保范围中。涉案保险条款第二条(责任范围)所列明的 3 项原因即为该保险所承保的风险，据此可以认定，在造成涉案事故的三个原因中，台风与船长船员的疏忽属于承保风险，而船东的疏忽为非承保风险。

在航运实践中，船舶从锚泊、系岸、搁浅状态转换到非锚泊、非系岸、非搁浅状态，属于在航(Underway)，但并非所有在航状态的开启均属于上述法律规定的开航，大地保险石岛支公司主张"开航"应理解为非锚泊或者非系岸状态，与法律规定和航运实践中的通常理解不符，本院不予支持。曲某模在涉案两船靠港修理期间，为避台风而安排船舶港内移泊，并非安排船舶离港开始预定航次的航行，该类港内移泊不属于《中华人民共和国海商法》第二百四十四条第一款第一项规定的"船舶开航"，大地保险石岛支公司根据该条法律规定主张免除保险赔偿责任，缺乏事实依据，本院不予支持。

如上所述，本案事故系由承保风险(台风与船长船员的疏忽)和非承保风险(船东的疏忽)共同作用而发生，其中台风为主要原因。根据上述各项风险(原因)对事故发生的影响程度，本院酌定大地保险石岛支公司对涉案事故承担 75% 的保险赔偿责任。

(2)关于保险赔偿数额及利息的认定。涉案保险合同约定每艘船舶的保险价值为428.57 万元，每艘船舶的保险金额为 300 万元。尽管涉案保险单特别约定条款载明"发生全损时，最高赔偿金额不超过 150 万元"，但该条款系大地保险石岛支公司业务员单方手写，保险单上的签字及手印并非曲某模本人所为；曲某模按照保险合同的约定缴纳保险费，仅可视为其对双方订立保险合同的追认，但不能由此推定曲某模支付保险费时知悉并接受上述特别约定条款。大地保险石岛支公司根据上述特别约定条款主张曲某模的索赔金额应为 300 万元，没有事实和法律依据，本院不予支持。涉案保险合同约定两艘船舶的保险金额低于保险价值，涉案两艘船舶发生全损，根据《中华人民共和国海商法》第二百三十八条关于保险人赔偿保险事故造成的损失以保险金额为限的规定，如果两船全损完全由保险承保风险造成，两船保险赔偿金额为 600 万元。鉴于两船全损由保险承保风险和非承保风险共同造成，大地保险石岛支公司应按照上述 75% 的赔偿责任比例，向曲某模支付保险赔偿款 450 万元。

六、案件启示和意义

本案是一起典型的船舶保险合同纠纷案。该案再审判决在审理思路与实体规则适用方面均发挥了指导作用，主要体现在以下几个方面：一是保险赔偿责任的认定涉及的基本问题包括合同总体上的效力、事故原因、保险承保范围、除外责任、因果关系构成等，该案再审判决明确了有关基本问题的论证层次。二是关于多因一果的损害赔偿的处理，我国法律并没有规定保险赔偿的"近因原则"，从《最高人民法院关于适用〈中华人民共和国保险法〉若干问题的解释（三）》第二十五条规定人身保险中按相应比例确定赔付的原则看，我国保险司法实践正在倾向采纳国际上逐步发展的比例因果关系理论，该案再审判决遵循了这一司法动向。三是该案再审判决明确了《海商法》第二百四十四条中"开航"的含义。

七、课后思考

1. 通过对本案例法院相关观点的学习，总结海上保险合同相关知识要点。

2. 讨论本案例中法律中"开航"的定义与航运实践中"在航"（Underway，船舶从锚泊、系岸、搁浅状态转换到非锚泊、非系岸、非搁浅状态）的区别。

附：第五章所涉法律规定

《中华人民共和国海商法》

《中华人民共和国保险法》

《中华人民共和国合同法》

《中华人民共和国海上交通安全法》

《中华人民共和国民事诉讼法》

《中华人民共和国涉外民事关系法律适用法》

《1989 年国际救助公约》

《1972 年国际海上避碰规则》

《中华人民共和国渔业船员管理办法》

《最高人民法院关于审理无正本提单交付货物案件适用法律若干问题的规定》

《最高人民法院关于海事法院受理案件范围的若干规定》

《最高人民法院关于审理船舶碰撞和触碰案件财产损失赔偿的规定》

第六章　破　产　法

破产是一系列程序的总称，我国 2007 年颁布的《企业破产法》中，规定了三个破产程序，即和解、重整与破产清算。

在以上三个程序中，和解与重整程序可归为"破产预防程序"，目的是防止企业进入清算程序最终倒闭。三个程序基本区别如表 6-1 所示：

表 6-1   三个程序的区别表

	协议重整	破产重整	破产和解	破产清算
法律目标	共同协商，按照新协议履行相关权利义务，降低债务人负担，具体包括：债转股、债务豁免、债务延期等	预防破产，债务清理，充分调动利益相关方的积极性，共同拯救，再生再造	债权人与债务人达成和解	无法通过重整或和解重生的公司，由破产管理人对破产财产进行清理、评估、处理、分配
启动主体	债务人及债权人	债务人或债权人	债务人	债务人、债权人、清算组
管理人	无	法院指定	法院指定	法院指定
启动条件	无	已出现或可能出现破产原因	出现破产原因	出现破产原因
申请法院	无	债务人所在地人民法院	债务人所在地人民法院	债务人所在地人民法院
破产文案	无	债务人或管理人 6 个月内(可延长 3 个月)提出重整计划草案	债务人申请和解时提出和解协议草案	管理人拟定破产财产变价方案，提交债权人会议讨论
强制力	协议约束，无司法强制力	法院安排由债务人执行	债务人执行，管理人监督	管理人执行
目的	债务清理	拯救企业、债务清理	债务清理	破产清算
结果	再生或失败进入司法程序	再生	再生或者消亡	消亡

在三个程序中，破产重整是挽救困境企业最有效的途径。目前，正在对《企业破产法》进行全面修订，而重整制度的创新与完善则是立法修订的重要内容。市场化、法治化是破产法立法与施法的原则，遵循立法宗旨，体会法规本意，贯彻法理原则，是确保破产法顺

利实施和实现立法目标的关键。近年来，国内多起有影响且有代表性的大型集团企业重整案件，不仅带给我们很多的启示，也为重整提供了新的模式，对立法修订有重要借鉴意义。

第一节　实质性合并重整需要满足哪些要件

——海航集团破产重整案例①

一、本节知识点/知识体系概述

(一)破产重整适用情形

破产重整，又称"破产保护"，即不对无偿付能力债务人的财产进行立即清算，而是在法院主持下由债务人与债权人达成协议，制订重组计划，规定在一定期限内债务人按一定方式全部或部分清偿债务，同时债务人可以继续经营其业务的制度。

破产重整适用于符合以下条件的企业：有优质资产和盈利能力；债务负担过重，无法通过自行协商减债，也无法通过正常经营恢复盈利；存在投资价值。

(二)重整可实现的目标

通过重整程序可实现以下目标：

(1)破产保护功能。进入破产重整程序后，债务人企业就进入司法保护之下：原则上财产不再被查封和执行；已查封的财产应当解除查封；获得一段恢复营业的缓冲期；个别清偿无效。

(2)规避非理性选择。重整程序规定了通过重整方案的"债权比例+人数比例"规则，即出席债权人会议的同一表决组的债权人过半数同意重整计划草案，并且其所代表的债权额占该组债权总额的三分之二以上的，即为该组通过重整计划草案。

此外为了避免可行的重整方案因为债权人的不理智而无法通过，重整程序中还规定了法院对重整草案的强制批准权，即部分表决组未通过重整计划草案的，债务人或者管理人可以同未通过重整计划草案的表决组协商。该表决组可以在协商后再表决一次。双方协商的结果不得损害其他表决组的利益。

未通过重整计划草案的表决组拒绝再次表决或者再次表决仍未通过重整计划草案，但重整计划草案符合法律规定条件的，债务人或者管理人可以申请人民法院批准重整计划草案。

---

① 案例来源：海南省高级人民法院(2021)琼破1号系列民事裁定书。

（3）债务人可以自行管理财产和营业事务。在重整期间，经债务人申请，人民法院批准，债务人可以在管理人的监督下自行管理财产和营业事务。

（4）多种重整模式可供选择。重整的模式是灵活多样的，既有投资人通过股权收购保留企业主体的存续型重整，也有投资人仅收购资产，注销企业主体的出售型重整。还债的时间、方式也是多样的，债务人可以一次性清偿，也可以分期清偿，既可以现金清偿，也可以股票、存货、原材料、债权等其他资产清偿。只要有利于维护各方利益，在协商一致的基础上，可以设计丰富的重整模式。

（5）合同的选择履行权。人民法院受理破产申请后，管理人对破产申请受理前成立而债务人和对方当事人均未履行完毕的合同有权决定解除或者继续履行，并通知对方当事人。

（6）利息停止计息。附利息的债权自破产申请受理时起停止计息。

（7）担保人权利暂停行使。在重整期间，对债务人的特定财产享有的担保权暂停行使。但是，担保物有损坏或者价值明显减少的可能，足以危害担保权人权利的，担保权人可以向人民法院请求恢复行使担保权。

（8）集中管辖。人民法院受理破产申请后，有关债务人的民事诉讼，只能向受理破产申请的人民法院提起。

（9）罚金、罚款不计入破产债权。

（10）允许重整企业进行特别结构设计，以获取新的融资。在重整期间，债务人或者管理人为继续营业而借款的，可以为该借款设定担保，或设定优先权。

(三)破产重整面临的风险

（1）不能免除担保人的担保责任。为债务人借款提供担保的个人或企业，不能免除担保责任。债权人仍可单独起诉担保人并执行其财产。

（2）不能保证重整一定成功。重整期限一般为6个月，经法院批准可延长3个月，即最长9个月。若在该期限内无法制订或通过重整方案，则重整失败，只能转为破产清算程序。

（3）管理人不是债务人的代理人。管理人既不是债务人的代理人，也不是债权人的代理人，而是独立执行职务的第三方机构。如果债务人有转移、隐匿资产，出资不实等法律禁止的行为，管理人有权追回。

（4）虚假破产的风险。有部分债务人通过虚假破产逃避债务，这就构成了犯罪，罪名为虚假破产罪。

(四)重整需满足的条件

（1）重整主体需为具备独立法人资格的企业。目前破产法的适用范围只限于具有独立法人资格的企业，包括全民所有制企业、有限责任公司、股份有限公司等。企业法人资格的确定,应当以领取工商部门颁发的营业执照为准。合伙企业、个人独资企业、个体工商户、农村承包经营户、合伙组织等经济组织,不属于企业法人,不具有破产资格,不能直接适用《企业破产法》。

(2)必须达到破产标准。债务人不能清偿到期债务并且具有下列情形之一的,人民法院应当认定其具备破产原因:资产不足以清偿全部债务;明显缺乏清偿能力。

(五)重整期限及关键节点

重整期限一般为6个月,经法院批准可延长3个月,共9个月。破产重整主要包括以下几个关键节点:

(1)破产公告并通知债权人。人民法院应当自裁定受理破产申请之日起25日内通知已知债权人,并予以公告。

(2)债权申报与审核。人民法院受理破产申请后,应当确定债权人申报债权的期限。债权申报期限自人民法院发布受理破产申请公告之日起计算,最短不得少于30日,最长不得超过3个月。

债权人申报债权后,管理人对债权进行初步审核并制作债权表,然后提交债权人会议审查。审查通过的债权,法院下达债权确认裁定。审核未通过的债权,债权人可向管理人提出异议或向法院起诉,管理人重新审核,或以法院的判决作为确认依据。

(3)管理人接管债务人财产并进行审计评估。重整程序开始后,管理人要接管债务人的印章、资料及各项资产,同时要对财务进行审计,对资产进行评估,以确定资产的范围和数额。如果他人占用债务人资产的,管理人有权追回。如果债务人对其他企业有债权的,管理人也应进行催收。

(4)召开第一次债权人会议。第一次债权人会议由人民法院召集,自债权申报期限届满之日起15日内召开。第一次债权人会议的内容一般是:对管理人确认的债权进行核查;选举债权人委员会;通过财产管理方案;其他需要通过的事项。

如果第一次债权人会议召开时,管理人对债权的审查和资产的清查工作尚未完成,则会议之后管理人继续进行上述工作。

(5)招募投资人,设计投资方案。管理人根据债权审查结果和资产清查结果,确定企业的债务规模和资产数额,然后以此为基础设计投资方案,招募投资人。

投资人的投资一般以资产评估值为基础。如果投资人较多,管理人可通过竞价的方式提高投资金额,从而提升债权人的清偿率。

在确定投资人、债权额和资产额的基础上,管理人应制作债权清偿方案。投资人应制作经营方案。

投资方案+清偿方案+经营方案=重整计划草案

(6)召开第二次债权人会议,提交重整计划草案。重整计划草案制作完毕后,债务人或者管理人在重整期限内同时向人民法院和债权人会议提交。

（7）召开债权人会议表决重整计划草案。人民法院应当自收到重整计划草案之日起30日内召开债权人会议，对重整计划草案进行表决。表决通过，则申请法院批准。表决未通过，则重整失败，需转入清算程序。

（8）法院批准重整计划。自重整计划通过之日起10日内，债务人或者管理人应当向人民法院提出批准重整计划的申请。人民法院经审查认为符合本法规定的，应当自收到申请之日起30日内裁定批准，终止重整程序，并予以公告。

（9）重整计划的执行。法院批准重整计划后，进入重整计划的执行期。执行完毕，则重整成功。执行中如无法执行，则需转为清算程序。

（六）重整的难点

1. 法院受理的困难

目前法院对受理破产重整案件门槛仍然较高（特别是欠发达地区），除需准备大量资料外，法院内部还要进行层层审批，尤其是涉及金额较大、人数较多的案件，需要省高院审批，无疑加大了受理的难度。故需提前与受理法院进行协调，以提高受理的速度。

2. 重整过程的可控

重整过程的控制，主要取决于法院、管理人和债务人三个角色。

首先，管理人是重整工作的核心。目前一般由中介机构（律师事务所、会计师事务所、破产顾问等）担任管理人，法院通过招投标或随机摇号指定，一方面可以保证中介机构的整体的实力，另一方面有利于法院的控制协调。

清算组也可以担任管理人，企业破产案件有下列情形之一的，人民法院可以指定清算组为管理人：破产申请受理前，根据有关规定已经成立清算组，人民法院认为符合《最高人民法院〈关于审理企业破产案件若干问题的规定〉》第十九条的规定；审理《企业破产法》第一百三十三条规定的案件；有关法律规定企业破产时成立清算组；人民法院认为可以指定清算组为管理人的其他情形。

清算组为管理人的，人民法院可以从政府有关部门、编入管理人名册的社会中介机构、金融资产管理公司中指定清算组成员，人民银行及金融监督管理机构可以按照有关法律和行政法规的规定派人参加清算组。这种模式的优势在于，由政府主要负责人担任管理人成员，有利于协调各方面资源，为企业提供各种政府支持，更好地实现府院联动。其弊端在于，政府人员对重整业务不熟悉，工作效率不高，且地方政府担任管理人后，债权人、债务人和法院都较难对其进行制衡。

其次，债务人是否能够有效配合，是重整成功的基础。首先，债务人必须提供准确的财务信息，这是管理人审核债权和进行审计的基础。只有掌握了准确的财务信息，才能确定企业真正的债权和债务规模，从而为制订重整计划打好基础。其次，债务人必须安排专人配合管理人的各项工作。最后，债务人及债务人的股东在重整过程中必须放弃部分权利，如放弃部分股权，以换取重整计划的通过。因此债务人需要聘请专业的法律顾问和财务顾问，一方面配合法院工作，另一方面监督重整程序，确保债务人及股东自身利益不受损害。

最后，法院是重整的后盾。重整程序中，管理人负责处理主要事务，但法院是最终的裁决者，重整程序中的所有重大事项，如是否受理重整申请，是否确认债权，是否确认债权人会议决议，是否确认重整计划等，都由法院最终裁决。

鉴于重整程序参与主体众多，利益博弈复杂，如果要确保过程可控，管理人、法院和债务人必须步调一致。

(七) 投资人的引进

如果进入重整程序之后才开始寻找新的投资人，很可能会出现期限届满而没有找到投资人的局面，那就意味着重整失败。此外，在重整阶段接盘的投资人大多会提出比较苛刻的条件，或支付较低的交易对价，可能与原股东的预期差距较大。所以为确保重整成功，最好能提前锁定一些投资人，或制定备用方案。

综上所述，困境企业通过破产重整方式化解债务，恢复经营，是一种行之有效的方案。重整工作是一项系统性工作，需要参与各方安排精兵强将，并紧密配合，方可实现企业起死回生的目标，从而保障各方的权益。

(八) 关联企业实质合并重整

"关联企业"这个概念，从不同专业角度理解有不一样的内涵。破产审判中重点关注的关联企业，一般指通过股权、合同、人事、财务等方式，相互之间存在直接或间接控制与被控制关系、重大影响关系或特别密切经济联系的多个企业。

关联企业实质合并重整，是指在重整程序中不再考虑关联企业成员的独立法人地位，消灭它们的互负债务、合并它们的资产和对外负债，对它们的同类债权人统一清偿，将关联企业视为一个单一企业实施重整的司法程序。法律、司法解释中没有直接规定关联企业合并破产的有关内容。在相关案件的审理中遇到的突出困难是，很多关联企业未能遵守财务制度和会计准则，长期存在大量的缺乏正常商业逻辑的利益转移，资产和负债的混同甚至达到无法区分的程度。对于此类关联企业，破产制度本身的矫正功能客观上已经难以发挥作用，而且如果对其成员单独适用破产程序，必然会严重损害部分债权人的公平清偿利益。建立关联企业实质合并重整制度主要就是为了解决这个问题。

关联企业部分或全部成员存在法人人格混同，虽然不符合上述高度混同标准，但如果其已经分别符合《企业破产法》第二条规定的破产原因，且关联企业符合下列两种情形之一的，也可以适用实质合并重整程序：一是由于企业运营、资产配置等客观原因，这些成员的加入为整体重整所必需，且实质合并重整预计将不会损害个别债权人的清偿利益；二是由于节省区分和清理成本、降低破产费用等原因，这些成员加入实质合并重整预计将使全部债权人受益。裁定受理实质合并重整申请后，关联企业成员之间的债权债务关系消灭，其成员的财产整体视为债务人财产，债权人对其部分成员的债权视为对关联企业整体的债权。具体而言，实质合并重整的关联企业成员作为其他成员的保证人向债权人提供担保，或者关联企业成员互为其他连带债务人的，债权人可以其对某个成员的债权额向管理人申报债权；债权人申报其对多个连带债务人的债权的，管理人在制作债权表时应当登记为一笔债权；但实质合并重整的关联企业成员向债权人提供物的担保，依法设定担保物权的，担保物权不因重整程序实质合并而受到特别影响。

为了规范审理破产重整案件，充分发挥破产重整的制度功能，营造市场化、法治化、国际化的营商环境，关联企业实质合并重整案件审判应当坚持依法保护和挽救市场主体，公平、高效保障破产程序中债权人、债务人、出资人等利害关系人的合法权益。《民法典》《企业破产法》《公司法》《民事诉讼法》等法律、相关司法解释和司法指导性文件有规定的，审理时必须遵守相关规定。鉴于实质合并对相关主体的重大利益影响，破产审判中应当以对单个企业单独适用破产程序为原则，以不再考虑企业法人独立人格、合并适用破产程序为例外，而且适用实质合并重整程序的，必须符合一定明确的条件，并给予相关利害关系人充分的程序救济权利。

二、案件基本事实

海航集团有限公司（以下简称海航集团）曾是以航空运输、机场运营、酒店管理、金融服务为主要业务的大型跨国企业集团，曾入选世界五百强，拥有境内外企业超 2000 余家。因经营失当、管理失范、投资失序，加之市场下行，海航集团于 2017 年年底爆发流动性危机，并转为严重资不抵债的债务危机。

海南省高级人民法院于 2021 年 2 月裁定受理海航集团等 7 家公司及海航集团下属 3 家上市公司及子公司重整，并在 3 月裁定对海航集团等 321 家公司实施实质合并重整，形成三家上市公司内部协同重整、非上市公司实质合并重整、上市公司与非上市公司共计 378 家公司同步重整、联动推进的模式。其中 321 家公司实质合并重整案涉及债务规模最大，审理难度较高，为社会各方重点关注。

2021 年 10 月，海南高院顺利审结案件，裁定批准重整计划。通过重整，海航集团既化解了债务问题，又解决了上市公司合规问题，实现对业务、管理、资产、负债、股权的全方位重组，实现了法律效果、社会效果、经济效果的统一，为大型集团企业风险化解、境内重整程序的境外承认与执行、关联企业实质合并重整、上市公司合规问题解决以及海南自贸港破产立法及司法提供了鲜活丰富的样本与素材。

三、裁判过程和结果

2021 年 2 月 10 日，法院依法分别裁定受理海航集团有限公司、大新华航空有限公司、海航航空集团有限公司、海航资本集团有限公司、海航基础控股集团有限公司、海航商业控股有限公司、海航实业集团有限公司（以下简称海航集团等 7 家公司）重整案，并于同日分别指定海航集团清算组担任海航集团等 7 家公司管理人。

2021 年 3 月 2 日,海航集团等 7 家公司管理人以大新华航空有限公司等 324 家公司与海航集团有限公司(以下简称海航集团)法人人格高度混同、区分与海航集团其他 324 家公司财产的成本过高、严重损害债权人公平清偿利益为由,向法院申请将大新华航空有限公司等 324 家公司纳入海航集团重整一案,并适用关联企业实质合并破产方式进行审理。法院于同日在全国企业破产重整案件信息网发布公告,定于 2021 年 3 月 9 日召开听证会,告知申请人、被申请人和利害关系人参加会议。

2021 年 3 月 9 日,法院组织召开听证会,申请人海航集团等 7 家公司管理人,被申请人海航集团、大新华航空有限公司、海航商业控股有限公司、海航航空集团有限公司、海航物流集团有限公司等债务人代表,海南交管控股有限公司、海南省机场投资管理有限公司等出资人代表,国家开发银行、中国进出口银行、中国工商银行股份有限公司等债权人代表以及冼某芸等职工代表等现场参加了听证会,423 家利害关系人通过全国企业破产重整案件信息网以网络方式参加了听证会。

在 2021 年 3 月 9 日的听证会上,海航集团等 321 家公司的参会代表,国家开发银行、中国进出口银行、中国工商银行股份有限公司等主要债权人代表,海南交管控股有限公司、海南省机场投资管理有限公司等主要出资人代表,冼某芸等职工代表均认可本案所涉公司存在上述混同事实,且对所涉公司进行实质合并重整无异议。

法院认为,海航集团与大新华航空有限公司等 320 家关联公司整体上具备破产重整法定原因,公司之间法人人格高度混同,区分关联企业成员财产的成本过高,对其合并重整有利于保护全体债权人的公平清偿利益,海航集团等 7 家公司管理人申请将海航集团等 321 家公司进行实质合并重整,具有事实和法律依据。2021 年 10 月,法院裁定同意对海航集团有限公司等 321 家公司进行实质合并重整。

四、案件争议焦点

利害关系人提出海航集团等 321 家公司中部分公司资产大于负债、不具备破产原因的异议;利害关系人对个别公司的混同情况提出异议;利害关系人就实质合并重整损害其清偿利益提出异议。

五、裁判主要理由

一是关于海航集团等 321 家公司是否存在法定破产原因的问题。

根据本案查明的事实,海航集团等 321 家公司在运营过程中,并没有遵循《中华人民共和国公司法》规定的独立治理制度,股东会、董事会和监事会形同虚设,单个公司目前的资产和负债状况并非股东出资、公司独立运营的客观结果,不能反映每个公司真实的资产及负债情况。在海航集团等 321 家公司的破产原因认定上,应坚持整体认定的原则。根据安永海南分公司出具的《偿债能力分析意见》,截至 2020 年 12 月 31 日,海航集团等 321

家公司总体资产已不足以清偿其总体负债，已明显缺乏清偿能力，符合《中华人民共和国企业破产法》第二条规定之情形。在海航集团等321家公司整体具备破产重整法定原因的情形下，法院对利害关系人有关海航集团等321家公司中部分公司资产大于负债、不具备破产原因的异议，不予采纳。

二是关于海航集团等321家公司法人人格是否高度混同的问题。

海航集团等321家公司虽然各自登记为独立的法人主体，但大新华航空有限公司等320家公司均受海航集团实际控制，在行政管理、财务管理、人员管理、经营管理等方面无独立性，明显丧失了法人的独立意志。在海航集团的统一管控下，大新华航空有限公司等320家公司缺乏财务管理权和决策权，其资产、资金被统一调配，无法自主决定签订合同、对外担保等重大事项，不具有法人财产的独立性。综合海航集团与大新华航空有限公司等320家公司在管理、人员、财务、业务等方面存在的混同事实，应认定海航集团等321家公司整体上符合法人人格高度混同之认定标准。

利害关系人对个别公司的混同情况提出异议。经法院审查，海航集团行政化、垂直化的管理贯穿了所有涉案公司，并不存在例外情形；而且安永海南分公司从财务角度对涉案公司逐个审查后认为，任何一家公司均与其他涉案公司存在财务混同之情形。依据管理混同和财务混同的事实，足以认定涉案公司之间存在法人人格高度混同之事实。法人人格高度混同本质上属于公司治理的范畴，被申请实质合并重整的公司及其股东知悉相关情况，且利益受到重大影响，但海航集团等321家公司及其主要股东均未提出异议，亦说明各公司之间混同事实的客观存在。因此，利害关系人的此部分异议，法院不予支持。

三是关于海航集团等321家公司是否存在区分各关联企业成员财产成本过高的问题。

如前所述，海航集团等321家公司在行政化、垂直化管理模式下运行，不具有独立法人意志，丧失了财产独立性，账面登记的法人资产不具有客观性和真实性。同时，考虑到海航集团等321家公司相互之间无经济业务实质的巨额资金调度以及巨额相互担保等现实情况，强行区分各公司的财务和资产费用高、耗时长、难度大。因此，法院认为，海航集团等321家公司符合区分关联企业成员财产成本过高的认定标准。

四是关于实质合并重整是否有利于保护债权人公平清偿的问题。

在债权公平清偿的问题上，应采取是否有利于整体债权公平清偿的标准，而非适用是否有利于单体公司债权清偿的标准。其主要原因在于：海航集团等321家公司的现状不能真实、客观反映其资产及负债情况，同时形成了公司资产分布严重不均的现实，绝大部分的资产被登记在少部分公司的名下，而大多数的公司无对应资产用于清偿其名下的债务；如果按现有状况决定公司的资产归属和债务承担，将对大部分的债权人造成明显不公。因此，在海航集团等321家公司构成法人人格高度混同的现状下，统一安排偿债资源，才能对全体债权人作出公平的清偿。同时，法院考虑到，海航集团等321家公司在实质合并重整的情况下，有利于整合资源，引入重整投资人，从整体上提高债权人的债权清偿比例。如果对321家公司分别重整，将导致大部分的公司缺少重整价值，严重缺乏偿债资源，甚至无法引入重整投资人，也会导致重整费用增多，挤占有限的偿债资源，损害债权人利益等情形。综上所述，对海航集团等 321 家公司进行实质合并重整，更能从整体上保护债权人的清偿利益。故利害关系人有关实质合并重整损害其清偿利益的异议，法院不予采纳。

五是关于海航集团等 321 家公司进行实质合并重整是否具有可行性和必要性的问题。

海航集团等 321 家公司所涉负债规模极其庞大，有引发区域性、系统性金融风险的隐患，对地方经济、社会发展造成了极大的压力，而且涉及规模巨大的债权人、职工等相关利益主体，属重大风险案件。在各方的努力和支持下，管理人前期做了大量的工作，就重整事项安排与各利益相关方进行了充分的沟通，取得了一定的共识。通过实质合并重整，有利于节约大量时间、人力和成本，有利于准确核查企业的资产及负债，制订更为可行的重整计划草案，提升重整效率和成功率。因此，对海航集团等 321 家公司进行实质合并重整，具有可行性和必要性。

六、案件启示和意义

海航集团作为曾经的世界五百强企业，曾是中国民营经济的一张名片。因管理失范、经营失当、投资失序等多重因素，海航集团最终进入破产重整。该案是目前亚洲地区债务规模最大、债权人数量最多、债权人类型最多元、重整企业数量最多、法律关系最复杂、程序联动最复杂的破产重整案件，也是少有的由省高级人民法院直接审理的重整案件。

我国《企业破产法》发布时间比较早，由于当时经济发展的客观条件限制，缺少大型企业破产重整的需求及相关法律规定。海航集团作为全国第二大民营企业，其破产重整带来了巨大的司法挑战。法院在案件审理时准确适用最高人民法院 2018 年《全国法院破产审判工作会议纪要》中有关实质合并重整的规定，谨慎确定了实质合并企业的范围、标准及破产原因，适时启动实质合并程序。在案件审理过程中，法院严格适用"各关联企业成员之间的债权债务归于消灭，各成员的财产作为合并后统一的破产财产"的规定，厘清了企业内外债务，确定了各方债权，为重整计划的制订创造了良好的条件。

在重整过程中，为有效防范金融风险，法院充分听取总行级金融机构债委会的意见，发挥金融机构债委会的协调功能，对有效防范金融风险、统一广大债权人的共识及推进重整工作起到了非常重要的作用。金融机构债委会虽有别于破产法层面的债委会，但在大型企业破产案件中，其功能是不可忽视的。在今后对《企业破产法》的修改中，是否赋予金融机构债委会在大型企业破产过程中的法律地位，是一个值得思考的问题。

超大型企业破产重整的最大困难在于如何妥善管理、维护、运营或处置复杂财产，尽可能保护债权人的整体清偿利益。《重整计划》提出设立信托计划的方案，充分利用信托计划的财产管理、运营功能，确保企业持续经营及分期偿还债务，该计划得到了法院的批准，该做法对后续企业集团的破产重整具有一定的指引意义。该案的顺利审结，为后续出现风险的大型集团企业通过破产重整方式，在法治化、市场化原则下化解风险提供了成功样本与经验，也在实质合并重整、协同重整、境外承认与执行等方面为未来破产法修订提供了素材与参考。

七、课后思考

1. 实质性合并重整在实践中对于不同主体的利、弊有哪些？
2. 如何看待破产重整过程中的司法强制性？
3. 海航集团破产重整对于某大型地产集团善后处置有哪些启示？

第二节　协调重整如何形成合力

——天津物产集团破产重整案例①

一、本节知识点/知识体系概述

我国《企业破产法》及其相关司法解释并未对企业集团破产作明确规定，仅有于2018年3月发布的《全国法院破产审判工作会议纪要》（以下简称《会议纪要》）第六章"关联企业破产"中对破产关联企业的处理、合并破产/重整等实务性要求进行了相关阐述。

《会议纪要》将企业集团破产重整审理模式分为实质合并审理与协调审理两种。实质合并审理要求关联企业成员之间存在法人人格高度混同的情形，导致区分各关联企业成员财产的成本过高，从而严重损害债权人公平清偿利益。如海航集团重整、雨润集团重整均适用了实质合并审理程序。而协调审理则适用于当企业集团中多个关联企业成员均存在破产原因但不符合实质合并条件时，法院可以根据相关主体的申请对多个破产程序进行协调审理，并可根据程序协调的需要，综合考虑破产案件审理的效率、破产申请的先后顺序、成员负债规模大小、核心控制企业住所地等因素，由共同的上级法院确定一家法院集中管辖。在协调审理模式下，各个关联企业的财产仍然相互独立，各个债权人也只能从各自的债务人财产中获得清偿。但是，针对破产企业和关联企业间因相互担保、资金拆借等产生的内部债务，法院可在评估之后裁定是否将其清偿顺序劣后于普通债权处理。

关联企业破产案件的协调审理与管辖原则。《会议纪要》第三十八条规定，多个关联企业成员均存在破产原因但不符合实质合并条件的，人民法院可根据相关主体的申请对多个破产程序进行协调审理，并可根据程序协调的需要，综合考虑破产案件审理的效率、破产

申请的先后顺序、成员负债规模大小、核心控制企业住所地等因素，由共同的上级法院确定一家法院集中管辖。

协调审理的法律后果。《会议纪要》第三十九条规定，协调审理不消灭关联企业成员之间的债权债务关系，不对关联企业成员的财产进行合并，各关联企业成员的债权人仍以该企业成员财产为限依法获得清偿。但关联企业成员之间不当利用关联关系形成的债权，应当劣后于其他普通债权顺序清偿，且该劣后债权人不得就其他关联企业成员提供的特定财产优先受偿。

二、案件基本事实

天津物产集团有限公司等 44 家公司(以下统称物产集团)是全国经营规模最大的国有生产资料流通集团之一，主要经营大宗商品贸易及物流、汽车销售及机电制造、房地产开发及销售等业务。受自身经营模式及全球大宗商品市场周期性波动的影响，物产集团陷入债务风险，虽尝试庭外重组但未成功。2020 年 7 月，法院裁定天津物产集团正式进入重整程序。2020 年 12 月，天津物产集团重整计划获法院裁定批准，后由天津荣程集团整合天津物产集团贸易板块成立融诚物产集团，通过市场化方式重组成功。

三、裁判过程和结果

2020 年 7 月 23 日，陕西煤业化工国际物流有限责任公司等以天津物产集团有限公司等 44 家公司不能清偿到期债务且明显缺乏清偿能力为由，申请物产集团破产重整。经审查，物产集团公司不能清偿到期债务且明显缺乏清偿能力，符合破产法规定的重整受理条件。

7 月 31 日，天津高院、天津二中院分别受理天津物产集团有限公司等 44 家公司破产重整案。受理法院指定物产集团清算组担任管理人，发布通知和公告，允许债权人通过互联网提交债权材料。发函要求各地法院中止执行程序并解除财产保全措施。准许物产集团继续营业并在管理人监督下自行管理财产和营业事务，维持重整期间公司日常经营和职工稳定。

重整期间，共召开三次管理人会议，合议庭成员列席参加，并对管理人职责、内部事务管理制度、企业公章保管和使用、债权审查、继续营业、债权人会议程序、重整方案编制等提出司法意见，指导管理人确定继续履行的合同近千件，充分了解并督促战略投资人遴选，监督管理人加强营业管理，制作重整计划草案。

根据企业关联程度和经营情况，适用协调审理方式，天津高院于 10 月 12 日统一召开第一次债权人会议，指定工商银行为债权人会议主席。债权人审议了管理人第一期重整工作报告，核查了债权表。对债权人提出的 170 余条问题，安排管理人及相关人员回答。经管理人审查及债权人会议核查，确认债权人 1233 户，各项债权共计 2568.50 亿元。根据审计评估报告，物产集团账面资产 749.85 亿元，资产评估价值 830.65 亿元。

在遴选确定战略投资人、制作重整计划草案基础上，天津高院于 12 月 22 日召开第二次债权人会议，在线参会债权人 1061 户。债权人审议了管理人第二期重整工作报告，听取管理人对重整计划草案的说明，并对重整计划草案进行表决。有财产担保债权组、职工债权组、税款债权组、普通债权组及出资人组分别以 82.14%、100%、93.75%、87.27%、100% 的赞成人数，以 81.72%、100%、99.52%、74.85%、100% 的代表债权、股权数额，表决通过了重整计划草案。

12 月 23 日，管理人向法院提出批准《天津物产集团有限公司及所属公司重整计划》的申请。同日，天津高院、天津二中院裁定批准重整计划，终止重整程序。

重整计划执行期限为自法院裁定批准重整计划之日起 6 个月。通过传统贸易模式和新型产业平台的整合，新物产集团计划于 5 年内塑造"产业链 + 平台 + 生态圈"，努力打造具有行业竞争力的贸易企业集团。

四、案件争议焦点

本案审理中的焦点在于，各关联公司破产程序如何衔接的问题。

五、裁判主要理由

法院认为，天津物产集团债权人会议经过分组表决，有财产担保债权组、普通债权组均表决通过了《重整计划（草案）》。由于各表决组均通过了《重整计划（草案）》，且表决程序合法，根据《中华人民共和国企业破产法》第八十六条第一款之规定，重整计划即为通过。

并且，重整计划的内容合法，具有可执行性，公平对待债权人。表决结果反映，重整计划得到了绝大多数债权人的认同。据此，依照《中华人民共和国企业破产法》第八十六条第二款之规定，裁定批准天津物产集团重整计划，终止天津物产集团重整程序。

六、案件启示和意义

集团破产重整因涉及重整的企业主体众多、资产情况复杂、业务跨度广、体量规模大等原因，与对单一企业的破产重整相比，面临的实体和程序问题更为复杂，重整过程中的沟通和协调难度明显增加。一些大型集团重整对行业和区域经济的影响就更大了，妥善处理该类破产重组案件对国家社会经济发展具有重大的现实意义。

在协调审理模式中，各公司的沟通与协调难度明显增加，各关联公司的破产程序协同问题，成为最终重整计划通过与执行的重中之重。在适用协调审理时，各关联公司的破产程序应当如同企业集团经营一样，呈现出集中管理与协同的特征。本案中，为保证重整程序的顺利推进，天津高院积极争取最高人民法院的指导和支持，依法实现对 44 家公司重整的集中管辖，为企业重整提供稳定的司法环境；强化党对案件的领导力，充分发挥府院联动机制作用，形成推进重整合力；多措并举确保债权申报及审查工作按时完成；严格依照法律和司法解释规定，将保护债权人权益贯穿于重整全过程；督促管理人建立健全监督工作机制，准许债务人继续营业和自行管理；监督战略投资人遴选，指导重整计划制作并监督重整计划执行，不但有力地促成了重整计划的顺利通过，助力涉案 44 家企业走出困局，合理平衡和保障有关各方当事人的合法权益，也对其他类似案件的处理具有一定的示范效应。

七、课后思考

破产重整过程中别除权行使是否有限制？破产财产的清算顺序有何逻辑？分析"府院联动"机制的利弊。

第三节　出售式重整如何实现各方共赢
——北大方正集团破产重整①

一、本节知识点/知识体系概述

出售式重整是指将债务人具有活力的主营业务全部或主要部分出售让与他人，使其在新的企业中能够继续经营，而以转让所得对价及企业未转让遗留财产的清算所得清偿债权的重整模式，其核心在于主营业务的存续，而并非债务人主体的保留。

实施出售式重整一般需要债务人具备以下条件：具备一定的优质资产、优质资产可以整体打包出售、优质资产宜按照整体估值、企业商誉价值较低。

出售式重整的优势。全国人大常委会执法检查组关于《破产法实施情况检查报告》提出："加强对具有重整价值破产企业的甄别，探索实施'出售式重整'等新模式，推动一些大型企业风险得到有效化解。"与存续式重整相比，出售式重整存在以下优势：一是低效资产不并表，消除重整投资人顾虑；二是减小税务负担；三是在一定程度上可以避免债务人的隐藏债务带来的风险。

出售式重整的类型具体分类为：资产出售式重整、股权出售式重整、剥离出售式重整、反向出售式重整。

二、案件基本事实

本案是千亿级多元化大型企业集团重整的典型案例。方正集团作为我国知名校企，资

---

① 案例来源：北京市第一中级人民法院(2020)京 01 破 13 号民事裁定书。

产债务规模巨大，职工人数众多，在进入司法重整前已发生大规模债务违约，不仅对相关行业企业以及出资人产生重大影响，而且容易引发系统性金融风险，国内外高度关注该企业集团的困境解决。从方正集团自身情况而言，其业务涵盖多个板块，包括医疗、信产、地产、金融、大宗贸易等，关联企业资产类型复杂多样，涉及融资融券、境内外债券、结构性融资等复杂问题，同时债权人人数众多、利益诉求多元，在司法重整中面临如何有效妥善处置各类资产、平衡各方主体利益、满足不同类型债权人的诉求等问题，重整挽救的难度很大。经过重整，为方正集团引入投资 700 多亿元，化解企业债务 2600 多亿元，帮助 400 余家企业持续经营，稳住 3.5 万名职工的工作岗位，最大限度保障了各类债权人权益，维护社会稳定。该案获评 2021 年度全国法院十大商事案件、2021 年度"全国破产经典案例"。

三、裁判过程和结果

2019 年年底，北大方正集团有限公司（以下简称方正集团）流动性危机爆发，负债达数千亿元。2020 年 2 月 19 日，北京市第一中级人民法院受理债权人对方正集团的重整申请。

2020 年 7 月 17 日，方正集团管理人提出实质合并重整申请，7 月 28 日，北京一中院组织申请人、被申请人、异议债权人等利害关系人及中介机构进行听证。经审查，北京一中院认为，方正集团与方正产业控股有限公司（以下简称产业控股）、北大医疗产业集团有限公司（以下简称北大医疗）、北大方正信息产业集团有限公司（以下简称信产集团）、北大资源集团有限公司（以下简称资源集团）之间法人人格高度混同，区分各关联企业成员财产的成本过高，对其实质合并重整有利于保护全体债权人的公平清偿利益，降低清理成本，增加重整的可能性，提高重整效率，故于 2020 年 7 月 31 日裁定方正集团五家公司实质合并重整。

北京一中院受理方正集团实质合并重整案后，坚持市场化法治化原则，严格依法审理，及时通过司法手段保护重整主体核心资产安全，维持方正集团及下属企业的持续经营。指导管理人通过公开招募、市场化竞争选定重整投资人。在重整计划草案的制订方面，坚持公平对待债权人，切实维护职工权益。

2021 年 5 月 28 日，方正集团实质合并重整案债权人会议高票通过重整计划草案，根据草案规定，有财产担保债权、职工债权、税款债权及普通债权 100 万元以下的部分均获得全额现金清偿；普通债权 100 万元以上的部分可在"全现金""现金加以股抵债""现金加留债"三种清偿方式中任选一种获得清偿，预计清偿率最高可达 61%。

北京一中院于 2021 年 6 月 28 日裁定批准方正集团、产业控股、北大医疗、信产集团、资源集团五家公司重整计划，并裁定终止重整程序。

通过司法重整，成功为方正集团引入 700 多亿元投资，化解 2600 多亿元债务，帮助

400 余家企业持续经营，稳住 3.5 万名职工的工作岗位，最大限度地保护各类债权人权益，并使方正集团重获新生。

四、案件争议焦点

本案主要争议焦点在于，债务人对于是否符合实质性合并重整条件存在异议；债权人众多，诉求多元化，对于清偿方式存在不同要求。

五、裁判主要理由

方正集团管理人提请裁定批准的重整计划包括债务人的资产和负债情况、重整后的经营方案、债权分类、调整及清偿方案、重整计划的执行期限、重整计划执行的监督期间等内容，通过资产出售式重整使企业迅速恢复正常经营，并对重整计划不能执行的投资款及相关责任作出了安排，关于企业重新获得盈利能力的经营方案对经营管理方案、资产业务重组方案等进行了具体安排。

根据重整计划规定，有财产担保债权在担保财产的评估价值范围内进行现金清偿，超出担保财产评估价值的部分按照普通债权清偿方案受偿；普通债权在 100 万元以下的部分（含 100 万元）全额现金清偿，在 100 万元以上的部分可在"全现金""现金加以股抵债""现金加留债"三种清偿方式中任选一种获得清偿，预计清偿率分别为 31%、61%、33%。北京天健兴业资产评估有限公司于 2021 年 2 月 20 日出具的天兴咨字（2021）第 0056 号《北大方正集团有限公司、方正产业控股有限公司、北大医疗产业集团有限公司、北大方正信息产业集团有限公司、北大资源集团有限公司实质合并重整偿债能力分析报告》显示，如对方正集团等五公司进行破产清算，普通债权清偿率为 14.45%。

经审查，方正集团管理人提请批准的重整计划内容完备，不违反法律、行政法规强制性规定，公平公正对待了债权人及出资人，未损害各表决组中反对者的清偿利益，且通过资产出售式重整使企业重新获得盈利能力，其经营方案对经营管理方案、资产业务重组方案等进行了具体安排，具有可行性；重整计划草案的提交程序、债权人会议的召开程序、表决组的分组及表决程序均符合相关法律规定。综上所述，方正集团管理人的申请符合法律规定。依照《中华人民共和国企业破产法》《最高人民法院关于适用〈中华人民共和国企业破产法〉若干问题的相关规定》，裁定批准重整计划。

六、案件启示和意义

北京一中院在受理方正集团重整案后，立足各关联企业之间的具体关系模式和经营情况，妥善确定重整模式，精准确定重整企业范围，对方正集团实质合并重整进行了周密设计和规范实施。一是提升企业整体效益。本案以整体重整为原则，权衡战略投资者的利益需求，通过出售式重整一揽子化解集团全部债务风险，最大程度维护了企业事业的营运价值，隔离方正集团历史遗留风险和其他潜在风险，减轻了债务重组收益税负，有利于企业未来经营发展；二是充分考虑债权人的不同利益诉求，提供全面、灵活的清偿方案；三是审慎适用实质合并重整方式，以企业法人是否存在人格高度混同等标准进行审查，严格依法确定实质合并重整范围。

传统出售式重整的操作核心，一是出售优质资产，二是处置低效资产并注销债务人。但是，在大型企业破产重整案件中，低效资产的处置具有难度，一是快速处置低效资产将影响该类资产的价值，进而影响债权人的受偿；二是部分低效资产处置周期长。因此，近年来逐渐衍生出"出售式重整+设立财产信托"的重整方案，其中最具有代表性的即是本案。

"出售式重整+设立财产信托"的模式，从重整投资人角度而言，一方面使得重整投资人可以仅收购优质资产，而不被债务人的低效资产所拖累，提高重整投资人的参与积极性；另一方面，重整投资人可以在一定程度上避免债务人或有负债的风险，锁定自身的投资金额。从债权人角度而言，一方面可以通过出售资产对价尽快受偿部分债权，减少资金沉淀成本；另一方面，通过财产信托将债务人的剩余资产的所有权归属于全体债权人，由专业资产管理人员根据市场情况对财产进行管理处置，如管理处置得当，未来债权人的受偿金额可能得到提高。

北大方正重整案采用"出售式重整+设立财产信托"的重整方案。重整方案将原方正集团的全部资产划分为保留资产和待处置资产。对于保留资产，由管理人设立新方正集团，并将保留资产装入新方正集团中，新方正集团的股权大部分出让给重整投资人，以取得的转让对价对原方正集团的债权人进行清偿债务；剩余部分股权通过以股抵债的形式转让给债权人，以抵销其对原方正集团的债权。对于待处置资产，仍留存在原方正集团公司内，并通过设立信托计划的方式进行管理，全体债权人作为财产信托的受益人，在财产信托处置待处置资产后，可以补充分配财产。

在重整计划的制订上，方正集团重整计划充分考虑了不同债权人的利益诉求，公平对待各类债权人，提供了灵活搭配的清偿方案，在实施"现金+以股抵债"清偿方案的同时，债权人可自主选择将预计可得抵债股权全部置换为当期现金清偿，或者置换为新方正集团留债，并作出兜底回购承诺，满足了不同债权人的清偿需要。

七、课后思考

1. 出售式重整和破产清算有何不同？

2. 资产出售式重整、股权出售式重整、剥离出售式重整、反向出售式重整分别有何利弊？

3. 以 100 万元为界区分清偿方式的原因是什么？

第四节 存续式重整能否实现涅槃重生

——北京汇源食品破产重整案例①

一、本节知识点/知识体系概述

存续式重整是指重整后企业的法人主体、主营业务不发生变化的重整方式。企业存续式重整是最传统，也是应用最普遍的重整模式。

适用存续式重整，需要企业在行业内具有一定的知名度和市场地位，其拥有的资质与企业的关联性强；主要资产为重资产，处置不易或处置难以体现最大价值。

存续式重整具有以下优缺点：

优点：一般情况下，资产不用变现，而是按照评估价格保留在企业，即降低管理人工作量，又有利于快速复工复产；存续式重整避免了资产权属转移，降低了企业的税务成本。

缺点：存续式重整模式下，有些包袱无法轻易甩掉。如债务人在重整前后在税法上视为同一个纳税主体，纳税信用将难以得到快速修复；未申报税收债权的补充清偿等。

存续式重整在投资人参与和清偿方式上又有多种表现方式。具体划可分为："现金清偿"存续式重整模式、"现金偿债+债转股"存续式重整模式、"现金偿债+留债"存续式重整模式等。

二、案件基本事实

北京汇源食品饮料公司(以下简称北京汇源公司)成立于1994年，是家喻户晓的国民果汁品牌。2008年，可口可乐拟以每股12.2港元的价格收购汇源果汁全部已发行的股份，为了配合可口可乐收购，汇源果汁一边举债扩产，一边裁撤营销渠道，但这项收购案最终遭到商务部禁止。可口可乐收购案成为泡影后，汇源果汁的股价也随即腰斩，市值也蒸发近50亿港元，从此汇源陷入债务泥潭，净利润连续多年为负，外债数额不断攀升，企业的财产一件件被查封扣押冻结，限高令接踵而至，企业信用评价和商业价值不断降低。汇源果汁已经陷入债务危机的恶性循环中，丧失偿债能力。北京汇源公司债务风险在2019年集中爆发后，经债权人申请，北京一中院决定先行预重整，后于2021年7月16日裁定进行重整。经过重整各方的不懈努力，2022年6月10日各组均表决通过重整计划草案，通过"存续式"重整使得北京汇源公司实现新生。该案是适用司法重整制度挽救危困民营企业，优化首都法治化营商环境的典型案例。

---

① 案例来源：北京市第一中级人民法院(2021)京01破129号民事裁定书。

三、裁判过程和结果

2020年12月29日，法院决定对北京汇源公司启动预重整，并经北京市高级人民法院随机摇号，指定北京浩天律师事务所担任北京汇源公司预重整期间临时管理人。

2021年7月15日，临时管理人向法院提交《预重整工作报告》，在分析资产负债及困境成因的基础上，认为北京汇源公司不能清偿到期债务，且资产不足以清偿全部债务，但是该公司产业链完整、产能充足，具有品牌价值，在果汁行业具有一定的实力优势，已有多家企业表达投资意愿，该公司具有重整价值和重整可行性。在预重整期间，临时管理人组织债务人与主要债权人、意向投资人等利害关系人进行协商，并起草《预重整框架方案》，对债权分类、债权清偿、出资人权益调整等进行了初步安排。

2021年7月16日，法院作出（2020）京01破申673号民事裁定书，裁定受理某公司对北京汇源公司的重整申请，并指定北京浩天律师事务所担任北京汇源公司管理人。

2022年1月13日，北京汇源公司管理人向法院提出申请，因重整投资人尚未签署重整投资协议，管理人需再次进行投资人招募工作，重新制订重整计划草案，故请求法院裁定延期3个月提交重整计划草案。

法院于2022年1月14日作出（2021）京01破129号之三民事裁定书，裁定重整计划草案提交期限延长至2022年4月15日。

2022年4月13日，北京汇源公司管理人向法院及债权人会议提交重整计划草案。

重整计划草案包括重整企业的基本情况，包括资产、负债、偿债能力分析，债权分类，债权清偿方案，出资人权益调整方案，经营方案，重整计划草案的表决与批准，重整计划的执行，重整计划执行的监督等内容，通过"存续式"重整使企业迅速恢复持续经营能力，在经营方案中还对投资人的引入、公司增资及持股架构、后续业绩承诺及补偿等方面进行了具体安排。

重整计划草案明确，有财产担保债权在6年内进行留债全额清偿，普通债权在100万元以下（含本数）的债权部分，以现金方式分两次全额清偿，超过100万元的部分全部以债转股方式进行清偿。预计参与转股的债权人在转股后将持有重整后的北京汇源公司股权比例为30%，转股债权根据重整计划规定视为全额清偿。职工债权、税款债权以现金方式一次性全额清偿。

2022年5月20日，北京汇源第二次债权人会议顺利召开，债权人表决通过重整计划。

此后，北京汇源公司管理人以各表决组均通过重整计划草案为由，于2022年6月14日向法院申请裁定批准重整计划。

2022年6月24日，北京一中院正式裁定批准北京汇源公司重整计划，标志着北京汇源公司有效化解债务危机，正式开启重生新征程。

四、案件争议焦点

本案主要争议焦点在于，各方主体对于采用何种重整方式存在争议。

五、裁判主要理由

法院认为，北京汇源公司管理人提请批准的重整计划内容完备，不违反法律、行政法规强制性规定，公平公正对待了债权人及出资人，未损害各表决组中反对者的清偿利益，是当前状况下化解北京汇源公司债务危机的优选方案。同时，通过"存续式"重整使企业迅速恢复持续经营能力，在持续打造品牌优势，增加营销投入，改善营销方式，优化调整产品结构，提升公司治理水平等方面的安排也具有可行性。此外，重整计划草案的提交程序、债权人会议的召开程序、表决组的设置及表决程序均符合相关法律规定。

六、案件启示和意义

存续式重整的核心在于破产法人的存续，经过重整计划和重整执行，破产企业得以新生。无论股东是否变更、核心业务是否变更、经营者是否变更，企业继续存活是存续式重整的核心。北京汇源公司"存续式"重整案是当前适用司法重整制度挽救危困民营企业、优化首都法治化营商环境又一生动案例，以下几点可供借鉴：

一是积极支持困境企业持续经营，维护企业营运价值。2020年年底，在债权人申请北京汇源公司进行重整时，公司负债率已高达1140%，举步维艰。进入"存续式"重整后，法院许可继续经营、采取中止强制执行等举措，确保北京汇源公司获得相对稳定的运营环境，稳住企业基本面，提振各方信心，实现销售收入、盈利能力大幅"回血"的良好局面，为重整工作开展奠定基础。

二是努力提高债权清偿率，保障上下游产业链畅通稳定。北京汇源公司的中小债权人大多为上下游的供应商和销售商，均为中小企业或自然人，抗风险能力较弱，急需获得现金偿债。如果北京汇源公司最终进入破产清算，中小普通债权人的清偿利益将受到严重损害。此次重整为北京汇源公司引入16亿元投资，根据重整计划安排，普通债权金额在100万元以下的101位中小债权人将获得全额现金清偿，其权益可获得充分保障，上下游中小民营企业能够继续正常经营，维护了汇源全产业链布局的稳定和完整。事实上优先解决小额自然人债权，还可以最大程度压降债权人整体人数，为后续表决通过重整方案打下坚实基础，这在实务操作中已成为惯例。

三是有效构建多重机制，最大限度保护普通债权人权益。相较于在模拟清算状态下普通债权人仅能获得6.1%的清偿率，"存续式"重整中的普通债权通过"现金清偿+债转股"方式，最终能够实现全额清偿。根据重整计划安排，普通债权100万元以上实现债转股。法院始终坚持"同债同权"清偿原则，指导管理人采取有效举措保障转股债权人的清偿利益。重整计划设置转股价格与净利润相挂钩、股权补偿与转股价格相挂钩的浮动对赌机制，通过预留股权追加分配方式，保障转股价格的公平性；同时，设置上市承诺兜底回购安排，如未来无法成功上市，则由重整投资人对债权人持有的股权进行兜底回购，保障转股债权人后续顺利退出企业。

七、课后思考

1. 统计近十年来实现存续式重整的上市公司后续存活率如何，并分析原因。

2. 在境外设有法人主体并经营重要业务的内地公司在申请破产重整时应注意哪些问题？

第五节　如何看待债务和解与司法强制的关系
——江苏澄星磷化工股份公司破产和解案例①

一、本节知识点/知识体系概述

破产和解是指具有破产原因的债务人向法院提出和解申请，在法院许可后，债务人和债权人之间就债务人延期清偿债务、减少债务数额等事项达成和解协议，经法院认可后终止破产程序，从而预防企业破产的法律制度。破产和解本质上属于债务人与债权人共同合意与司法背书同时存在的债务清理方式。

相对于其他破产程序，破产和解具备以下特征：

(1)破产和解要以债务人向法院提出和解申请为前提。

(2)破产和解的终止以债务人与债权人达成和解协议为基础。

(3)和解协议应当经过法院认可方能生效。

(4)和解程序优先于破产程序。

(5)和解程序的优先效力具有相对性。

破产和解内容、必备条件及其生效要件主要包括：

(1)破产企业在提出破产和解时，必须提出债务的清偿方法等破产和解条件。关于和解条件的内容，要保证债权人之间的平等，这是因为，破产和解既然是由法院进行的破产处理之一，那么，债权人平等的理念当然要起支配作用。能成为该平等适用对象的人只限于一般的破产债权人。

(2)破产和解的提供人或第三人没有遵守破产和解条件而向特定的破产债权人提供特别的利益时，将被视为无效。

(3)破产和解方案提出后，法院应对该方案是否由有资格的人提供或是否在规定的期间内提出等合法性进行审查，同时还要判断是否存在法定驳回事由。

(4)对于通过了法院审查的破产和解计划，还需交付债权人会议表决。在会议上有表决权的仅限于一般的破产债权人。破产和解提供人应在破产和解的召开日期到场提供破产

_____

① 案例来源：江苏省无锡市中级人民法院(2022)苏02破2号民事裁定书。

和解方案。这种提供的含义，应是向债权人提供破产和解契约。所以，在会议上由法定多数债权人表决认可破产和解条件，可以理解为这是债权人方面对破产和解契约的承诺。认可破产和解的要件是，持有表决权的出席会议的债权人过半数，而且其债权额必须得到持有总债权额的四分之三以上的债权人的同意。

（5）若债权人会议否决了破产和解方案，即意味着要继续进行破产程序；对获得债权人会议通过的和解方案，还需要移送到法院进行确认。之所以在债权人会议上通过的还要得到法院认可，是因为破产和解的效力对少数反对破产和解的债权人也具有强制力的缘故。因此，这种要求的目的是确保破产和解的合法性。

二、案件基本事实

江苏澄星磷化工股份有限公司（以下简称澄星公司）是一家主要从事精细磷化工系列产品生产与销售的上市公司。作为国内知名的磷化工企业，其产品畅销国内并远销世界84个国家和地区。

受累于新冠疫情导致全球经济增速放缓、全球贸易摩擦不断、海运物流价格高位、人民币持续升值、市场需求疲软，澄星公司终端产品的盈利能力受到较大影响，同时，受控股股东澄星集团陷入债务危机、关联企业进入破产重整等多重因素的影响，澄星公司陷入经营困难，更是在2021年5月被实施退市风险警示。若澄星公司因无法有效解决债务和资金占用问题而退市，将会是资本市场及化工行业乃至中小投资者们的重大损失。

三、裁判过程和结果

自2021年2月起，江阴法院陆续受理澄星系石化板块和房地产板块的庭内重整，搭建"府院联动"平台，协同解决破产重整与和解过程中的各项问题。

2021年11月5日，债权人向无锡市中级人民法院（以下简称无锡中院）申请对澄星公司进行重整。经立案审查，给予澄星公司6个月庭外重组期限，由其与主要债权人等利害关系人通过庭外商业谈判拟定重组方案。庭外重组期间，澄星公司聘请中介机构开展债权预申报和预审查、草拟和解协议草案等工作。

同年12月31日，澄星公司与主要债权人达成协议，由主要债权人联动其他债权人收购该公司被澄星集团及其相关方非经营性占用资金而形成的22亿元应收款债权，以解决资金占用问题，以及债务重整的部分资金来源。

2022年1月7日，根据庭外重组成果及经营现状，澄星公司向无锡中院申请破产和解。此后，澄星公司拟定和解协议草案，得到普通债权金额2/3以上债权人的赞成票，并承诺投票结果在破产程序中仍然有效。同年3月10日，澄星公司将和解协议草案提交无锡中院。3月14日，无锡中院裁定受理澄星公司和解案及同意债权人撤回对澄星公司的重整申请。

2022年4月14日，澄星公司第一次债权人会议召开，表决通过和解协议草案决议。

根据协议，破产费用、共益债务、职工债权立即清偿；普通债权 10 万元及以下部分能够获得 100%立即清偿，10 万元以上部分提供两种清偿方案供选择，保底清偿率为 20%。

同年 4 月 15 日，无锡中院裁定认可和解协议，终结和解程序。在和解协议执行期间，大股东占用资金问题的解决方案得到落实，并按和解协议草案进行分配。

同年 4 月 28 日，无锡中院裁定确认和解协议执行完毕。

8 月 15 日，澄星公司被撤销退市风险警示。

四、案件争议焦点

本案争议焦点主要在于，各债权人和解方案中的债权清偿比例存在分歧。

五、裁判主要理由

无锡中院引入预和解程序审查上市公司的破产申请，充分论证了和解的可行性，依托预和解成果，以最快速度完成和解案件审理全过程，为上市公司消除退市风险警示创造条件；通过破产衍生判决及组织庭外重组衔接中院庭内和解系列创新举措，保障上市公司磷化板块完成无保留意见年报，维持上市地位与市值，为后续以时间换空间化解风险创造了条件。

六、案件启示和意义

第一，最大限度地维护各利益相关方合法权益。和解的顺利实施，既有效化解了澄星公司的债务危机及资金占用问题，优化企业资产结构，为澄星公司恢复和改善经营能力赢得空间，又使得中小股东的权益得到了最大限度的保护，维护了社会稳定。同时，澄星公司和解程序仅涉及债权调整，并未对出资人权益进行调整，充分保障了中小股东的合法权益。此外，澄星股份和解期间职工权益不做任何调整，职工债权全额清偿，且通过和解程序较大提升了普通债权的清偿率，最大限度地兼顾了全体债权人、债务人、中小股东及其他相关方的合法权益。

第二，在重整和解的顶层设计中，将市场驱动与司法强制形成叠加效应：先实施庭外重组，将问题提前暴露，就解决方案形成多数一致；再衔接庭内重整和解，运用"少数服从多数"进行兜底收口，并通过资本公积金增发股票获取偿债资金，创新出不占用纾困资金仅依靠金融技术即解决上市公司资金被占用问题的低成本救企方式。

第三，通过关联企业协同重整与和解，一揽子解决了石化、房地产、磷化等多板块难点问题。石化板块历史遗留债务得以清理完毕，各类债权得以获偿，其中职工和税收债权全额获偿；在房地产板块，通过对优先债权先打折收购再全额受偿，实现差额收益；在磷化板块，成功募得重整投资支付偿债资金，实现了银团对质押股票及其他抵质押资产的优先受偿权，为改善地方金融生态作出了积极贡献。

第四，创新重整投资人招募方式，以市场化导向推动招商引资。采取先吸引投行再招募资本的方式，先制作保壳方案向投行推介，宣传产业发展优势并点出资本运作价值，经过论证达成共识，再由投行纵贯产业链上下游全国寻找意向投资方，在多个意向投资方中择优确定最终投资人，打造了破产处置市场化运行的示范模板。

七、课后思考

1. 债务和解有哪些不同类型？应当如何选择？
2. 破产和解的难点有哪些？

第六节　破产清算与重整的边界在哪里
——包商银行债务清理案例①

一、本节知识点/知识体系概述

破产清算是指当债务人不能清偿到期债务，并且资产不足以清偿全部债务或者明显缺乏清偿能力时，经债权人、债务人或其他负有清算义务的人申请，在法院审理与监督下，强制清算其全部财产，公平清偿全体债权人的法律制度。

破产清算作为破产制度的重要组成部分，具有淘汰落后产业、优化市场资源配置的重要作用。与"职权主义"不同，我国在破产清算程序启动上采用"申请主义"，即任何机关不能依职权主动开始破产清算程序，法院只能依当事人的申请启动。此外，权利人提出破产清算申请后，须经人民法院依法审查受理才能正式启动破产清算程序。

申请人应当向法院提供破产申请书及有关证据材料。债务人提出申请的，应当向法院提交财产状况说明、债务清册、债权清册、有关财务会计报告、职工安置预案以及职工工资的支付和社会保险费用的缴纳情况。

破产案件由债务人的住所地人民法院管辖。基层法院一般管辖县、县级市或者区的工商行政管理机关核准登记企业的破产案件。中级法院一般管辖地区、地级（含本级）以上市工商行政管理机关核准登记企业的破产案件。

二、案件基本事实

包商银行股份有限公司（以下简称包商银行）成立于1998年12月，共设立有18家一级分行。彼时恰逢1998年亚洲金融危机，刚刚改制重组的城商行内忧外患，因此央行联合银监会鼓励商业银行联合重组和跨区域经营，以便规模较小的城商行加强自身实力，扩展业务范围，引入更多资本，这使某股东掌控包商银行有了可乘之机。某股东在1998年

① 案例来源：北京市第一中级人民法院（2020）京01破270号民事裁定书。

包商银行第一次改制就进行了入股，2004 年重组扩股中又通过大量壳公司暗自持有包商银行的股份获得了 89.27% 的持股比例，移花接木规避监管成为包商银行的绝对控股股东。

2005—2019 年 14 年的时间中，某股东注册成立了 209 家空壳公司，利用虚构交易、借道理财等方式从包商银行累计借款 347 笔，占用金额 1560 亿元，并自 2018 年起未偿还包商银行任何资金；根据《巴塞尔协议》的要求，银行对单一客户的贷款集中度不得超过净资本的 10%，而包商银行对某股东的贷款集中度高达 30%，导致其资产质量大幅恶化。某股东则利用从包商银行套取的借款资金，采取相似手法入股某证券、信托、保险等公司获取实际控制权，同时参股了 44 家金融公司，成为一家持有金融全牌照的集团。由于自身长期占用资金，为维持包商银行正常运营，某股东引导包商银行不断通过高息揽储及同业业务维持流动性；直至 2019 年 9 月末，包商银行的负债总额为 5034 亿元，其中吸收各项存款 2293 亿元，其中同业负债高达 2211 亿元。由于某股东作为包商银行大股东违法违规占用包商银行大量资金，形成逾期并且丧失归还能力，全部占款均构成了包商银行的不良资产，并引发了同业市场上高度质疑，形成严重的流动性危机，最终导致不能清偿到期债务，并且资产不足以清偿全部债务、缺乏清偿能力，无重整、和解之可能，最终走向破产清算。

三、裁判过程和结果

2020 年 11 月 11 日，中国人民银行、中国银行保险监督管理委员会（以下简称中国银保监会）发布〔2020〕274 号《关于认定包商银行发生无法生存触发事件的通知》，称在接管期间，经清产核资，确认包商银行已严重资不抵债、无法生存。根据《商业银行资本管理办法（试行）》等规定，认定包商银行股份有限公司已经发生"无法生存触发事件"，其应对已发行的"2015 年包商银行股份有限公司二级资本债券"的本金按照合同约定进行全额减记。

2020 年 11 月 12 日，中国银保监会作出银保监复〔2020〕776 号《关于包商银行股份有限公司破产的批复》，同意包商银行进入破产程序。

2020 年 11 月 17 日，包商银行接管组出具包商接管组〔2020〕27 号《关于包商银行不能清偿到期债务情况的说明》，称缺乏对到期债务的清偿能力是认定发生"无法生存触发事件"的判断依据，包商银行二级资本债本金已被全额减记，说明其已丧失清偿到期债务的能力。

2020 年 11 月 17 日，包商银行以无法清偿到期债务并且资产不足以清偿全部债务为由，向北京一中院申请进行破产清算。

2020 年 11 月 23 日，北京一中院作出（2020）京 01 破申 672 号民事裁定书，裁定受理包商银行股份有限公司的破产清算申请。

2020 年 11 月 23 日，北京一中院作出（2020）京 01 破 270 号决定书，指定包商银行股份有限公司清算组担任包商银行管理人。

2021年1月12日，包商银行破产清算案第一次债权人会议（以下简称一债会）召开，743家债权人全部参会。一债会核查了管理人编制的债权表，并审议通过了《债务人财产管理方案》《关于第一次债权人会议召开后书面召开会议、表决及书面核查债权的议案》两项议案。

2021年2月3日，包商银行管理人向北京市一中院提出申请，称根据天职国际会计师事务所（特殊普通合伙）于2020年11月20日出具的《包商银行股份有限公司专项审计报告》显示，截至2020年10月31日，包商银行净资产为-2055.16亿元，资产总额为4.47亿元，负债总额为2059.63亿元。管理人发现包商银行已经明显资不抵债且无实际清偿能力。同时，一债会上无人提出重整申请，本案现已无和解之可能，请求北京一中院依法宣告包商银行破产。

2021年2月4日，北京一中院作出（2020）京01破270号民事裁定书，裁定确认存款保险基金管理有限责任公司等728家债权人的729笔无争议债权，确认债权金额合计为2013.98亿元。

2021年2月10日，北京一中院作出（2020）京01破270号之一民事裁定书，裁定宣告包商银行股份有限公司破产。

四、案件争议焦点

2019年6月，监管机构接管包商银行，聘请中介机构逐笔检查包商银行的同业业务和对公业务，全面掌握包商银行的资产状况和经营情况，避免风险外溢失控；同年9月，重组工作正式启动，接管组希望能够引入战略投资者，但包商银行缺口巨大，在公共资金承担损失之前，没有一家投资者愿意参与包商银行重组。

五、裁判主要理由

法院查明，包商银行破产清算案第一次债权人会议于2021年1月12日召开，743家债权人全部参会。会议核查了管理人编制的债权表，并审议通过了《债务人财产管理方案》《关于第一次债权人会议召开后书面召开会议、表决及书面核查债权的议案》两项议案。法院于同年2月4日作出（2020）京01破270号民事裁定书，裁定确认存款保险基金管理有限责任公司等728家债权人的729笔无争议债权，确认债权金额合计为2013.98亿元。

2021年2月3日，包商银行管理人向法院提出申请，称根据天职国际会计师事务所（特殊普通合伙）于2020年11月20日出具的天职业字〔2020〕40215号《包商银行股份有限公司专项审计报告》（以下简称《审计报告》）显示，截至2020年10月31日，包商银行净资产为-2055.16亿元，资产总额为4.47亿元，负债总额为2059.63亿元。管理人接管包商银行后，经调查审阅，包商银行在破产清算申请前已无任何生产经营，也无任何在职人员，除继续履行合同项下的相关工作，亦无其他业务，其实际资产价值较《审计报告》记载情况进一步降低。因此，包商银行已经明显资不抵债且无实际清偿能力。此外，第一次债权人会议上，无人提出重整申请，且本案现已无和解之可能。故请求法院依法宣告包商银行破产。

法院认为，《中华人民共和国企业破产法》第二条第一款规定："企业法人不能清偿到期债务，并且资产不足以清偿全部债务或者明显缺乏清偿能力的，依照本法规定清理债务。"根据管理人的调查及提交的材料，可以确认包商银行已经不能清偿到期债务，并且资产不足以清偿全部债务、缺乏清偿能力，已经具备宣告破产的条件。依照《中华人民共和国企业破产法》第二条第一款、第一百零七条第一款之规定，裁定包商银行股份有限公司破产。

六、案件启示和意义

事实上在包商银行破产清算过程中，监管机构与司法机关进行了高效联动，这为包商银行破产清算成功打下了坚实基础。

包商银行接管组结合国内现行法律制度和国际相关金融风险处置经验，采取了新设银行收购承接的方式，并由存款保险基金提供资金支持，分担包商银行的资产减持损失，以保持金融业务的连续进行。在处置过程中，对个人客户和 5000 万元存款以下的对公或者同业客户存款实行本息全额保障，对于 5000 万元以上的客户，平均保障比例为 90% 左右，并对二级资本债实施了减记。

包商银行将业务及资产负债分为两块分别出售给了两个主体。徽商银行收购包商银行四个省外分行：北京分行、深圳分行、成都分行和宁波分行；内蒙古自治区外的全部资产净值人民币 912 亿元（资产账面价值为人民币 1409 亿元）；包商银行四家分行价值人民币 153 亿元的业务。同时，承接包商银行与上述资产账面价值等额的负债。同时，徽商银行将接收包商银行四家分行、总行派驻当地事业部及信用卡业务员工，并承担相应社会保险责任和义务；承接包商银行四家分行、总行派驻当地事业部及信用卡业务项下有效期内的与办公用房、车辆、设备或其他固定资产、服务采购相关合同或协议的权利和义务。

另外，内蒙古内的业务，专门成立了"蒙商银行股份有限责任公司"，注册金为 200 亿元。内蒙古自治区内各分支机构个人业务、理财业务，以及对蒙古自治区内各分支机构的对公存款业务、同业负债业务和中间业务等由蒙商银行承接。

将这两块业务出售后，包商银行进行清算。

从本质上讲，清算的核心是资产的变卖，无论是有形资产还是无形资产均变卖后偿债，业务不再经营，员工清退，企业注销，彻底关门；清算无须经过债权人大会表决，管理人按照法理规定对不同债权进行分类清偿。而出售式重整的核心在于"新瓶装旧酒"，营业事业的存续和破产法人的注销，而破产企业原经营的事业在另外一个壳载体下获得新生。此模式下，一般员工与新接受企业签订劳动合同，破产企业资产过户，商业秘密、技术、商标、客户、营业网络等无形资产整体转移至新企业。对于一些剩下的低效能的资产，管理人负责变卖后偿债。按照实质重于形式，包商银行破产模式其实是介于破产清算与出售式重整之间的某种现实选择。在破产重整司法实践中，并没有固定的重整模式，亦无现成的模式可以照搬套用，各级法院鼓励管理人大胆创新、探讨实际有效的重整方式。事实上也多有上述重整模式的组合，需要与确定的投资人结合债权人、债务人的意向讨论确定。

七、课后思考

1. 破产重整、破产和解、破产清算有何不同点？
2. 金融企业破产清算相较于非金融企业破产清算有何特点？

附：第六章所涉法律规定

《中华人民共和国民法典》
《中华人民共和国公司法》
《中华人民共和国企业破产法》
《中华人民共和国商业银行法》
《中华人民共和国民事诉讼法》
《最高人民法院〈关于审理企业破产案件若干问题的规定〉》
《最高人民法院关于适用〈中华人民共和国企业破产法〉若干问题的规定（一）
《最高人民法院关于适用〈中华人民共和国企业破产法〉若干问题的规定（三）》
《全国法院破产审判工作会议纪要》